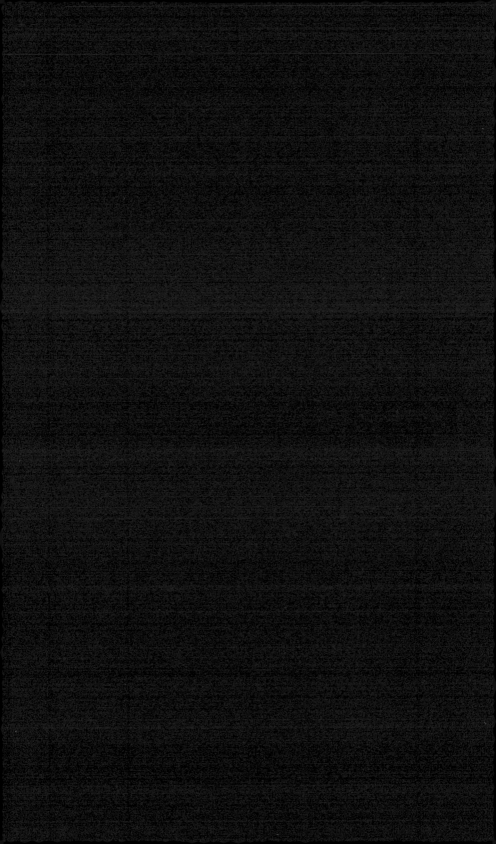

# 수첩
# 속의

# 정책

# 수첩 속의 정책

## : 포퓰리즘과의 전쟁

안종범 지음

**포퓰리즘의 폐해는
결국 국민의 몫이다**

**일러두기**

• 본문에서 언급되는 수첩의 해당 부분은 노란색으로 표시하여 독자의 이해를 돕고자 했습니다.

• 책 내용과 관련된 기사는 각주에 신문사명, 발행일, 지면 번호를 첨부하였으니 참고 바랍니다.

# 선거와 공약, 그리고 정책

박근혜 정부는 출범 4년이 못 되어 탄핵으로 끝이 났다. 그러나 '정치적' 으로 끝났다 하더라도 '정책적'으로는 끝나서는 안 된다. 대통령이 되는 과정과 되고 난 뒤에 보여 준 공약과 정책의 행보는 반드시 재조명되어 야 한다.

국가발전과 국민행복을 위한 노력이, 그리고 그 성과가 반드시 제 대로 평가되어야 하고, 이어받아야 할 것들이 많기 때문이다. 탄핵으로 정책의 성과마저 무시하고 깎아내리는 것은 우리나라 역사의 발전에 결 코 도움이 되지 않는다. 특히 '포퓰리즘Populism'이라는 폐해가 극성을 부 리는 상황에서 미래를 위해 전문성과 진정성 있는 정책적 시도와 노력 이 그 어느 때보다 절실히 요구되고 있다는 점에서 더더욱 그렇다.

그러므로 박근혜 정부 출범 전후 보여 준 정책적 노력과 성과는 반 드시 기록되어야 하고 재평가되어야만 할 것이다. 그중에서도 포퓰리즘을 철저히 배격하면서 이루어진 공약과 정책은 반드시 제대로 평가되어야 한다. '꼭 지킬 약속'만 한다는 선언과 함께 시작된 선거 공약과 그에 이은 정책의 행보는 훗날 포퓰리즘과 전쟁을 벌여야 하는 우리의 정치에 큰 교훈을 줄 수 있을 것이다. 박근혜 정부 출범 전후의 정책 과정은 한마디로 포퓰리즘과의 전쟁 과정이라고 할 수 있기 때문이다.

나는 박근혜 정부 출범 전후에 정책적으로 깊이 관여했다는 소명의식을 갖고 이 글을 시작한다. 나는 박근혜 대통령이 당선되기까지 경제와 복지 분야 자문교수로서, 그리고 여당 국회의원으로서 당시 박근혜 후보의 정책 공약에 대해 누구보다 깊숙이 관여했다. 그리고 박근혜 정부 출범 이후 여당 정책위 부의장으로, 그리고 청와대 수석으로 공약을 정책으로 실현시키는 작업을 주도적으로 했다. 그래서 이 과정을 꼭 역사에 기록으로 남기고자 하는 것이다.

이 책은 2011년에서 2016년까지 5년간의 '정책 회고집'이다. 정확하게는 2011년 11월 한나라당 비상대책위원장, 2012년 새누리당 대표와 대통령 후보로서 박근혜 전 대통령이 보여 준 정책 공약의 행보, 그리고 당선 이후 인수위와 정부를 이끌어 간 박근혜 전 대통령이 시도해서 성공했거나 실패한 수많은 개혁과 정책들을 소상하게 설명하고자 한다. 나는 한나라당 비대위에서는 정책자문위원회(김종인 위원장) 위원으로서 '새누리당'으로의 당명 개정과 당헌과 정강정책 전면 개정에 주도적 역할을 했다. 그리고 새누리당의 19대 국회의원 선거 승리에 공약책임자로서 그 역할을 담당하기도 했다. 나는 19대 비례대표 국회의원이 되어서, 그리고 18대 대통령 선거에서 정책메시지단장 등의 역할을 맡으면서 정책 공약과 전략을 만드는 데 주력했다. 그리고 당선 후 인수위 노동복지분과 위원으로 활동하면서 그동안의 공약을 구체화하기 위해 노력했다. 정부 출범 이후에는 여당 정책위 부의장으로서 정책 공약을 입법화하는 데 중심 역할을 하였고, 청와대 경제수석과 정책조정수석으로 대통령을 보좌하는 상황에서는 모든 공약 실현과 정책 개혁을 위해 심혈을 기울였다.

공약(公約)은 늘 선거에서 등장하고 주목을 받지만, 선거 이후에는 잊혀지거나 국민들의 불만과 분노의 대상이 된다. 대통령 선거, 국회의원 선거, 그리고 지방선거에서 공약은 당락을 크게 좌우할 정도이지만, 정작 선거가 끝나고 나면 늘 국민들에게 실망을 안겨 주면서 빌 공자 공약(空約)으로 인식되고 있다. 이처럼 문제투성이의 공약이지만 나는 이 공약을 개혁한다는 야심 찬 시도를 했다. 꼭 지킬 공약만 내세우고, 한 번 내세운 공약은 반드시 지킨다는 것을 국민들에게 약속하고 실천하고자 했다. 박근혜 전 대통령이 한나라당 최대의 위기에서 비대위원장으로 취임하면서 시작된 공약과 정책의 개혁 행보는 포퓰리즘으로 점철된 오늘날 우리 정치와 정책이 반드시 반면교사로 삼아야 할 만큼 중요한 것이다. 특히 정강정책을 '국민과의 약속'으로 명칭부터 바꾸고, 국민들이 쉽게 보고 이해할 수 있도록 '10개의 약속'으로 만든 것은 우리 정당사에서의 새로운 시도였다고 할 수 있다.

19대 총선에서는 국회의원 후보들이 '약속지킴이'로서 자신이 당선 후 입법으로 책임질 공약을 각기 맡아서 서약했다. 당선 후 이를 실천하는 과정 역시 이러한 공약 개혁 노력의 하나였다. 이후 18대 대선에서는 '공약가계부'를 발표함으로써 모든 공약의 재정 소요를 계산하고 공개한 뒤, 이러한 공약의 재정 소요를 어떻게 재원 조달하여 실천할 것인가를 밝히는 과정을 이어갔다. 대표적인 포퓰리즘으로서 '많이 베풀고 동시에 세금도 깎아준다는 공약'을 근본적으로 차단하고자 내놓은 것이 바로 공약가계부였다. 우리 정치사상 처음으로, 그리고 세계에서 처음으로 시도하였던 것이 바로 공약가계부인 것이다. 이 공약가계부는 우리의 재정, 즉 나라 살림이 포퓰리즘으로부터 훼손되는 것을 근본적으로 차단하기 위한 노력이었다고 평가될 것이다.

박근혜 정부 출범 이후에는 정책 개혁을 위한 노력이 더욱더 치열하게 전개되었다. 4대 개혁으로서 공공 개혁, 노동 개혁, 금융 개혁, 교육 개혁을 중심으로 한 정책 개혁의 노력은 성패를 떠나서 반드시 기억되어야 한다. 또한, 기초연금 개혁과 공무원연금 개혁의 성공, 그리고 노사정 대타협 성공 등은 주요 성과로 기록될 만한 것들이다. 특히 기초연금 개혁, 공무원연금 개혁과 같은 연금 개혁은 이해당사자의 반발이 두려워 어느 정부도 시도하지 못했던 것이었다. 적어도 100년 앞을 내다본 개혁을 성공시킨 역사적 업적이었다. 아울러 사회보장기본법 전부 개정 공약과 법제화 성공은 대한민국 복지 체계의 새로운 확립이라고 할 수 있다. 비록 성공에 이르지 못했지만 규제 개혁을 위한 각종 노력 또한 기록으로 남겨지고 이어 가야 할 것들이다. 이러한 규제 개혁을 위한 노력이 다음 정부에서 '규제프리존특별법'의 통과로 결실을 맺은 것도 역사적인 성과라 하겠다.

이러한 정책 개혁의 노력과 그 성공의 과정이 탄핵으로 인해 모두 묻히는 것은 우리 역사와 대한민국의 미래를 위해서 너무도 안타까운 일이다. 따라서 박근혜 정부의 탄생 과정과 박근혜 정부에서의 정책 활동을 회고하는 것은 너무나도 중요하기에 2011년에서 2016년까지 5년간 내가 경험한 모든 것을 여러 에피소드와 함께 이 책에 남기고자 한다.

나의 경험과 기억은 상당 부분 나의 수첩에 남겨져 있다. '사초'라고도 불리던 나의 수첩은 검찰 조사 과정, 그리고 헌재의 탄핵 과정과 그 후 법원에서의 재판 과정에서 수없이 등장했다. 검찰 조사와 재판 과정에서 등장한 나의 수첩 63권의 내용은 수첩 전체 내용의 5% 정도에 불과하다. 이 5%에 관한 내용을 중심으로 얼마 전 『안종범 수첩 : 박근혜 정부의 비방록』(조선뉴스프레스, 2022.2.17.)이라는 제목으로 책을 출간하였다. 이제 이 책에 담긴 나머지 95%는 주로 박근혜 대통령과 내가 함께 고민한 정책의 흔적이다. 나는 공약을 정책화하는 과정에서 경험한 많은 부분을 이 책에서 국민께 보여드리면서, 수첩에 나타난 그 경험의 일부를 그 증거로 제시하고자 한다. 법정이 아닌 역사의 장에 수첩을 제시하는 것이다.

이 책이 수첩과 함께 국민과 역사 앞에 등장하기까지 많은 분들이 열정적으로 동참해 주었다. 우선 나의 보좌관으로서 수첩을 보관하다가 검찰에 제출하면서 숱한 고뇌와 고통을 겪었던 한수기업정책연수소 김건훈 대표는 이 책의 시작을 이끌었다고 해도 과언이 아니다. 두 번째로, 내가 의원생활과 수석생활을 하는 동안 줄곧 나의 비서로서 헌신적으로 일해 준 왕안나 비서는 내가 구치소에서 연필로 써서 내보내는 원고와 수첩 해당 부분을 복사하고 붙여서 만든 자료들을 치밀하게 해독하고 정성껏 타이핑하는 고난도 작업을 맡아 주었다. 이 둘에 대한 감사의 뜻은 그동안 한 번도 제대로 표현하지 못했는데, 이 서문을 통해서라도 "그동안 수고 많았다. 정말 고맙다"라고 말해 주고 싶다. 세 번째로, 렛츠북 류태연 대표 이하 출판사 직원들께도 깊은 감사의 뜻을 전한다. 갑작스럽게 맡게 된 이 책의 출간에 깊은 의미를 부여하면서 열정적으로 도와주신 정성과 소명의식에 깊은 존경을 표하는 바이다. 그 밖에도 수고해 준 분들이 많은데 일일이 감사의 뜻을 표하지 못하는 점 매우 송구스럽다.

당초 이 책을 기획할 때 박근혜 정부의 탄생 과정과 박근혜 정부 출범 후 추진했던 정책 여정을 독자분들께 입체감 있게 전달하기 위해 나의 수첩 내용뿐만 아니라 당시에 보도되었던 관련 기사들을 함께 싣고자 했다. 추리고 추려서 대략 22개 언론사, 100여 건의 기사를 포함시키기로 하고 작업을 이어 가던 중 뜻밖의 난관에 부딪혔다. 각 언론사로부터 기사 1건당 저작권료로 20~30만 원을 지급해야 한다는 것을 통지받게 되었고, 결국 당시 기사를 그대로 보여 주는 것은 포기해야만 했다. 저작권을 보호하는 기본 취지가 저작물의 무단 게재나 남용, 오용 등을 방지하여 보다 나은 저작물 제작 유인이 생기도록 한다는 것으로 알고 있는데, 현행 제도는 이러한 취지에 걸맞지 않은 듯하다. 이 책에 신고자 했던 기사들은 당시 상황을 시각적으로 잘 보여 주면서 독자의 이해를 돕고자 했던 것으로, 독자 입장에서는 그 언론사, 나아가 해당 기자에 대한 호감을 갖게 할 수 있었을 텐데 아쉽지만 기사 대신 각주에 해당 언론사와 기사 일자와 게재 면을 담는 것으로 만족해야 했다.

마지막으로 수많은 어려움 속에서 소중한 사람들의 정성 어린 도움 덕분에 출간되는 이 책이 새로운 정권의 출범과 함께 정책에 대한 국민의 관심과 포퓰리즘에 대한 경각심을 불러일으키는 계기가 되기를 간절히 바란다.

# 차례

## 제4부    경제 공약을 경제 정책으로

## 제5부    복지·교육·환경·에너지 공약을 정책으로

## 제6부　경제외교

## 제7부　대한민국 미래를 위한 공약과 정책

◆ **부록**

제1부

# 포퓰리즘과 선거

# 포퓰리즘, 왜 나쁜가?

포퓰리즘은 국민을 현혹시키는 각종 정책 수단을 통해 인기를 얻지만, 궁극적으로는 국민에게 피해를 주는 정치 행위를 말한다. 국민을 현혹시키는 정책을 통해 당장은 국민에게 혜택을 주는 것 같지만, 시간이 지나면 국민 전체나 국가에 피해를 일으키는 일종의 정치적 사기 행위에 해당한다.

　선거 공약을 통해 세금으로 마련된 예산을 국민 전체나 특정 집단에게 나눠 주겠다고 한다면 그 혜택을 받는 대상은 좋아할 것이다. 하지만 이러한 공약은 결국 전 국민 또는 특정 집단에 포함되지 않는 다른 집단에게 세금을 부담시키는 일이 되거나 나랏빛을 늘리는 상황을 초래할 수 있다. 이는 국민을 현혹시키는 포퓰리즘의 전형적인 행위라고 볼 수 있으며, 포퓰리즘을 '인기영합주의'라고 번역하는 것도 이 때문이다. 이처럼 포퓰리즘이 나쁜 이유는 당장은 현혹할 대상에게 혜택을 주는 듯하지만 정치 집단의 이익에만 부응할 뿐, 결국 그 부담과 피해는 국민의 몫이 된다는 데 있다.

포퓰리즘은 주로 선거 때 등장한다. 과거 1950~60년대에는 선거 때 돈으로 표를 사는 행위가 서슴없이 행해졌다. 이런 노골적인 매표 행태는 없어졌지만, 더 광범위한 모습으로 나타나는 것이 바로 오늘날의 포퓰리즘이다. 그래서 선거가 있을 때 예외 없이 통화당국을 통해 돈을 푸는 상황이 벌어졌다. 우리나라뿐 아니라 여러 국가에서도 선거 후 통화량이 늘어난다는 것이 여러 경제 분석 결과 확인되었다.

나는 이러한 선거 과정에서 통화량보다 정부 지출이 늘어나는 양상이 있다는 사실을 실증적으로 분석하기도 했다.* 또한, 정부 지출, 즉 예산을 매개로 해서 선거 때 선심성 공약을 하는 전형적인 포퓰리즘 상황을 정부 지출을 통해 나타나는 정치적 경기 순환Political Business Cycle으로 규정했다.**

포퓰리즘에 의해 통화량이나 정부 지출이 불필요하게 늘어나면 결국 물가 인상, 금리 인상, 그리고 세금 증대로 이어지면서 국민에게 피해가 돌아가게 된다. 그러나 선거 때 내놓은 포퓰리즘 공약들에 국민들은 쉽게 현혹된다. 이에 따른 피해는 당장 나타나지 않고 시차를 두고 나타나서 국민들이 고통을 받게 된다. 그러나 그때는 이미 범인은 사라지고

---

* Chong-Bum An and Seoghoon Kang, "Government Expenditure and Political Business Cycle", *Korean Economic Review*, Vol. 16-2, 2000.12.
** 안종범, "재정정책에 미치는 정치적 영향과 정책과제", 『한국정책학회보』, 제10권 제1호, 2001.5.

없거나 또 다른 포퓰리즘으로 묻히게 된다.

포퓰리즘의 또 다른 수단 중 한 가지는 갈등을 조장하는 것이다. 국민들의 불만과 분노가 향하게 될 대상 집단을 지목하는 방법이다. 그 첫 번째 대상 집단으로 주로 사용하는 것은 기득권, 부유층, 그리고 엘리트층이다. 좌파건 우파건 포퓰리스트들은 집권하기 전이나 후나 주로 국민들을 기득권 대 소외계층, 부유층 대 비부유층, 그리고 엘리트 대 일반 시민으로 갈라서 갈등을 조장한다. 포퓰리스트들은 자신들이 이런 대상 집단으로부터 공격을 받고 있고, 또 자신들이 국민들을 이들 집단으로부터 보호하고 있다는 각종 연출을 한다.

두 번째 대상 집단은 특정 국가이다. 20세기 초반까지 이어진 제국주의 시대 이후 독립한 여러 국가들, 특히 남미 국가들은 한때 종속이론으로 무장한 세력이 미국 등 강대국에 의한 착취를 부각시켰다. 최근에는 몇몇 국가들은 다시 제국 열강의 간섭을 규탄하면서 국민을 선동하였다. 이를 '아메리카미스모Americamismo'라는 이데올로기로 무장하여 부단히 반미 포퓰리즘을 활용한다. 우리도 반일을 정치적 목적으로 사용하기도 했다. 이명박 대통령이 갑자기 독도에 간다거나 문재인 정부가 위안부 관련 지난 정부 합의를 백지화하며 반일 불매운동을 벌인 것도 이러한 특정 국가 집단을 사용한 포퓰리즘이라고 할 수 있다.

세 번째 대상 집단은 유럽 국가들에서 나타난 난민에 비우호적인 세력들이다. 과거 베트남 난민에서부터 최근 아랍국가 난민들에 이르기까지 난민을 수용하는 세력을 지목하여 국민들이 저항을 하도록 유도하는 일명 '우파 포퓰리즘'이 나타났다. 다른 한편으로는 토착민을 보호하고 옹호하는 남미형 '종족 포퓰리즘'도 존재한다. 볼리비아 모랄레스 대통령이 토착민 집단에 우호적인 행태를 보인 것 또한 종족 포퓰리즘의 한 유형으로 볼 수 있다.

여기서 얀 베르너 뮐러가 『누가 포퓰리스트인가』에서 지적한 포퓰리스트의 특징을 소개한다.

"집권한 포퓰리스트는 자신들 집권 기간의 실패를 국내외에서 활동하는 기존 엘리트가 뒤에서 훼방을 놓은 탓으로 돌릴 수 있다. 포퓰리즘과 음모론의 관계가 여기에서 다시 한번 확인된다. 포퓰리스트는 승리했어도 계속 희생자처럼 행동한다. 다수이면서 학대받는 소수인 양 구는 것이다."

"집권한 포퓰리스트는 일종의 종말론적 대립 상태를 꾸며내 국민을 계속 분열하고 동요시킨다. 이들은 정치 갈등에 최대한 도덕적 수사법을 활용한다. 포퓰리스트에게 적으로 삼을 대상은 동나는 법이 없다. 그리고 그 적은 언제나 국민 전체의 적이다."

어떤 유형의 포퓰리스트인가에 상관없이, 앞에서 분류한 세 가지 대상 집단을 선정하여 언제나 이들 집단으로부터 자신들이 공격받고 있다는 피해자 코스프레cosplay를 하는 것이다.

이처럼 포퓰리즘은 정치 이론으로도 정형화되어 있고, 그 유형도 다양하게 분류되어 있다. 하지만 유형과는 상관없이 포퓰리즘은 궁극적으로 국민과 국가에 막대한 피해를 입힌다. 포퓰리즘으로 민중을 대변한다면서 집권 후엔 결국 독재로 이어지는 경우가 많기 때문이다. 나치정권과 같은 파시즘도 이러한 포퓰리즘으로부터 탄생했다고 할 수 있다. 포퓰리즘은 언제나 반대 세력은 엘리트층이라고 지목하면서 권력을 유지하고자 하는 세력이 사용하는 행위다. 이 과정에서 언제나 반대 세력에 대한 통제력을 장악한다. 국민들은 늘 이러한 통제에 동의하지만, 결국 자신들도 통제 대상이 되거나 통제에 의한 피해자가 된다.

# 포퓰리즘의 세계사

포퓰리즘은 인류 역사에서 지배계급과 피지배계급이 생겨난 이후 언제나 존재했다고 할 수 있다. 국민이라는 피지배계급은 그들의 지배계급에 대한 협조나 저항으로 대변되는 역학관계를 통해 끊임없이 정치적으로 부침이 있었다. 지배계급은 통치 수단으로 이러한 피지배계급을 통제해 왔다. 이 과정에서 국민들은 여러 이유로 지배계급이 벌이는 인기 영합 정책에 현혹된 뒤 결국 피해를 본 사례들이 이어졌다. 이것이 20세기에 나타난 포퓰리즘의 전형이 된 것이다.

20세기 포퓰리즘의 출현은 로안 도밍고 페론 아르헨티나 대통령의 세 차례 집권 과정으로 대표된다. 1940년대 당시 아르헨티나는 세계 5대 강국이었는데, 페론은 자신이 통치하는 과정에서 포퓰리즘에 해당하는 모든 것을 국민을 대상으로 펼쳤으며 그의 부인인 에바 페론이 여기에 합세하여 아르헨티나를 회복 불가능한 상황에 몰아넣었다. 결국, 아르헨티나 국민들은 치솟는 물가를 감당하지 못한 채 빈곤의 질곡에 떨어졌다. 이 모든 것은 한때 그들이 그토록 박수 치며 지지했던 대통령에서 비롯되었다.

포퓰리즘은 남미에서 계속 이어졌다. 이러한 포퓰리즘의 폐해는 최근까지 베네수엘라 국민들을 엄청난 고통에 몰아넣었다. 1988년 집권한 베네수엘라의 우고 차베스 대통령은 아르헨티나의 페론보다 더 극심한 포퓰리스트였다. 차베스는 앞서 언급한 '아메리카미스모'를 기초로 반제국주의를 표방하였고, 통합 사회주의당을 설립하는 등 사회주의 이념을 활용했다. 그는 21세기에 와서도 자신의 21세기식 사회주의를 내세우며 이를 방해하는 반대자를 끊임없이 표적화하였다.

이 시기에 페루, 볼리비아, 에콰도르, 니카라과 등도 베네수엘라와 상황이 비슷했다. 베네수엘라의 경제는 차베스의 후계자 니콜라스 마두로 통치하에서 더욱 철저히 붕괴했다. 반대자들과 국민들이 치안부대에 살해당하는 일까지 벌어지면서 내전의 위기에 몰리기도 했다. 이러한 남미의 포퓰리즘은 좌파 포퓰리즘과 반제국주의를 표방했다는 특징과 함께 국민에게 참혹한 고통을 안겨 주었다는 공통점을 가지고 있다.

한편, 유럽에서 포퓰리즘으로 대표되는 국가로는 그리스를 꼽을 수 있다. 그리스는 2008년 글로벌 금융위기 이후 경제가 추락했고, 여러 유럽 국가들은 그리스 경제 추락의 여파를 차단하려 노력했다. 당시 그리스 정치인들이 보여 준 포퓰리즘의 대표적 행태는 연금에 대한 약속이었다. 이른바 연금의 소득대체율로 표현되는 연금 보장 수준이 우리의 경우 한때 70%였다가 지금은 40% 수준으로 낮아진 상태다. 그런데 그리스의 경우 정치인들이 선거 때 연금 보장 수준을 높이는 공약 경쟁을 하면서 무려 120%까지 올라갔다.

이러한 무책임한 공약은 결국 자식 세대에게 엄청난 부담을 지우는 것이다. 더구나 그리스는 통계를 조작해 발표한 것이 발각되면서 국제적으로 신뢰도가 추락하기까지 했다. 이탈리아 역시 잦은 정권 교체 과정에서 포퓰리즘을 겪은 바 있다. 그리고 앞서 언급한 난민 문제와 관련된 우파 포퓰리즘은 독일 등의 국가에서 출현하기도 했다.

가장 최근에 예기치 못한 포퓰리즘의 폐해를 경험한 국가는 트럼프 집권 당시 미국이라 하겠다. 트럼프는 미국 중심주의를 내세우며 미국 경제 부활을 이념화하면서, 과거 미국 정치와 전혀 다른 포퓰리즘식 정치를 보였다. 재선에 성공하지 못했지만, 그가 집권 4년간 보여 준 포퓰리즘은 공격 대상 집단을 분명히 하면서 미국 국민들의 갈등 구조를 심화시키는 피해를 안겼다.

# 우리의 포퓰리즘

우리에게 포퓰리즘이라는 용어가 본격적으로 등장한 것은 1990년대 이후 민주주의 정권이 성립되고부터였다고 하겠다. 박정희 정부에서와 같은 권위주의 정권에서는 포퓰리즘의 필요성이 발생하지 않았을 것이기 때문이다. 그대신 박정희 정부는 포퓰리즘과 반대되는 몇 가지 정책을 도입했다. 우파 권위주의 정권이었지만, 건강보험 제도(1977년)와 국민연금 제도(1988년)라는 핵심 사회보험 제도가 도입되었고, 나아가 전격적으로 부가가치세 제도(1977년)가 도입되었다. 이들은 도입 당시 상당한 정치적 부담이 되었을 뿐만 아니라 국민들로부터 결코 지지받을 수 없었던 제도들이었다. 특히 부가가치세 제도의 경우 상거래에서 탈세를 근원적으로 차단할 수 있다는 점에서 우리 세금의 역사에서 획기적인 일이었다. 미국 등 많은 선진국이 도입의 필요성과 중요성을 인식하고도 아직까지 도입하지 못하고 있는 제도이다.

이처럼 포퓰리즘은 해서는 안 되는 것을 하는 것뿐만 아니라, 해야 하는데 하지 않는 것도 해당한다. 해서는 안 되는 것은 선심성 예산 풀기 같은 것이고, 해야 하는데 하지 않는 건 궁극적으로 국민에게 유익한 부가가치세 제도 도입이나 연금 제도 도입 및 개혁이라고 할 수 있다.*

포퓰리즘이 본격적으로 우리 앞에 출현한 것은 노무현 정부 때부터였다고 할 수 있다. 그 이전 김영삼 정부와 김대중 정부에서는 포퓰리즘에 의존하는 행태가 극히 제한되었다. 김영삼 정부가 외환위기를 불러일으킨 것은 1인당 국민소득 1만 달러를 유지하기 위해 무리한 외환 정책을 사용했기 때문이라는 지적을 받고 있다. 그리고 김대중 정부는 집권 전 대선 공약으로 'IMF와 재협상'을 내걸었다. 이들 또한 포퓰리즘으로 보일 수 있다. 하지만 김영삼 정부가 국민들의 불만과 불안을 야기할 수 있는 '금융실명제'를 단행한 것, 그리고 김대중 정부가 공기업 개혁 등 공공부문 개혁을 시도한 것은 포퓰리즘과는 반대되는 정치가 주가 되었다고 할 수 있다.

노무현 후보는 대선 공약으로 수도 이전을 전격적으로 들고나옴으로써 선거에서 승리를 얻었다. 세종시로의 수도 이전은 헌법재판소의 위헌 결정으로 결국 행정부만의 이전으로 귀결되었지만, 이로 인한 사회적·국가적 비용은 매우 컸다. 지방 분권을 내세우면서 시도한 부동산 정책들도 오히려 수도권 집값을 인상시키고 지방의 불균형을 더욱 촉진했다고 할 수 있다. 특히 부동산을 가진 자의 부담을 크게 하여 1대 99의

---

* 필자가 쓴 『재정 포퓰리즘과 재정개혁』(새사회전략정책연구원, 2008)에서는 이러한 포퓰리즘의 두 가지 유형과 사례들을 상세히 설명하고, 이를 방지하기 위한 방안을 제시하였다.

싸움을 유도한 종합부동산세 도입 등의 부동산 대책은 결과적으로 수도권과 지방의 심각한 불균형과 부담을 늘리는 전형적인 포퓰리즘 폐해를 가져왔다.

노무현 정부의 수도 이전이 포퓰리즘의 유형이라면, 이명박 정부의 4대강 역시 포퓰리즘의 유형이라고 하겠다. 이명박 후보는 대선 핵심 공약으로 한반도 대운하를 내세웠다. 환경 보호와 관광 개발, 그리고 물류 혁신에 결정적 방안이라면서 내세운 한반도 대운하는 여러 비판을 받으면서 논쟁의 중심에 섰다. 집권 후에는 이를 수정하여 4대강 개발로 추진하였다. 그러나 예비 타당성 조사를 면제시키고 4대강을 동시에 개발하는데 22조 원을 투입하면서 포퓰리즘으로 귀결되었다.

박근혜 정부는 그동안 선거 과정과 집권 후 국민에게 부담으로 작용한 포퓰리즘을 철저히 배격하는 행보를 취했다. 이는 여러 증거자료와 함께 이 책에서 계속 논의될 것이다.

마지막으로 우리의 포퓰리즘에서 반드시 주목해야 하는 것은 보편주의다. 무상 급식으로 시작된 무상 시리즈가 무상 보육, 무상 의료 등으로 이어지며 포퓰리즘이 생겨난 것이다. 최근에는 기본소득까지 등장했다. 이러한 보편주의는 선진국 역사를 보더라도 전제가 있다. 즉, 기존 중앙정부 중심 각종 선별 복지를 보편주의적 제도로 대체하는 것이었다. 기존 선별 복지가 갖는 낭비·중복 요인을 근본적으로 해소하기 위해 기존 복지를 보편 복지로 전면 대체하는 것이었다. 그래야 보편 복지의 정당성이 성립하는 것이다. 하지만 우리 정치인들이 내세우는 식으로 기존 선별 복지에 보편 복지를 추가하는 것은 포퓰리즘에 불과하다.

# 제2부

# 박근혜 정부의
# 출범과 공약

# 2007년 경선의 패배와 새 출발

내가 박근혜 전 대통령과 인연을 맺은 것은 미국 버클리대학에서 1년간 연구년을 마치고 귀국한 직후인 2005년 8월이었다. 당시 한나라당 박근혜 대표의 비서실장이었던 유승민 의원의 권고로 만나게 되었고, 그 후로 경제와 복지 분야의 자문 역할을 주기적으로 하게 되었다.

그렇게 시작된 박근혜 전 대통령과의 인연은 정책을 끈으로 10년 이상 이어졌다. 나는 평소 함께 정책을 논하던 학자들에게 박 전 대통령을 적극 소개하여 함께하게 되었다. 그런 과정을 통해 복지팀, 재정팀 등 여러 자문 그룹을 만들어 국회의원, 당 대표, 경선 주자, 대통령 후보로서의 박근혜라는 정치인과 정책 행보를 함께하게 되었다. 매달 한 번 정도 주제를 정하여 함께 공부하고, 개발된 정책안에 관해 토론했다. 선거를 앞두고는 각종 정책 공약 개발과 정책 메시지를 준비해 나갔다.

이렇게 2005년 8월 시작된 나의 정책 자문은 2007년 8월 경선 패배까지 여러 선배·후배 학자들과 함께 이루어졌다. 고 남덕우 전 총리가 좌장 역할을 한 경선 후보 정책 회의 모임에서 나는 간사 역할을 맡았다. 매일 조찬회의를 준비하고 관리한 과정은 보람되었다. 대 경제학자로서, 그리고 경제관료로서 나에게는 선망의 대상이었던 남 전 총리를 모시고 이루어진 정책토론은 나의 학문적 발전에도 크게 기여했다고 할 수 있다. 80세가 넘는 고령에도 워드 작업부터 동영상 제작에 이르는 각종 컴퓨터 작업을 직접 하던 남 총리의 의욕과 능력은 늘 날 감탄하게 했다.

나는 간사 역할을 하면서 10명이 넘는 회의 참석자들에게 웹하드Webhard를 사용하도록 했다. 거의 매일 이루어지는 발표와 회의 자료를 관리하기 위해서 웹하드를 개설한 후 그곳에 파일들을 올려놓고 각자가 볼 수 있도록 했다. 대외 보안을 유지하기 위해 회원들에게 상세히 사용 방법을 알려주고 수시로 암호를 바꾸었다. 남 총리는 이 웹하드를 누구보다 애용했는데 본인이 준비한 자료들을 올려놓을 뿐만 아니라, 웹하드의 정리를 빈번히 내게 주문하기도 했다. 이러한 클라우드 서비스가 보편화되기 전이었지만, 남 총리는 늘 최신 기술을 익히고 사용하는 활력을 보여 주었다.

이렇게 보안을 철저하게 유지하려 했지만, 가끔 정보가 유출되었다는 걸 알게 되어 놀란 적도 있었다. 상대 진영에서 우리의 회의 내용을 알고 있었다는 정황을 발견했다는 이야기를 듣고는 보안에 더욱 신경을 썼던 기억이 난다.

이러한 회의 과정에서 남 총리의 해박한 지식과 회의 진행 능력은 많은 사람들을 감탄하게 했다. 특히 시장경제에 대한 신념 또한 나에게 새로운 울림으로 다가왔다. 경제, 사회, 정치와 관련된 모든 분야의 정책 이슈와 공약 개발안에 대한 주제를 정해서 발표하고 토론하여 최종안을 만들어 박근혜 후보에게 보고한 뒤 확정하는 과정을 반복했다. 이는 당시 경선 과정에서의 정책 개발을 다른 어떤 후보에 비해 돋보이게 만들었다.

그중에서도 경제 성장과 관련해서는 '5+2 줄푸세 공약'을 내세운 것이 주목받을 만했다. 2007년 2월 5일 박근혜 전 대표는 '2012 경제비전과 추진전략'이라는 주제의 기자간담회를 갖고 '사람경제론'을 경제 비전으로 제시하면서 '5+2 줄푸세'를 이를 위한 전략으로 내세웠다.* 사람경제론은 사람의 행복을 목표로 삼고, 성장 과정에서 사람이 핵심이 되고, 성장 과실도 사람을 위해 나누도록 한다는 개념이었다.

사실, 선거 과정에서는 경제 성장률에 대한 공약은 늘 빠지지 않았고, 서로 높은 성장률 목표치를 공약으로 내세우는 경쟁이 벌어졌다. 그래서 우리 후보 진영에서는 나의 제안에 따라 사람경제론과 함께 성장률 목표치를 보다 현실성 있게 내세우는 차원에서 5+2를 제시했다. 즉, 5%의 성장률 기본 목표에 세금을 줄이고 규제를 푼 후 법치를 바로 세우는 이른바 '줄푸세'를 통해 2%p의 추가 성장이 가능하다는 것을 주

---

* 관련 기사 - 한국경제 2007.2.6. A09면 참조

장했다. 당시 한국개발연구원KDI의 차문중 박사(현재 삼성경제연구소장)가 '법질서 준수가 경제 성장에 미치는 영향'이라는 보고서에서, 우리나라의 경우 법질서를 지키지 않아 1%p 경제성장률이 떨어졌다는 연구 결과를 발표했다.** 이를 기초로 법질서 준수를 통해 1%p, 그리고 감세와 규제 완화를 통해 1%p, 합계 2%p 추가성장이 가능하다는 '5+2 줄푸세' 공약을 내놓았던 것이었다. 이명박 후보 진영에서 747 공약(7% 성장률, 4만 불 국민소득, 7대 강국)을 내세운 것은 그 후의 일이었다.

사실 대선이나 총선마다 각 후보와 정당이 제시하는 경제 성장률은 문제가 많았다. 단 한 번도 지켜진 적이 없을 정도로 허황된 수치를 내걸고 국민이 잠시라도 현혹되기를 바라는 행태가 지속되었다. 그런 의미에서 박근혜 후보가 경선 당시 내세운 '5+2 줄푸세' 공약의 의미를 새롭게 되새겨 볼 필요가 있다. '+2'의 근거인 줄푸세를 내세운 것은 그만큼 성장의 방법을 제시한 것으로 의미가 있었다. '줄'은 그 후 이명박 정부의 감세로 이어졌고, '푸'는 규제 개혁으로 이명박 정부에 이어 박근혜 정부가 최우선 과제로 밀고 나갔다. 그리고 '세'는 법치의 확립으로 그후 실현함에 있어 힘든 과정이 이어졌지만 적어도 시도는 해 보았다.

이명박 정부는 엄정한 법 집행을 내세우면서 경찰행정력을 강하게 밀어붙이다가 '용산 사태'를 불러오기도 했다. 박근혜 정부는 법치의 확립으로써 '김영란법'의 통과를 주도하기도 했다. 그러나 여전히 법치의

---

** 관련 기사 - 한국경제 2007.1.8. A02면 참조

확립이 우리 사회에서는 요원하다는 인식이 있다. 불법 시위나 불법 점거를 제대로 단속하지 못하는 우리의 경찰력, 그리고 각종 세무 비리를 끊어 내지 못하는 우리의 세무행정력 등은 우리가 추구하는 법치국가의 꿈을 이루는 데 장애 요인이 되고 있다.

2007년, 대선에서 가장 큰 이슈가 되었던 것은 이명박 후보가 내놓은 한반도 대운하였다. 한반도 대운하 공약은 한나라당 경선 과정에서부터 박근혜 후보가 강하게 비판하던 것이기도 했다. 노무현 대통령이 후보 시절 수도 이전, 즉 세종시 공약으로 논란을 야기한 것 이상으로 한반도 대운하는 당시 대선 캠페인 대부분을 잠식하다시피 했다. 나는 나와 함께한 전문가들과 한반도 대운하 공약이 갖는 허구성과 문제점을 정리하였다. 21세기에 운하로 물류를 해결하겠다는 발상 자체가 허황되고, 아울러 운하 건설이 가져올 환경 파괴와 막대한 비용 문제가 심각하다는 점을 주요 비판 요지로 만들었다. 결국, 이명박 정부는 집권 후 운하 대신 4대강 사업을 추진했다. 만일 한반도 대운하가 실현되었다면 심각한 문제를 초래할 것이 뻔했다. 이 4대강 사업도 단계적으로 시도하지 않고 22조 원 이상 들여 단시간에 추진하면서 큰 문제를 불러일으키기도 했다.

박근혜 후보 측에서 마지막까지 검토하다가 결국 발표하지 못한 공약 중에 '세계평화도시(통일경제자유지역) 건립'이 있었다. 휴전선 인근 서해안 지역(개풍군)을 매립하고 여기에 각종 국제기구를 유치하여 남북 간 화해와 함께 경제 협력을 시도하자는 것이었다. 북한은 북한 측 토지를 내놓고, 남한은 매립을 포함한 건설을 맡아 당시 진행되던 6자회담 사무국 등 각종 국제기구를 유치하면 한반도 평화의 상징이 됨과 동시에 남북 경협의 모델이 만들어질 수도 있다는 점이 장점으로 내세워졌다. 그러나 실현 가능성이 크지 않다는 박근혜 후보의 반대로 그 공약은 발표되지 못했다.

2007년 경선에서 근소한 차이로 패배하고 박근혜 후보는 깨끗이 승복하는 모습을 보였다. 치열했던 경선 과정에서 억울하고 문제가 될 만한 몇 가지 사항들이 있었지만, 모두 덮고 패배를 인정하는 멋진 연설을 했다. 이러한 모습이 우리 정치사에 거의 없었던 터라 국민들은 신선하게 받아들였고, 이는 훗날 박근혜 후보의 큰 자산으로 작용했다.

2007년 대선이 끝나고 2008년이 되어 이명박 정부가 출범하는 시점에서 박근혜 후보의 모든 지원팀은 해산된 상태였다. 그러나 박근혜 의원으로서 활동은 계속하였고, 이 과정에서 새로운 출발을 하는 공부가 시작되었다. 나는 경제와 복지를 중심으로 매월 1~2회 박근혜 의원의 공부에 참여했다. 나와 함께했던 전문가들을 다시 모으고 주제를 정해서 박근혜 의원과 토론하는 과정을 계속했다. 한 번 공부에 4~5시간 정도가 소요될 정도로 박근혜 의원의 열정은 대단했다.

이러한 공부 과정은 2011년 한나라당 비대위원장을 맡을 때까지 계속되었다. 내가 경제와 복지 분야 공부에서 유념을 둔 것은 포퓰리즘을 배격하는 정책을 만들고 실현하는 것이었다. 시장경제를 기초로 하는 경제 원칙하에 재정 건전성을 기반으로 하는 나라 살림 운영, 그리고 복지 정책의 실효성 제고들을 강조하는 것이 공부에서의 핵심 방향이었다. 당시의 공부가 바탕이 되어 훗날 규제 개혁, 공약가계부, 고용 복지, 사회보장기본법 전부 개정 등의 공약과 정책이 나왔다고 해도 과언이 아닐 것이다. 특히 복지의 경우 박근혜 의원이 누구보다 현장 경험이 많았고 관심도 지대했기에 사회보장기본법 전부 개정을 이끌어 낸 것이었다.

# 19대 총선 승리와 공약

박근혜 의원이 2007년 경선 패배 이후 정책 공부를 통해 새 출발을 한 것은 그 후 19대 총선과 대선에서의 승리에 밑거름이 되었다. 이러한 정책 공부는 2010년 말에는 조직화되어 국가미래연구원이 출범하게 됨으로써 명실공히 대선캠프로서의 역할을 했다. 국가미래연구원은 김광두 교수가 원장으로, 그리고 각 분야에 여러 전문가가 참여하여 공약과 정책을 준비했다. 나는 출범 전부터 구성원들을 모으고 조직화하는 데 노력했다. 당시 언론에 보도된 바 있던 김광두 교수, 신세돈 교수, 최외출 교수, 김영세 교수, 그리고 나까지 이렇게 5인이 주축이 되었다.

나는 국가미래연구원의 조직과는 별도로 그동안 공부하던 전문가들을 중심으로 두 개의 팀을 별도로 꾸리고 있었는데, 하나는 경제팀이고 다른 하나는 복지팀이었다. 경제팀은 박근혜 의원이 기획재정위 활동(18대 국회 후기인 2010년 6월부터 2012년 6월까지)을 할 때 도움을 주었고, 총선·대선 공약 준비에 기여했다. 복지팀은 박근혜 의원이 복지위 활동(18

대 국회 전기인 2008년 6월부터 2010년 6월까지)을 할 때 도움을 주었고, 사회보장기본법 전부 개정에 핵심 역할을 했으며, 총선·대선 과정에서 각종 복지 공약을 만들었다. 경제팀과 복지팀은 대외적으로 알려지지 않은 채 국가미래연구원과 새누리당이 준비했던 공약과 각종 자료를 박근혜 후보와 함께 최종 취합하고 정리했다.

이들 두 팀의 전문가들은 훗날 박근혜 정부의 각 분야 일선에서 많은 역할을 했는데, 음지에서 보상을 바라지 않고 묵묵히 열심히 일한 대가로 두 선거를 승리로 이끈 귀중한 사람들이었다. 그들은 폴리페서Poli-fessor라는 비난을 무릅쓰고 국가를 위해 헌신했다.

2011년 말, 한나라당의 대표가 된 홍준표 의원은 이명박 정부의 레임덕을 막아낼 여당 대표로서의 능력을 전혀 보여 주지 못했다. 최고위원들의 줄사퇴에 이어 대표도 사퇴할 수밖에 없을 정도로 정부와 여당은 몰락의 길을 가고 있었다. 그런 상황에서 한나라당은 비상대책위원회 체제로 갈 수밖에 없었고 위원장으로 박근혜 의원을 추대하였다.

박근혜 의원은 당시 유력한 대선주자로서 비대위원장을 맡는다면 안게 될 위험 부담이 컸다. 그러나 이를 주저 없이 수락했다. 그는 과거 당 대표로서 노무현 대통령 탄핵 후폭풍으로 밀어닥친 당의 위기를 구할 때보다 더 큰 부담을 안고서 비장한 각오로, 국민께 다시 한번만 더 기회를 주실 것을 읍소했다.

박근혜 비대위원장은 말 그대로 비상대책을 만들어 나갔다. 당명은 새누리당으로, 당 색깔도 빨간색으로 바꾸는 파격적인 변신을 거듭했다. 그리고 정강정책도 그 명칭부터 '국민과의 약속'으로 바꾼 뒤, 10개의 약속을 그 안에 담았다. 그동안 우리 정치에서의 당이 생기고 없어지면서 정강정책을 제대로 만들지도, 또 읽어 보지도 않던 관행을 떨쳐버리고자, 간명하게 국민들에게 약속하는 형식의 정강정책을 만들었다.*

| 국민과의 약속 |
|---|
| **1. 모든 국민이 더불어 행복한 복지국가 건설** |
| 　1-1 (국민행복을 위한 평생맞춤형복지) |
| 　1-2 (사회적 약자와 소수자 존중) |
| **2. 일자리 걱정 없는 나라 만들기** |
| 　2-1 (일자리중심 국정운영) |
| 　2-2 (청년일자리 대책 중점 추진) |
| 　2-3 (노인·장애인·사회적 약자 맞춤형 일자리 대책 추진) |
| **3. 공정한 시장경제 확립과 성장잠재력 제고** |
| 　3-1 (공정한 시장경제질서 확립을 통한 경제민주화 실현) |
| 　3-2 (벤처·중소기업 투자확대와 농어업 경쟁력강화를 통한 성장잠재력 제고) |
| **4. 과학기술을 통한 창의국가 구현** |
| 　4-1 (과학기술기반의 국정운영) |
| 　4-2 (창의인재 육성과 지식융합창조사회 발전) |
| **5. 기회균등의 창조형 미래교육 실현** |
| 　5-1 (교육기회균등의 실현과 공교육 강화) |
| 　5-2 (창의와 인성을 갖춘 인재 양성) |
| 　5-3 (평생학습사회의 구축) |
| **6. 다양함을 존중하는 소통과 배려의 사회문화 실현** |
| 　6-1 (가족가치의 극대화) |
| 　6-2 (안전한 나라) |

* 2012.2.13. 제15차 전국위원회의에서 당명, 당헌·당규, 정강·정책, 공식로고 개정안 최종 확정, 정강정책으로서 국민과의 약속 전문과 본문은 부록을 참조

6-3 (성평등사회의 구현)

6-4 (열린 문화사회와 나눔 공동체)

6-5 (700만 재외동포 지원과 한민족 네트워크 강화)

**7. 지속가능한 친환경사회 실현**

7-1 (친환경사회와 녹색성장)

**8. 한반도 평화에 기초한 국익중심 외교와 통일한반도시대의 주도**

8-1 (굳건한 안보체제의 확립과 군복무시스템 개선)

8-2 (국익과 신뢰에 기반한 평화지향적인 균형외교)

8-3 (한반도 평화와 통일을 위한 노력강화)

**9. 국민과 소통하는 신뢰 정치 구현**

9-1 (미래지향적 정치)

9-2 (실질적 지방화와 분권화)

**10. 국민에게 봉사하는 신뢰받는 정부 만들기**

10-1 (국민의 삶을 책임지는 정부)

10-2 (나라살림 잘 꾸려가는 유능한 정부)

이 '국민과의 약속'을 만드는 과정에서 국민들로부터 초미의 관심을 불러일으킨 것은 '경제 민주화' 조항의 포함 여부였다. 정책을 책임지는 자리에 김종인 박사를 영입하면서 경제 민주화를 최대의 화두로 등장시켰다. 결과적으로 한나라당에서 새누리당으로 거듭나는 과정에서 홍보에서도 대성공을 거두었다. 이처럼 보수·우파정당으로서 새누리당이 경제 민주화와 복지를 주된 정책 이슈로 제기하면서, 자유시장 경제 체제에서 경제 민주화와 복지가 동반해서 나아갈 수 있음을 보여 주었다. 이러한 일련의 과정은 박근혜 의원이 2007년 경선 패배 이후 꾸준히 준비해 온 정책 행보의 시작이었다.

19대 총선은 오랜만에 정책 대결의 장이 되었다. 새누리당 창당 과정에서 경제 민주화가 주된 정책 이슈가 된 것에 이어서, 총선에서 새누리당은 박근혜 대표를 선두로 정책선거의 기치를 내걸었다. 그러한 정책선거에서의 핵심은 '가족행복 5대 약속'이었다. 5대 약속은 1) 4대 중증질환 국가 부담, 2) 저비용 주택 마련, 3) 대학등록금 부담 경감, 4) 영유아 보육비 국가 부담, 5) 고용 보장이었다. 여러 공약을 만들어 발표했지만, 국민들이 손에 잡히면서 가슴에 와 닿는 공약이 중요하다는 박근혜 대표의 주문에, 나는 심혈을 기울여 5가지를 골랐고, 거기에 '가족행복'을 슬로건으로 내걸었던 것이었다. 이러한 5가지 약속은 그 후 선거운동 기간 내내 지속적이고 반복적으로 홍보했다. 그중에서도 4대 중증질환(① 암, ② 뇌혈관질환, ③ 심장질환, ④ 희귀난치질환)의 국가 부담 공약은 크게 주효했다. 감기 등 경증은 국민 부담이 작지만, 가족 중 누군가 이러한 중증질환에 걸리면 건강보험으로 보전되지 않아 막대한 부담으로 이어진다는 점에서 크게 공감대가 형성되었다.

## 가족행복 5대 약속 세부내용

| 할머니·할아버지 | ▪ 질병으로 집안 망하는 일 없기<br>- 중증질환에 대한 건강보험급여<br>- 치매노인에 대한 장기요양보험확대와 돌봄서비스 확대 |
|---|---|
| 엄마·아빠 | ▪ 차별 없는 일자리 만들기<br>- 임금·복리후생에 대한 비정규직 차별 개선<br>- 사내하도급 근로자보호를 위한 법률 제정<br>▪ 주거비 부담 덜기<br>- 전세자금 이자부금 경감 |
| 딸·아들 | ▪ 새로운 청년 취업시스템 도입<br>- 열정과 잠재력으로만 평가 받는 스펙초월 취업시스템<br>▪ 보육에 관한 국가완전 책임제<br>- 만0~5세까지 양육수당·보육료 전 계층 지원 |

영유아 보육비 국가 부담의 경우도 그동안 야당이 내세워 오던 것이었는데, 박근혜 대표의 핵심 공약으로 전격적으로 재원 마련 대책과 함께 발표하여 큰 호응을 얻었다. 이러한 5대 약속은 총선 승리와 대선 승리 이후 박근혜 정부가 출범한 후에 모두 실현되어 제도로서 정착되었다. 그만큼 박근혜 대표가 보여 준 정책 행보와 정책 약속은 국민들에게 지지를 얻어 냈고, 또 그 후 선거 과정에서 모범이 되는 것이었다. 선거 과정에서 '꼭 지킬 약속만 하고, 한 번 한 약속은 반드시 지킨다'는 의지는 우리 정치사에서 포퓰리즘을 철저히 차단하면서 선거에서 승리할 수 있는 원동력이 되었다.

19대 총선은 새누리당의 승리로 끝났다. 비대위 체제라는 수렁에서 헤어나와 국민에게서 다시 한번 신뢰를 얻어 낸 값진 승리였다. 이 승리의 중심에는 박근혜 대표가 있었다. 우리 정치사에 이때만큼 '약속'과 '신뢰'라는 단어가 많이 회자된 적이 없을 정도로, 박근혜 대표가 보여 준 믿음은 국민에게 큰 울림이 되었다. 나아가 정책으로 승부한 것도 큰 의미가 있다고 하겠다.

19대 국회의원 선거 당일, 박근혜 대표는 투표를 마친 직후 내게 전화를 했다. "안 교수가 만들고 조언한 대로 모두 했으니, 이제 이 정책 공약을 꼭 책임지고 실천하는 데 앞장서 달라"고 주문했다. 당시 나는 새누리당 비대위 정책자문위원에 이어서 비례대표 의원 후보(12번)로 지명되고, 나아가 총선을 대비해서 공약을 책임지는 역할을 하고 있었다. 나는 꼭 그러겠다고 다짐을 했고, 이를 지키려 부단한 노력을 했다.

비례대표 후보 25명에게 각자 당선 후 공약 실천할 법안을 하나씩 맡도록 했다. 실제로 정확히 25명이 당선되었고, 이들은 자신들이 맡은 공약 실천에 앞장섰다. 이를 계기로 비례대표 모임을 '약속지킴이(약지) 25'로 이름 짓기도 했다.** 그리고 총선 공약 실천을 위해 당정협의체를 가동시키기도 했다. 당시 입법화되었던 경제 민주화 관련 법안들도 주목받은 것들이 많이 있었다.

이러한 총선 승리와 총선 공약 실천은 곧바로 대선 준비로 이어졌다. 그해 12월에 있을 대선을 향한 새누리당의 정책 행보가 총선 승리의 기쁨에 취해 있지 않고 곧바로 시작하도록 고삐를 조였다. 경제 민주화라는 이슈를 선점한 새누리당이 복지로 박근혜 대선 후보를 앞세워 국민들에게 다가가는 행보가 시작되었다.

** 2012.6.3. 발족, 관련 기사 - 한국일보 2012.6.4. A05면 참조

# 18대 대통령 선거 승리와 공약

2012년 12월 19일 18대 대통령 선거는 19대 국회의원 선거(총선)와 한 해에 치러지면서 새누리당은 총선 승리의 동력을 계속 끌어가려고 애를 썼다. 박근혜 대표는 그해 7월 10일 서울 영등포 타임스퀘어에서 대통령 출마 선언을 함으로써 본격적으로 18대 대선에 뛰어들었다. 박근혜 후보는 총선 공약을 실천할 것이고, 이를 대선 공약으로 이어나가 약속을 반드시 지킬 것을 천명했다. 출마 선언에 이어서 주기적으로 핵심 공약을 발표했다. 그동안 준비한 정책 공약들을 하나하나 국민들 앞에 내놓았던 것이다.

가장 먼저 발표한 것은 '정부3.0'이었다. 대통령 후보로서 정부를 어떻게 운영해갈 것인가를 밝히는 것이 우선이라는 점에서였다. 정부가 취득한 모든 정보를 국민에게 공개하고, 국민과 공유하고, 국민을 위해 봉사하는 개념을 담은 정부3.0을 출마 선언 다음 날인 2012년 7월 11일 대전 정부통합전산센터에서 발표했다. 정부1.0이 전자정부 형태로 종이 없는 정부 업무를 기본으로 한다면, 정부2.0은 정부와 국민이 쌍방향 소통하는 형태이고, 정부3.0은 이런 소통을 기반으로 국민이 필요할 때 늘 찾아가 봉사하는 정부의 개념을 담고 있었다. 호주에서 처음 시작된 정부2.0의 개념은 오바마 행정부도 선언한 적이 있었는데, 이를 넘어서는 개념으로 정부3.0을 내걸었던 것이었다.

IT 강국으로서 대한민국 정부가 정부2.0과 같은 소통을 기반으로, 휴대폰 등을 이용하여 국민이 필요한 정부 서비스를 필요한 시점에 각 국민에게 안내하고 봉사하는 의미를 갖는 것으로 정부3.0을 선언했다. 사실 정부2.0을 내걸 수도 있었지만 당시 학계에서 정부3.0 개념이 처음 나오던 시점인 것에 주목해서 과감하게 이를 내세웠던 것이다. 여기에는 나의 보좌관이었던 김건훈의 공이 컸다. 그가 찾아낸 학계에서의 정부3.0 개념 논의를 적극 활용한 것이었다.

두 번째로 내놓은 핵심 공약은 '여성 공약'이었다. 1990년대 이후 사회적으로 큰 부담이 된 저출산·고령화는 일본의 사례를 보더라도 대한민국의 앞날에 가장 큰 발전의 걸림돌이 될 문제였다. 특히 저출산의 문제는 그동안 여러 정부에 걸쳐 보육비 지원을 대폭 늘리는 것으로 대처했지만 별 소용이 없었다. 그래서 19대 총선에서의 영유아 보육비 국가 부담 공약에 이어 여성의 경제·사회 활동을 보장하기 위한 새로운 정책 공약을 제시했다. 저출산의 원인이 보육비의 부담뿐 아니라, 보다 근본적인 것은 여성의 경제 활동 장애 때문이라는 점을 부각시키고, 여성의 경력 단절을 막을 수 있는 각종 대책을 마련하고자 했다.

실제 우리의 여성 초혼 연령과 초산 연령이 급속히 높아져서 이제 30세를 훌쩍 넘어서는 상황이었다. 그러므로 여성의 경제·사회 활동이 출산으로 중단되거나 지장이 생기지 않도록 육아 휴직을 대폭 확대하고, 나아가 남성의 육아 부담도 늘려가도록 하는 조치가 필요했다. 이에 대표적으로 내세웠던 공약이 '아빠의 달'이었다. 남성도 육아를 위해 한 달을 쓸 수 있도록 하는 제도로 당시 큰 호응을 얻었고, 이것을 기초로 후에 실현되어 이제는 보편화되었다.

이러한 여성 공약은 2012년 7월 20일 부산시 여성회관 내 부산여성 새로일하기지원본부에서 발표되었다. 동행했던 기자 중에서 특히 여기자들이 크게 환호했었다. 그만큼 여성 경제 활동 인력이 목말라했던 것은 보육비 부담을 덜어 주는 것보다 그들이 직장에서 안정적으로 활동할 수 있도록 해 주는 것이었다. 저출산 대책과 여성의 경력 단절 방지를 위한 각종 대책들은 더 나아가 우수한 우리 여성 경제 인력의 활용과 생산력 증대를 이끌어 낼 수 있다는 점에서 경제 발전에도 큰 기여를 할 수 있었다.

정부3.0과 여성 공약에 이어 많은 공약이 차례로 발표되었다. 경제 비전으로서 창조경제, 복지 공약으로서 기초연금과 생애주기 맞춤형 복지, 재정 공약으로 공약가계부, 그리고 지방 공약 등이 차례로 발표되었다. 이러한 공약은 훗날 박근혜 정부가 출범한 후에도 그대로 현실화되어 제도로서, 법으로서 기능하게 되었다. 이러한 공약들은 이 책에서 하나하나 상세하게 그 정책으로서의 가치와 내용을 소개하고 그 효과와 평가를 논하게 될 것이다.

　여기서는 복지 재원 조달에 관련된 이야기를 하고 마무리하고자 한다. 경제 민주화와 복지 이슈를 선점하였던 박근혜 후보는 복지의 경우, 사회보장기본법 전부 개정을 통해 복지의 기본 방향 제시와 함께 복지 재원 조달의 원칙을 수립하고자 했다. 기본적으로 세금 인상 없는 복지를 내걸고, 만일 추가적인 복지 확대가 필요하다면 국민 동의하에서 세금 인상을 고려한다는 것이었다. 세금 인상 없는 복지는 기존 복지 재원을 효율화하는 것, 즉 불필요한 복지 지출을 억제하고 나아가 복지 전달 체계를 확립하는 것으로 가능하다는 것이다. 아울러 다른 부분의 재정도 낭비를 줄이는 데 최선을 다하고 나아가 세입 측면에서도 불필요한 조세 지원을 축소하고자 했다. 비과세 감면을 축소하고 지하경제를 축소하고 금융소득 등에 관한 과세를 강화하는 것도 재원 마련 대책으로 제시하였다. 그래도 복지에 재원이 부족하면 증세에 대한 국민적 합의를 도출하자는 것이었다.

　그런데 훗날 새누리당 유승민 원내대표가 국회연설에서 박근혜 복지가 증세 없이 한다는 것은 허구라고 비판하기도 했다. 이는 당시 공약과 그 후 정책을 제대로 이해하지 못한 발언이었다. 포퓰리즘을 누구보다 경계했던 박근혜 후보였고 대통령이었는데, 당시 이러한 유승민 원내대표의 발언에 큰 실망을 했다.

　대선 공약집을 만들 당시 지방 공약이 중요했는데, 이 또한 지키지 못할 공약을 무책임하게 공약으로 나열하는 것을 막기 위해 박근혜 후보는 지방별로 꼭 지킬 7개의 공약만을 제시하라는 주문을 했을 정도였다. 지역구 국회의원들은 자신의 지역 관련 공약이 지방 공약집에 담기게 하려고 총력을 기울였다. 이 과정에서 나는 무수히 많은 의원으로부터 강한 압력과 비난을 무릅쓰고 7개를 지켜내는 데 최선을 다했다. 당시 이를 책임졌던 진영 위원장이 비난을 피해 나에게 책임을 전부 미루는 바람에 평생 먹을 욕 대부분을 당시에 먹었다고 해도 과언이 아니었다.

공약 발표 과정에서 또 하나의 힘든 과정이 있었는데, 바로 '경찰 관련 공약'이었다. 검·경 수사권 조정과 함께 경찰 인력 확충은 초미의 관심이었고, 이에 대한 이해가 첨예하게 대립하면서 홍역을 치렀다. 내부적으로 많은 논란과 논의의 과정을 거친 뒤 발표를 앞두고 있던 당시, 상대측 문재인 후보가 비슷한 공약을 우리보다 먼저 발표하고자 한다는 정보가 있었다. 그래서 일정을 앞당겨 경찰 인력 대폭 확충 등의 내용이 담긴 공약을 발표할 시점을 모색했다. 공약가계부 공약을 발표한 지 얼마 안 된 시점이었는데, 마침 박근혜 후보가 춘천 강원도청에서 행사 일정이 있어서 그 자리에서 발표하는 게 어떨까 고민이 되었다. 나는 여러 장단점을 고려하다 전격적으로 춘천 강원도청에서 발표하는 게 좋겠다고 후보께 말씀드렸고, 급히 공약 발표를 준비하게 되었다.

이 과정이 나에게는 큰 회한으로 남아있다. 급하게 결정되어 홍보팀이 서둘러 춘천으로 가게 되었고, 그 과정에 안타까운 교통사고가 났었기 때문이다. 그 사고로 두 명의 아까운 인재가 유명을 달리했고, 한 명은 불구가 되었다. 바로 얼마 전 갑자기 인천 행사장에서 같이 사진 찍자고 했던 이춘상 보좌관이 인천 행사에서 처음이자 마지막으로 함께 찍은 귀중한 사진을 내게 남기고 떠나갔다.

18대 대선에서 보여 준 박근혜 후보의 캠페인 과정, 특히 공약 행보는 훗날 모범이 될 것이다. 하나하나의 공약을 오랜 기간 검토하고, 신중에 신중을 기해 부작용을 점검하고, 실현 가능성을 검토한 뒤 발표했기 때문이다. 복지 이슈를 선점하게 했던 사회보장기본법 전부 개정의 경우 3년 가까이 준비했고, 공약가계부를 중심으로 하는 재원 대책은 2년, 그리고 정부3.0과 창조경제도 2년 정도 준비했던 것이었다. 포퓰리즘을 철저히 배격한 상태에서 준비하고 발표하고 홍보한 공약이었기에, 그 후 실천 과정도 철저하게 내실을 기했었다. 이러한 공약들을 집권 후 정책으로 실현시키는 과정에서 보여 준 박근혜 대통령의 의지와 능력에 대해서는 탄핵과는 별개로 반드시 올바른 평가가 이루어져야 할 것이다.

# 인수위와 4대 개혁

박근혜 정부는 2013년 2월 25일 출범했다. 출범식 때의 대통령 연설에서는 경제 부흥과 문화 융성이 강조되었다. 이로써 박근혜 대통령이 추진하고자 했던 우리 국가 발전의 방향은 경제와 문화의 융합을 통한 새로운 도약이라는 것만큼은 분명했다. 경제는 '창조경제'라는 경제 패러다임을 통해, 그리고 문화는 우리 국민이 갖고 있고, 우리 역사가 보유하고 있는 우수한 문화적 자산을 최대한 활용하는 것이었다. 이를 통해 경제 부흥과 문화 융성을 이뤄내자는 의지가 어느 정부, 어느 대통령보다 확고했다.

대선 승리 후 인수위 구성, 그리고 인수위 활동 과정을 통해서도 그 동안 총선과 대선에서 제시한 공약들을 실천하기 위한 총체적 노력을 다했다. 나는 인수위 고용복지분과위원이었지만, 그동안 모든 공약을 정리하고 각 부처 보고를 받고 공약을 정책화하는 작업을 하는 데 총력을 기울였다. 그리고 국회의원으로서 당내 정책위를 중심으로 공약의 법제화 작업도 주도적으로 했다. 인수위 활동 과정에서 가장 시간을 많이 투입한 것은 기초연금안 확정과 공약가계부의 확정이었다.

기초연금과 공약가계부는 뒤에서 상세히 당시 상황과 진행 과정을 설명하겠지만, 인수위 과정에서 언론으로부터 초미의 관심 대상이 되었던 만큼 논란 또한 컸었다. 기초연금은 이에 대한 반대 입장을 갖고 있던 보건복지부의 방해 작업을 딛고 추진해야 했기에 더욱 힘든 과정을 겪었다.

공약가계부는 포퓰리즘을 막기 위해 시도한 전무후무한 장치였다. 그렇기에 나는 그동안 내놓은 모든 공약의 재원 소요를 철저히 계산했고, 나아가 재원 조달 방안도 구체적으로 마련했었다. 이러한 공약가계부가 인수위로 넘어가서는 다시 한번 정리와 확인 작업 과정을 거쳤다. 인수위 내 류성걸 의원이 간사 역할을 맡았던 경제1분과에서 작업했고, 그 담당자는 훗날 경제부총리가 된 홍남기였다. 둘 다 예산실에서 잔뼈가 굵은 공무원이었지만, 이처럼 내가 만들어 낸 공약가계부라는 초유의 재정 정책에 큰 부담을 느꼈다. 집권 기간 동안 공약 재원의 소요와 조달을 맞추는 작업은 중기 재정 계획을 짜는 것 이상으로 방대한 것이었기 때문일 것이다. 나는 지속적으로 이들과 협의하면서 공약가계부의 최종본을 완성시켰고, 이를 앞으로의 재정 운용에 기초로 삼도록 했다.

언론에서는 기초연금 방안의 문제점과 함께 이 공약가계부의 실현 가능성에 대해 경쟁적으로 보도했다. 그러나 포퓰리즘을 막으면서 우리 정치, 그리고 선거에 있어 신뢰가 기반이 되도록 하기 위해 시도한 공약 가계부의 가치를 다루는 언론이 거의 없어 실망스러웠다. 사실 포퓰리즘을 막는 일에 언론의 역할을 기대하기는 힘든 것이었다. 오히려 포퓰리즘을 조장하는 데 앞장서지 않기만을 바랄 뿐이었다.

이렇게 인수위의 활동은 매일 언론과 씨름하는 과정이었다. 몇 가지 주요 이슈가 있기는 했지만, 박근혜 인수위는 나름대로 성공적으로 끝이 났고, 그 결과물도 잘 만들어졌다.*

인수위를 마치고 출범한 박근혜 정부는 4대 개혁 과제를 내걸었다. 공공 개혁, 노동 개혁, 규제 개혁, 교육 개혁의 네 가지 개혁이었다. 이는 역대 정부가 한두 번씩 추진했던 것이었다. 그러나 박근혜 정부는 이 4대 개혁에 총력을 기울였고, 어느 정도 성공을 거두었다고 평가받을 수 있다. 그 구체적인 개혁 진행 과정은 나중에 상세히 설명하겠지만, 이 개혁 과제를 추진하는 데에는 수많은 이해 집단의 반발과 방해 작업이 있었다.

이 개혁 과제들의 최대 걸림돌은 공무원 사회의 고질화된 행태였다. 우리 공무원 사회는 부처 이기주의가 극심하게 자리 잡고 있으면서, 개별 공무원들의 보수적인(무사안일이라고 표현하기도 함) 태도는 개혁 시도 자체를 막거나 시작된 개혁도 힘을 빼거나 시간을 끌면서 무산시키는

---

* 관련 기사 – 한국경제 2013.2.22. A01면, A04면 참조

가장 큰 걸림돌이었다. 나는 교수라는 직업을 갖고 있었지만, 국책연구원에서 근무한 경험을 바탕으로 이러한 공무원 사회와 공무원을 이해하면서 개혁을 추진하는 전략을 구사하고자 했다. 대통령이 이러한 걸림돌을 최대한 잘 이해하고 대처할 수 있도록 국회의원으로 있을 때부터 수석으로 곁에 있을 때까지 끊임없이 노력했다.

이 4대 개혁은 역대 정부가 정권 초기 강한 드라이브를 걸던 개혁의 동력이 해가 갈수록 약화되는 것을 거울삼아, 대통령이 나서서 지속적으로 반복해서 강하게 동력을 유지하도록 했다. 그래서 공무원연금 개혁과 임금피크제 등을 성공시키면서 공공 개혁을 해냈고, 노사정 대타협을 이루고 '노동개혁법' 추진으로 노동 개혁을 일부 성공시키는 성과를 이루어 냈다.

인수위 최종 보고서가 발표되자 언론에서는 다양한 분석을 내놓았다. 이명박 정부 인수위 당시 여러 사건으로 비판받았던 것에 비해 비교적 우호적인 평가였다.

한 가지 비판으로 주목받았던 것은 경제 민주화가 빠져 있다는 것이었다. 대선 당시 경제 민주화를 핵심 공약 중 하나로 내세웠는데, 정작 인수위 과정에서 슬그머니 경제 민주화를 없애버렸다고 비판하는 기사가 있었다. 하지만 경제 민주화라는 단어만 빠져 있을 뿐 보고서에는 경제 민주화 관련 주요 내용이 포함되어 있었다. 경제 민주화 공약을 실천하기 위한 법 개정, 특히 공정거래법 개정 내용 등이 담겨 있었다.

실제 박근혜 대통령은 취임 후에도 경제 민주화 공약을 법 개정으로 반영하기 위해 부단히 노력했다. 일감 몰아주기 방지 등 그동안 내세웠던 경제 민주화 과제를 실천하고 정부 부처들에게도 이것이 잘 집행되도록 지시했다. 수첩 3권(2014.7.3.~7.14.) 7월 10일 자에는 내가 수석으로 부임한 지 얼마 안 되어 경제 민주화 정책이 뿌리내리도록 하라는 대통령의 지시가 분명히 기록되어 있다. 그만큼 대통령의 경제 민주화에 대한 의지가 강했었다는 것을 알 수 있다.

7-10-14

1. 경제민주화
   - 정책 뿌리내리도록

서면보고
   - 고리원전 폐쇄
   - 원안위
   - 외국 전문가 정책 검토
     투명하게
6. 관피아 → 공무원 위축
   - 성장 안전 ___
   - 일 잘하는 공무원 incentive
7. 4대강 국정조사
   - 수공 : 8조
     침수구역 수익
     재정 상어 → 결정
   - 효과 검토
8. 가계소득 ↑
   - 일자리 늘려야
   - 청년일자리 3D 업종
   • 서비스 산업 생산적
   - 숙박업
   - software, 의료, 관광
서면보고
9. 상법
   - 대기업
   - 왜 안 되고

# 수첩과 정책

이른바 '안종범 수첩'으로 불리는 나의 수첩은 검찰이 확보한 것이 총 63권이다. 경제수석 부임 직후인 2014년 6월 11일 시작한 수첩(수첩 1권)부터 검찰의 압수 수색 때 압수된 2016년 10월 8일 시작한 마지막 수첩(수첩 63권)에 이르기까지 나의 수석 부임 기간 동안 이루어진 대통령과의 정책 대화 내용이 담겨 있다. 검찰과 특검 조사, 그리고 재판 과정에서 언급된 수첩 내용은 전체의 5% 정도에 불과하다. 나머지는 대통령과 함께 논의한 정책 관련 내용이다.

| 순번 | 수첩 번호 | 기간 | 순번 | 수첩 번호 | 기간 |
|---|---|---|---|---|---|
| 1 - | C1 | 6.11. - 6.26. 2014 | 31 - | C26 | 7.6. - 7.19. |
| 2 - | C2 | 6.26. - 7.3. | 32 - | B6 | 7.19. - 7.28. |
| 3 - | C3 | 7.3. - 7.14. | 33 - | C27 | 7.28. - 8.11. |
| 4 - | C4 | 7.14. - 7.24. | 34 - | C28 | 8.11. - 8.24. |
| 5 - | C5 | 7.24. - 8.3. | 35 - | C29 | 8.24. - 9.4. |
| 6 - | C6 | 8.3. - 8.14. | 36 - | D1 | 9.4. - 9.20. |
| 7 - | C7 | 8.14. - 8.26. | 37 - | C30 | 9.20. - 10.6. |
| 8 - | C8 | 8.26. - 9.3. | 38 - | C31 | 10.6. - 10.19. |
| 9 - | C9 | 9.3. - 9.11. | 39 - | B7 | 10.19. - 11.4. |
|  |  | ? | 40 - | C32 | 11.4. - 11.21. |
| 10 - | C10 | 10.5. - 10.15. | 41 - | C33 | 11.21. - 12.3. |
|  |  | ? | 42 - | B8 | 12.3. - 12.16. |
| 11 - | C11 | 10.22. - 11.2. | 43 - | B9 | 12.16. - 1.10. 2016 |
| 12 - | B1 | 11.2. - 11.13. | 44 - | B10 | 1.10. - 1.25. |
|  |  | ? | 45 - | C34 | 1.25. - 2.14. |
| 13 - | C12 | 12.4. - 12.14. | 46 - | C35 | 2.14. - 2.21. |
| 14 - | C13 | 12.14. - 12.23. | 47 - | B11 | 2.21. - 3.7. |
| 15 - | C14 | 12.23. - 1.6. 2015 | 48 - | B12 | 3.7. - 3.18. |
| 16 - | B2 | 1.6. - 1.18. | 49 - | B13 | 3.18. - 4.11. |
| 17 - | C15 | 1.18. - 1.29. | 50 - | B14 | 4.11. - 4.18. |
| 18 - | C16 | 1.29. - 2.10. | 51 - | C36 | 4.18. - 5.1. |
| 19 - | B3 | 2.10. - 2.23. | 52 - | B15 | 5.1. - 5.11. |
| 20 - | C17 | 2.23. - 3.4. | 53 - | C37 | 5.11. - 5.29. |
| 21 - | C18 | 3.4. - 3.17. | 54 - | D2 | 5.29. - 6.11. |
| 22 - | C19 | 3.17. - 3.28. | 55 - | D3 | 6.11. - 6.17. |
| 23 - | C20 | 3.28. - 4.13. | 56 - | D4 | 6.17. - 6.24. |
| 24 - | C21 | 4.13. - 4.22. | 57 - | D5 | 6.24. - 7.4. |
| 25 - | B4 | 4.22. - 5.12. | 58 - | B16 | 7.4. - 7.26. |
| 26 - | C22 | 5.12. - 5.26. | 59 - | D6 | 7.26. - 8.9. |
| 27 - | B5 | 5.26. - 6.3. | 60 - | D7 | 8.9. - 8.24. |
| 28 - | C23 | 6.3. - 6.13. | 61 - | C38 | 8.24. - 9.24. |
| 29 - | C24 | 6.13. - 6.24. | 62 - | C39 | 9.24. - 10.8. |
| 30 - | C25 | 6.24. - 7.6. | 63 - | A1 | 10.8. ~ |

| | | |
|---|---|---|
| **A1** | 2016.10.30. | 자택 압수 수색<br>1권 |
| **B1 ~ B16** | 2016.11. | 김건훈 압수 수색 |
| **C1 ~ C39** | 2016.1. | 김건훈 특검 제출 |
| **D1 ~ D7** | 2016.3. | 김건훈 특수본2 제출 |
| **총 63권** | | |

박근혜 전 대통령은 거의 하루도 빠짐없이 전화 등으로 내게 정책 관련 지시를 하고 논의를 했다. 나는 그 대화 내용을 늘 준비하고 있던 수첩에 모두 적었다. 핵심 요지 중심이었지만 관련 내용은 대부분 알 수 있는 것이었다. 워낙 악필인 데다 급히 써서 못 알아보는 글자가 있지만, 핵심 단어 자체를 이해 못 하는 것은 없다. 얼마나 많은 내용을 한 번의 통화에서 다루었고, 또 얼마나 자주 통화를 했는가는 수첩을 보면 알 수 있다. 수첩 26권(2015.5.12.~5.26.)의 5월 25일 자에는 내가 번호를 매긴 것이 24번까지 이어질 정도다.

5-25-15 VIP

1. 공정위 일감 몰아주기
2. 기업 입대주택
   - 수도권 → 지방
3. 의료 중국에
   • 전략 새로 수집
   (국회 의존 않고)
   • 의료, 주택 계획 수립
   - 규제 완화
4. 전경련 충남미,
   - 중소기업

5. 생태계
   - 창조경제
   • 포상

   | 머기업 |  |
   |---|---|
   | 공무원 | KOTRA |

6. M&A
   - 3년 → 7~8년
   - 기술 탈취 방지

7. 금융개방 高
   - 원화 위치는 낮음
   - 원화 가치

   • 전문가
8. ◦ 고용노동부 장관
   ◦ 위민관
   ◦ 감동만 리더십

   - 홍보 중요 강조점
9. - 임금피크제
   - 고용절벽

시간선택제
일주일 3~4일

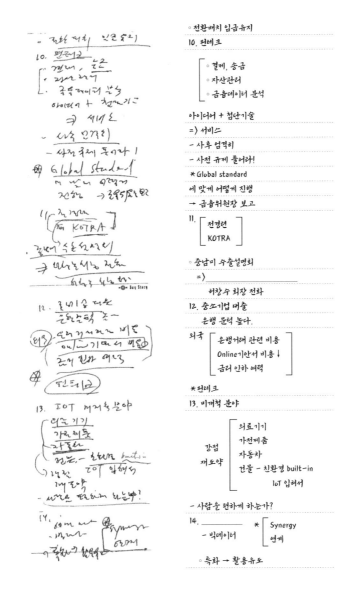

○ 전환배치 임금유지

## 10. 핀테크

- 결제, 송금
- 자산관리
- 금융데이터 분석

아이디어 + 첨단기술

=) 서비스

- 사후 엄격히
- 사전 규제 풀어라!
\* Global standard

에 맞게 어떻게 진행

→ 금융위원장 보고

## 11.

- 전경련
- KOTRA

○ 중남미 수출설명회

=) _____

허창수 회장 전화

## 12. 중소기업 여출

은행 문턱 높다.

외국
- 은행거래 관련 비용
- Online기안서 비용 ↓
- 금리 인하 여력

\* 핀테크

## 13. 미개척 분야

강점
재도약
- 의료기기
- 가전제품
- 자동차
- 건물 - 친환경 built-in
  IoT 입혀서

- 사람을 편하게 하는가?

## 14. _____

- 빅데이터

\* Synergy
연계

○ 특화 → 활용유도

15. 중국
  - 지방권한 이양
  - 한국 중앙정부
  - 중앙 지방정부 network
○ 동북 삼성 - 중앙정부
  연결 =) 기업 지원
  중간재는 끝났음
  소비재로 진출
* =) 내수시장 공략
  상대적 낙후된 지역이
  소비 여력 大 여건
=) 도시화 Project 多
  2-3류 도시
  Korea Building
  → 거리에 오면
  한류, K-food
  health care
  문화시설
=) 낙후된 도시 인프라 부족
* → 전용공단 맡아서
  연관기업 입주
- 연관기업 함께 가서
=) 중국협력
  우리의 비교우위 가진 산업
16. FTA 활용
○ 중국 지방정부 조달시장 大
  우리 중소기업 조달시장 접근
  방법 잘 모름
* FTA 계기 활용 시도

  ┌ 전자상거래 가능 직구 가능
  │ 원산지 증명
  └ 통관

* 산업별 DB 구축

17. 조달청 중소기업

　중국 1년~1년 반

　　　납품

　가격 낮추면서 풀어야

　- 공공부문

18. 1차 더듐 2차 전지

　　　List-up

19. 금융정보 미국

20. 중국 조세정책 변화

　　- 중소기업

　　- 혁신센터 정보

　　- 맞춤형

21. 창업경진대회

　혁신센터 VIP ＿＿＿

22. 해양랑

　　조사　　대규모 ＿＿＿

　　　　　　의무화

23. 대기업 - 중소기업

　함께 해외진출

24. 국토 성공 시

　기후변화 → 개도국 전수

　비즈니스 모델 → 실증 → GCF

　- 국토 model → 전 세계로

　- Zero-energy Bldg

나의 이러한 수첩 메모는 어떤 상황에서도 계속되었다. 내가 어디에서 무얼 하든 늘 준비되어 있었기 때문이었다. 내가 신장암 수술을 받고 입원했던 2015년 4월 29에서 5월 9일 사이에도 대통령과의 정책 대화는 계속되었다.

수첩 25권(2015.4.22.~5.12.)을 보면, 수술 전인 2015년 4월 28일과 4월 29일, 그리고 5월 3일부터 거의 매일 이어졌다는 것을 알 수 있다. 수술 당일인 4월 30일을 포함해서 3일을 제외하고 거의 매일 수첩 메모가 있는 셈이다. 통증으로 글씨는 더 엉망이지만, 메모는 계속되었다. 퇴원 다음 날 강원창조경제혁신센터 개소식이 춘천에서 열렸는데, 나는 거동이 쉽지 않았지만 참석해서 그 자리에서도 메모를 했다.

당시 여러 이슈가 있었지만 가장 중요한 것은 공무원연금 개혁이었다. 그래서 이에 대한 흔적이 수첩에 남아있다.

4-28-15 VIP

1. 민생 법안

　공무원 연금
　청년 일자리
2. 서비스 산업
3. 탄소배출권
4. 한국 사이버보안산업 육성
　해외진출방안
　　UAE
　　사우디
5. 의료업 진출
　- 의료기기 인허가 기간 소요
　- 상호인증제 도입
　성공 최우선 상파울 ___
6. LED 업계
　관세장벽 브라질
　___ 아르헨티나
7. 조선, 섬유 신청
8. 전담팀 후속조치
9. 정상 외교 포괄
　참가 후기
10. 복지부 장관
　롤렉스
11. 순방 ___
　중남미 ___
　　치안 세미나
12. ___ 사절단 ___
　통역사 부족 → 혼란
　- KOTRA
13. 패션그룹 현지
　12번
　LG U+ [ KT / SKT ]
15. 칠레, 한국남부발전
　3월 결과 버제 ___

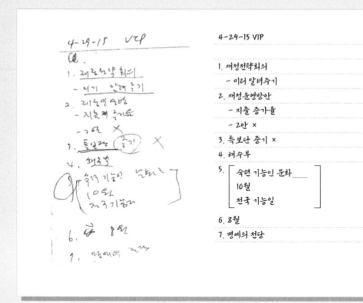

4-24-15 VIP

1. 재정전략회의
    - 미러 알려주기
2. 재정운영방안
    - 지출 증가율
    - 2안 ×
3. 특보단 증기 ×
4. 해수부
5. 숙련 기능인 문화____
    10월
    전국 기능일
6. 8월
7. 명예의 전당

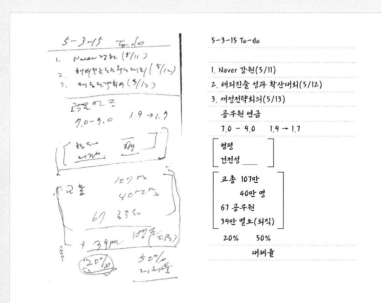

5-3-15 To-do

1. Naver 강원(5/11)
2. 해외진출 성과 확산대회(5/12)
3. 재정전략회의(5/13)
    공무원 연금
    7.0 - 9.0    1.9 → 1.7
    형평
    건전성____
    교총 107만
            40만 명
    67 공무원
    39만 별도(퇴직)
    20%    50%
        대체율

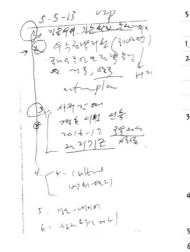

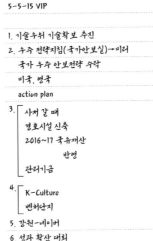

**5-5-15 VIP**

1. 기술우위 기술확보 추진
2. 우주 전략지침(국가안보실)→미러
   국가 우주 안보전략 수락
   미국, 영국
   action plan
3. 사저 갈 때
   경호시설 신축
   2016~17 국유재산
                반영
   관리기금
4. K-Culture
   벤처단지
5. 강원-네이버
6. 성과 확산 더회

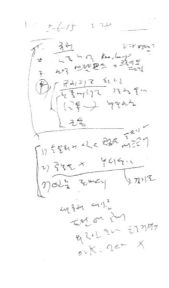

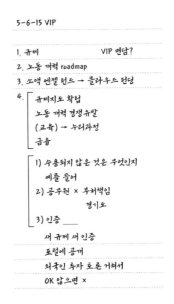

**5-6-15 VIP**

1. 규제                    VIP 면담?
2. 노동 개혁 roadmap
3. 소액 엔젤 펀드 → 클라우드 펀딩
4. 규제지도 확립
   노동 개혁 경쟁유발
   (교육) → 누리과정
   금융

   1) 수용되지 않은 것은 무엇인지
      예를 들어
   2) 공무원 × 부처책임
                경기도
   3) 인증 ____
   새 규제 새 인증
   포털에 공개
   외국인 투자 토론 거쳐서
   OK 않으면 ×

5. 단통법
　도서정가제

○ 수석 → 대통령 인가 의무화
- 시장가격 조정 시

〈규제장관회의〉
1. 안정성
2. 투명성
3. 예측 가능성
4. 일관성
국제규범
→ 도입 전 포럼 or 정책간담회

5-7-15 VIP

그린벨트 방향 제시
　　　　　→ 논의
　　국내
　%로 제한

5-8-15 VIP

〈보고〉1. 국토장관
① 총량 233+2억 3,300
② 사전신고
2. 미래수석
① 단통법 가격
② 주요 기술개선
3. 복지부 UAE : 시계
1%
정부발표
○ 50% - 16.7%
1.01%
10.1%

5-9-15 VIP

1. 창조경제추진단 →
   - 평가 System
   - 성과 도출
2. Google Campus - 창업
3. 울산 Cable car
   강원
4. 원전해체센터 - 부산 유치
   =) 울산 독려
5. ○ 부산혁신센터
   ○ 재공사 휴업
   ○ 입주업자 금감
   - Mobile, IT, IoT
6. 부산 공동어시장
   - 수입산 어패류 둔갑
   - 허명 해체 이후
     단속 감소 원인
7. 우리은행 수협
   - 3% 금리 다른 업종 2%
   - 한중 FTA → 정책 기반
8. 세월호 이후 부산
   ┌ 바다의 날 행사 5/29?
   └ 가구거러 매출 감소
9. 장관 책임 → 대통령 부담
   외국인 면담신청 多
10. 가격 결정 개입 - 국무회의 원칙 천명
    - BH 사전 논의
11. 할랄 단속 필요
    농협 + 식약
12. 지역별 대선공약
    재점검
    * ┌ 남해철도
      └ 대구 지하철
      - 조기실현
      - 추명
13. 선상 카지노
14. 캠핑장 조사

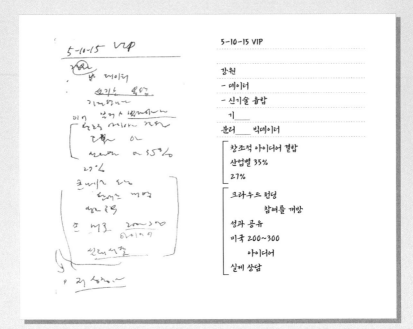

5-10-15 VIP

강원
- 데이터
- 신기술 융합
ㄱ
분러___ 빅데이터

창조적 아이더어 결합
산업별 35%
27%

크라우드 펀딩
　　　참여를 개방
성과 공유
미국 200~300
　　　아이더어
실제 상담

# 제3부

# 정부 개혁

# 특별감찰관 제도

정부 개혁의 범위는 폭넓다. '반부패'에서 시작해서 '정부 효율화'에 이르기까지 역대 정부가 선거 공약을 실천하기 위한 노력을 부단히 기울였다. 그러나 이러한 노력은 시간이 갈수록 약화되면서 실패하는 과정이 되풀이되기도 했다.

반부패 대책 중에서 권력형 부패를 방지하기 위한 대책으로 역대 정부 최초로 나온 공약이 특별감찰관 제도였다고 할 수 있다. 박근혜 후보는 그동안 계속된 역대 대통령의 측근 비리를 근본적으로 막기 위해 대통령과 청와대 인사들을 중심으로 전격적인 상시 감찰을 할 수 있도록 특별감찰관을 두는 공약을 발표했다.*

당시 특별감찰관 제도 도입 공약이 만들어지는 과정은 사뭇 흥미롭

---

* 2012.7.16. 한국프레스센터 토론회에서 발표, 관련 기사 - 동아일보 2012.7.17. A01면 참조

다. 반부패 관련 공약을 만들자는 박근혜 후보의 제안에 많은 캠프 인사들이 여러 의견을 내놓았지만 새로운 것이 없었다. 그러다 나는 당시 캠프 인사 중에서 한만수 법대 교수에게 아이디어를 구했다. 그는 싱가포르의 경우 대통령 주변 인사를 감찰하는 제도가 있다는 걸 알려주었다. 그래서 급히 이를 기초로 한 특별감찰관 제도 도입 공약 기본안을 만들었고 이를 후보가 채택했었다. 누구보다 가족들에 대한 관리가 철저했던 후보였기에 이러한 특별감찰관 제도 공약이 더욱 부각될 것이라는 확신이 들기도 했다. 그런데 훗날 이 제도가 계기가 되어 박근혜 정부가 탄핵으로 끝을 맺게 되었다는 점은 아쉬운 대목이기도 하다.

초대 특별감찰관으로 임명된 이석수는 2016년 우병우 수석의 조사 과정에서 청와대와 정면으로 충돌했다. 특별감찰관이 조사 계획을 승인받지 못해서 발생한 갈등으로, 이미 언론을 통해서 부각되어 많은 국민의 이목이 집중된 상황이었다. 조선일보가 우병우 수석 관련 문제를 중점 보도한 상황이어서 문제가 더욱더 커졌다. 국회에서도 야당을 중심으로 우 수석의 사퇴를 요구하던 상황이었다. 나중에 조선일보 보도 건은 법정에서 우 수석의 승리로 판단이 내려졌다. 그러나 특별감찰관이 어떤 일을 하고, 할 수 있는지에 대해서 국민이 알게 된 계기가 되었다.

실제 특별감찰관은 두 재단 설립 관련 문제를 내사했고, 그 과정에서 나에 대해서도 조사를 시도했던 것으로 알려졌다. 그러나 본격적인 조사는 민정수석실에서 차단했던 것으로 알려지기도 했다. 만일 특별감찰관실이 재단 설립과 운영 과정에 최순실 등이 개입한 사실을 밝혀내고 이를 저지했었다면 하는 아쉬움이 남는 대목이다.

특별감찰관과 그 조직은 사실상 와해하다시피 했고, 그 후 문재인 정부가 들어서서도 구성되지 못했다. 문재인 정부는 공수처의 필요성을 제기하기 전에 특별감찰관을 임명해 재가동시키는 것이 우선이었지만 그렇지를 못했다. 전 정권이 해놓은 것은 무조건 부정하고 무시하는 잘못된 행태가 다시 한번 문제가 되었다.

반부패 관련 특별감찰관 제도는 공약대로 도입에는 성공했지만 지속되지 못한 아쉬움이 있었다. 하지만 소위 '김영란법'으로 불리었던 「부정청탁 및 금품 등 수수의 금지에 관한 법률(청탁금지법)」은 박근혜 대통령의 강한 의지 덕분에 법이 만들어지고 통과되고 정착되었다(2015년 3월 3일 통과 2016년 9월 1일 시행).

# 경찰과 국방 공약

'경찰 공약'은 치안을 책임지고 있는 공직자와 관련된 것으로, 당사자뿐만 아니라 온 국민이 관심을 갖고 지켜보는 공약 중의 하나다. 경찰과 관련된 공약은 크게 두 가지가 최대의 관심사다. 하나는 검·경 수사권 조정이고, 다른 하나는 경찰 인력 확대이다.

검사가 갖고 있는 수사지휘권을 경찰과 분담하도록 하자는 이른바 '검·경 수사권 조정'은 이해 당사자 간에 극단적인 대립 구도를 보이는 것이다. 따라서 어느 쪽의 손을 들어 주더라도 후폭풍이 클 수밖에 없다. 검사 쪽 입장은 현재대로 가자는 것이기에 공약을 내세운다는 자체가 어떤 형식이건 검사가 갖고 있는 기득권에 훼손이 가해지는 것이다.

이 문제는 결국 대선 캠프 내에서도 극단적인 대립 양상을 야기했다. 안대희 위원장과 김종인 위원장 간에 벌어진 극한 대립이었다. 어떤 형식이건, 어떤 표현이건 검·경 수사권 조정 관련 공약은 발표되어야 한다는 김종인 위원장의 입장에 안대희 위원장은 사퇴를 불사하겠다면서 반발했다. 결국 많은 캠프 내 인사들이 조정을 거듭해서 다소 애매한 표현으로 공약에 포함되기는 했다.

대선 캠프 내에는 법조계 출신 국회의원에서부터 전문가들까지 많은 인사가 경찰에게 수사지휘권을 주는 것은 위험하다는 의견을 개진했다. 국회 내에서도 검사 출신 의원들이 많아서인지 이에 대한 비슷한 의견을 강하게 주장하는 경우가 계속되어 오던 터였다. 훗날 검찰 개혁 시도와 그 성패가 늘 정치적으로 혼란을 가져오게 되는 과정을 당시 캠프 내에서 미리 경험했다. 이러한 검·경 수사권 조정 문제는 결국 문재인 정부에서 경찰에 1차 수사권과 종결권을 부여하게 되면서 검찰에서 경찰로 무게 중심이 이동하게 되었다.

경찰 인력이 부족하다는 것에는 공감대가 형성되어 있었다. 하지만 이를 확대하는 데에는 두 가지 걸림돌이 있었다. 하나는 재원의 문제이고, 다른 하나는 다른 공무원과의 형평성 문제였다. 그런데 박근혜 후보는 이 두 가지 문제를 동시에 극복하면서 임기 내 2만 명 확대 공약을 내걸었다. 국민을 안전하게 지켜내는 것에 최우선 가치를 부여한다는 의미를 갖고 있었다. 재원의 문제는 어렵지만 철저한 계산 과정과 조달 방안 마련을 통해 해결할 수 있었다. 다른 부문과의 형평성 문제는 점진적으로 해결하고자 했다.

경찰 인력은 실제 박근혜 정부 출범 후 3년 만에 2만 명 확대가 실현되었다. 그러나 다른 부문과의 형평성 문제는 추후 과제로 남았다. 특히 교정 인력과 같은 음지에서 일하는 공직자들의 인력 확충과 처우 개선이 시급한 과제로 남아있다. 이러한 문제를 지적하고 있는 나 또한 교정 시설의 경험이 있었기에 교정 인력 확충이 필요하다는 걸 인식하게 되었다. 교정 인력 이외에도 국민들이 인지하지 못하는 곳에서 국민들을 위해 묵묵히 일하고 있는 인력들이 많다는 점을 고려해야 할 것이다.

경찰 인력의 확충은 이루어졌지만, 국민 안전과 관련된 인력과 재원의 부족, 나아가 시스템의 문제가 심각한 부문이 있었다. 바로 해상 안전 부문이었다. 이것이 바로 세월호 사고를 일으켰고 결국에는 박근혜 정부 쇠락의 원인이 되기도 했다.

경찰 공약과 함께 국민의 안전, 나아가 국가의 안전을 책임지는 것은 국방 공약이라 하겠다. 특히 6·25를 겪었던 분단국가로서 우리에게 국방이란 국민과 국가의 안전을 책임질 뿐 아니라, 국가의 미래를 결정짓는 핵심이라고 할 수 있다. 북한이 핵무장을 한 것이 확실시되고 있고, 미사일 도발을 끊임없이 시도하는 상황에서 국방은 외교와도 밀접한 관계를 갖게 되는 것이다. 그래서 국방 공약은 단순한 정책의 나열이라기보다는 국가의 운명을 결정짓는 원칙이고, 실천 의지라고 할 수 있다.

박근혜 후보는 국방과 관련되어서는 그 어떤 지도자보다 분명한 원칙과 의지를 갖고 있었다. 2007년 경선에서 패배한 원인 중 하나는 2006년 말 북한의 미사일 도발 과정에서, 여성인 박근혜 후보가 국방 문제에 있어서 상대적으로 나약할 수 있다는 국민의 의심이 있었기 때문이다. 그런데 실제 박근혜 후보는 그와는 정반대라고 할 수 있다.

국방 공약을 만드는 캠프 내 팀은 두 팀이었다. 김장수 팀과 남재준 팀이었다. 두 팀 모두 국방 관련 최고의 인사들로 구성되어 있으면서 경쟁적으로 공약 준비 작업을 했다. 발표되는 구체적인 공약 내용보다는 각 팀 구성원이 갖는 성격의 차이가 더 중요하다고 하겠다. 김장수 팀은 좀 더 실용적인데 관심을 갖고 있다면, 남재준 팀은 군인다운 원리원칙에 충실함을 유지하고 있다고 하겠다.

두 팀이 준비한 공약들도 당연히 상당한 차이를 보임으로써 쉽게 하나의 안으로 조정되기가 힘들었다. 그래서 중립적인 입장에서 전문가가 아닌 나도 의견을 개진하여 공약 발표 최종안을 준비하게 되었고, 이를 박근혜 후보가 최종적으로 결정해서 발표했다. 그 과정에서 공약 발표가 몇 차례 지연되기도 했다.

국방 공약은 집권 후 정책화하는 것보다 더욱 중요한 것이 대통령의 국방 철학과 국방 의지라고 할 수 있다. 대통령 취임 직후 북한은 이를 시험하고자 도발을 했고, 이 과정에서 박근혜 대통령은 흔들리지 않는 단호한 대처 능력을 보여 주었다.

이와 같은 박근혜 대통령이 보여 준 확고한 국방 원칙은 두 번의 사례를 통해 더욱 명확하게 확인되었다. 한 번은 목함지뢰 사건이었다. 우리 사병 둘이 북한이 설치한 지뢰로 큰 부상을 입는 사고가 발생했고, 이를 계기로 그동안 중단했던 대북 확성기 방송을 재개하였다. 그리고 결국 북한은 협상을 제의하게 되었다. 그래서 시작된 협상에서 우리 측 대표인 김관진 안보실장은 군 내에서도 강한 의지를 보여 주는 군인으로 강력한 협상력을 보여 주고 있었다.

당시 대통령은 어떤 형태건 북한의 사과를 받아야 한다는 확고한 지침을 부여한 상태였다. 협상은 장기화되고 긴장은 한층 고조되었다. 나는 메르스 사태로 침체되었던 내수가 간신히 되살아나는 상황에서 긴장이 지속되면 경제에 큰 문제가 생길 수 있으므로 어느 정도 선에서 마무리하는 게 좋겠다고 대통령께 건의를 드렸다. 결과는 단호한 거부였다. 장기적으로는 북한 도발의 근본적 차단이 더욱 경제에 도움이 될 테니 지켜보라는 것이었다. 사실 당시엔 김관진 실장을 포함한 몇몇 군 인사들도 이 정도면 됐다는 의견을 개진했음에도 대통령으로부터 질타를 받은 상황이었다. 결국, 북한은 사과를 했고, 목함지뢰 사건은 대한민국의 강한 대처 의지를 북한에게 보여 준 속 시원한 결과를 가져왔다.

박근혜 대통령이 보여 준 단호한 대북 원칙 적용 사례 두 번째는 개성공단 전면 철수였다. 2016년 설날 직후에 이루어진 개성공단 철수는 북한의 계속된 도발에 대한 신속하고 전격적인 조처였다. 개성공단 철수는 결코 간단한 문제가 아니었다. 진출해 있는 우리 중소기업들의 안전한 철수도 중요하지만, 기업들에 대한 사후 보호 및 지원도 어려운 과제였다.

대통령은 2016년 음력 설 연휴 첫날 아침, 내게 전화로 철수 계획을 알리면서 철저한 준비 작업을 지시했다. 무엇보다 중요한 것은 비밀 유지이니 신중하게 준비할 것을 강조했다. 나는 당시 안보실장이었던 김관진 실장과 철수 과정 관련 사항을 협의한 뒤, 안전한 철수와 사후 지원 관련 사항을 점검하였다. 혹시나 있을 북한의 봉쇄나 방해에 대비하면서 철수 시 기존 장비와 재고들을 어떻게 수송할 것이고, 또한 생산 차질에 따른 손해 보상과 추후 지원책 마련을 어떻게 할 것인지 시나리오별로 대책을 준비했다.

다행히 철저한 보안 속에 철수 발표가 이루어졌고, 신속하고 안전한 인력과 물자 철수와 수송이 이루어졌다. 이제 남은 문제는 개성공단 입주 중소기업들에 대한 보험금 지급과 보험 미가입 기업에 대한 지원 기준을 정하는 것이었다. 그리고 베트남이나 라오스 등의 진출 지원 방안 등도 검토하였다.

이들 중소기업에 대한 지원을 위해 나는 비서관들과 관련 장관들과 협의해서 기업별 1:1 지원 대책 마련을 하고자 했다. 이들 기업이 만족할 만한 수준의 지원책이 마련될 수 있도록 장관이 책임지고 설득하는 노력을 보여 주었다. 당시 윤상직 산업통상자원부 장관과 주영섭 중소기업청장의 헌신적 노력에 다시 한번 찬사를 보내고 싶다.

# 공약가계부

공약가계부는 우리 정치에서 포퓰리즘을 막기 위한 장치로서 박근혜 정부가 처음으로 선보인 것이었다. 나는 경제학자로서, 특히 재정전문가로 박근혜라는 정치인을 만난 이후, 재정 건전성 확보와 포퓰리즘 배척을 끊임없이 강조했다. 선거 과정을 통해 포퓰리즘의 폐해가 날이 갈수록 커졌고, 가장 큰 피해가 재정에 가해졌기에 나는 제일 먼저 이를 강조했었다. 마침, 박근혜라는 정치인은 어느 누구보다 포퓰리즘을 멀리하는 데 강한 의지를 갖고 있는 정치인이었다.

나는 포퓰리즘에 재정이 동원되는 것을 막고자 부단한 노력을 해왔다. 이러한 학자로서의 노력에 더해 대통령 후보 자문을 통해 적극적으로 이를 실현하고자 했다. 정치인으로서 그것도 대통령 후보로서는 포퓰리즘을 차단하면서 재정 건전성을 전면에 내세우는 것은 일종의 모험일 수도 있다. 그러나 박근혜 후보는 우리 정치를 한 단계 업그레이드시킬 수 있는 공약가계부 아이디어에 적극 찬성하고 강하게 밀고 나갔다. 나로서는 그러한 박근혜 후보에 대한 신뢰가 한층 더 커졌다.

　공약가계부는 원래 '공약 재원 소요·조달 계획'으로 불리다가 2012년 11월 18일 인천 송도 컨벤시아에서 비전 선포식을 앞두고, 보다 쉬운 이름이 필요해 만들어진 명칭이다. 창조경제도 그랬지만 공약가계부도 내가 만든 이름이었다. 인천 비전 선포식에서는 총선·대선 과정에서의 모든 공약에 소요되는 재원을 부문별로 계산하는 것과 이를 어떻게 조달할 것인지를 담은 표를 띄워놓은 채 이를 공약가계부라고 부르면서 국민께 처음으로 제시했다.

　　"어떠한 정책에 얼마의 재원을 사용하겠다는 수입 및 지출표, 즉 나라 살림 가계부를 만들어서 국민께 공개하겠습니다."

　나는 고 박세일 교수의 권고로 경실련(경제정의실천시민연합) 회원이 되었고 나중에 재정·조세위원장을 역임했다. 이러한 나의 시민단체 활동은 그 후로도 함께하는 시민행동, 바른사회시민회의, 공기업개혁시민연합 등에서의 활동으로 이어졌다. 이 모든 시민 활동의 중심은 재정 포퓰리즘 방지에 있었다. 경실련에서는 선거 때 정치인이 내놓는 공약들의 재원 계산과 공개를 위주로 활동했다. 함께하는 시민행동에서는 '밑 빠진 독상'이라는 지방정부 낭비 사례를 발굴하는 데 노력했다. 그리고 공기업개혁시민연합은 내가 만든 시민단체로서 공기업의 방만함을 막기 위한 활동에 주력했다(http://www.cubs.or.kr/curpe/sub1a.asp). 이러한 나의 재정 포퓰리즘 차단 노력은 인천 비전대회에서 발표된 공약가계부로 귀결되었다 해도 과언이 아닐 것이다.

　총선 과정에서의 재정 소요와 조달 관련 작업은 이미 언급했지만, 대선 과정에서는 여기서 한 걸음 더 나아가 보다 철저한 재원 소요 계산과 조달 계획 마련에 집중했다. 여기서 조달 계획은 이른바 '6:4 원칙'을 통해 요약된다. 지출 축소와 효율화를 통해 60%, 그리고 세원 발굴과 확대를 통해 40%의 재원을 조달하는 원칙을 말하는 것으로 OECD가 권고했던 것이기도 했다. 당시 캠프 내에서 나의 자문 그룹에서 활동하던 박형수 박사(훗날 통계청장)가 제안하여 지속적으로 일관성 있게 이 원칙을 유지했다.

　이러한 원칙이 기초가 되는 공약가계부는 단순히 보여주기식이 아니라 계속해서 새로운 공약이 제시될 때마다 재정 소요와 조달 방안을 업데이트할 정도로 신뢰 정치의 모범이 되도록 했다. 당시 총선 공약 재원은 89조 원이었고 이를 기초로 대선 공약의 최종 재원은 134.8조 원이었다. 총선 공약 재원 계산에 이어서 대선 공약을 추가하고 업데이트한 최종 금액이었다. 이 재원에 6:4 원칙을 적용해 조달 계획도 세웠다. 한 번 발표한 재원과 조달 계획은 꼭 지켜져야 한다는 점에서 나는 신중에 신중을 기하여 만들었다. 재원 소요와 조달을 계산하는 것이 힘든 이유는 지방정부 재정도 함께 고려해야 하기 때문이다. 그래서 나는 재정전문가로서 나의 능력과 인적 네트워크를 총동원하여 공약가계부 최종안을 완성했다.

대통령 선거를 승리로 이끈 뒤에도 공약가계부의 과제는 이어졌다. 즉, 인수위 활동 과정에서 이 공약가계부를 기초로 삼고 재계산하고 수정하고 확정을 지었다. 그리고 인수위에서 최종 정리된 공약가계부는 5년 단위 국가재정운용계획에 반영하고, 나아가 매년 예산 편성에도 기초가 되도록 했다.

나는 인수위 위원으로 공약가계부를 최종 마무리한 뒤 국회의원으로 복귀하였다. 그리고는 이 공약가계부를 기초로 국정이 운영되도록 부단한 노력을 기울였다. 경제수석으로 부임해서는 공약가계부의 역할이 지속되도록 점검했다. 아쉽게도 집권 2년 차에 경제수석으로서 점검한 공약가계부는 애초의 취지가 많이 약해져 있었는데, 그나마 골격이 유지되었다는 점을 다행스럽게 생각하고 다시 살리려 노력했다.

# <인수위 이후 2013년 5월 31일 발표된 공약가계부 관련 보도자료 일부>

기획재정부, 국민행복, 문화융성, 평화통일 기반 구축

## 보도자료

🏛 기획재정부

| 보도일시 | 2013. 5. 31(금) 09:20 | | |
|---|---|---|---|
| 배포일시 | 2013. 5. 28(화) 15:00 | 담당부서 | 예산실 예산정책과 세제실 조세분석과 |
| 담당과장 | 일기근 (044-215-7130) 김경희 (044-215-4310) | 담 당 자 | 윤범식 서기관 (044-215-7131) 이종진 사무관 (044-215-7133) 정 행 사무관 (044-215-4311) |

### 제목: 「박근혜정부 국정과제 이행을 위한 재정지원 실천계획 [공약가계부]」 발표

☐ 정부는 5.31일 정홍원 국무총리 주재로 국가정책조정회의를 개최하고

  ○ "박근혜정부 국정과제 이행을 위한 재정지원 실천계획 (이하 '공약가계부)"을 발표

  ○ 그간 관계부처·민간전문가 협의, 모든 국무위원이 참석한 국가재정전략회의(5.16일) 등 다양한 의견 수렴을 통하여 공약가계부를 마련

☐ 공약가계부 내용은 작성배경 및 의의, 공약가계부 개요, 공약가계부 실천계획, 공약가계부 관리계획으로 구성

---

## 1. 공약가계부 작성배경 및 의의

─ 공약가계부는 새누리당 4.11 총선공약('12.3월), 대선공약 ('12.12일), 박근혜정부 140개 국정과제('13.5월) 등

  ○ 그간의 '국민과의 약속'을 차질 없이 추진하기 위한 재정지원 계획 수립을 목적으로 작성

─ 이번 공약가계부는 역대정부 최초로 작성하여 국민들에게 제시하는 것으로

  ○ '국민과의 약속'은 반드시 지키는 '신뢰있는 정부', 미래 세대에 부담을 전가하지 않는 '책임있는 정부'를 실현하는 토대

  ○ 향후 각 부처의 업무계획 수립·집행, 세법개정안 마련, 예산안 편성 및 국가재정운용계획 수립 등에 있어 기준 역할을 수행하게 될 것

─ 공약가계부에 제시된 세입확충 및 세출절감 계획은 단지 재원마련의 의미 뿐만 아니라, 우리의 세입·세출 시스템을 한 단계 업그레이드하는 의미를 가짐

  ○ 비과세·감면 정비, 지하경제 양성화 등을 통해 그간 사회로부터 혜택을 받아온 계층이 정당하게 세금을 납부하도록 하여 조세형평성을 제고하고

  ○ 세출절감을 통해 재정의 군살을 제거하여 우리 재정지출 구조를 효율적으로 개편하는 데 기여

(중략)

---

## 4. 공약가계부 관리계획

☐ 정부는 공약가계부 발표 이후에도 국가재정운용계획 토론회, 지방재정협의회, 일반 국민 등 각계 의견을 지속 수렴할 계획

☐ 공약가계부에 제시된 연차별 소요 및 재원대책은 단년도 예산, 세법개정안, 국가재정운용계획 등에 반영

  ○ 향후 「각 부처 예산요구(6월) → '14년 정부예산안 편성(7~9월), '13년 세법개정안 발표 → '13~'17년 국가재정운용계획 및 '14년 정부예산안, '13년 세법개정안 국회 제출(10월)」 예정

### < 향후 추진일정 >

| '13. 6. 20일 | · 각 부처의 '14년 예산요구서 제출 |
|---|---|
| '13. 7~9월 | · 예산요구서에 대해 기획재정부와 협의·보완 → '14년 예산안 및 '13~'17년 국가재정운용계획 확정 · '13년 세법개정안 발표 |
| '13. 10. 2일 | · '14년 예산안 및 '13~'17년 국가재정운용계획 국회 제출 · '13년 세법개정안 국회 제출 |

☐ 아울러, 공약가계부는 매년 경제·재정여건 변화를 감안하여 연동계획(rolling plan)으로 수립·관리할 계획

  ○ 관계부처, 민간전문가 등이 참여하는 회의체 운영, 부처간 협업 등을 통해 공약가계부 이행상황을 주기적으로 점검하고, 추가 재정개혁과제도 지속 발굴해 나갈 예정

  · '조세개혁위원회' : 기재부 자관, 학계·연구기관·민간전문가 등으로 구성 재정개혁위원회 : 기재부 자관, 민간전문가, 각 부처 기초실장 등으로 구성

[별첨] 「박근혜정부 국정과제 이행을 위한 재정지원 실천계획 (공약가계부)」

🏛 기획재정부 대변인 OPEN

---

| 참고 1 | 공약가계부 연차별 소요 및 재원대책 |
|---|---|

(조원)

| | '13~'17 합계 | '13 | '14 | '15 | '16 | '17 |
|---|---|---|---|---|---|---|
| ◇ 소 요 | 134.8 | 6.6 | 15.3 | 29.1 | 37.8 | 46.2 |
| ① 경제부흥 | 33.9 | 2.2 | 3.6 | 6.5 | 9.3 | 12.3 |
| · 창업·중소기업 지원 | 1.1 | 0.1 | 0.1 | 3.2 | 0.3 | 0.4 |
| · 과학기술 역량 강화 | 8.1 | 0.3 | 1.3 | 2.2 | 2.5 | 2.3 |
| · 주거안정대책 강화 | 11.6 | 0.8 | 1.1 | 2.4 | 3.3 | 3.9 |
| · 교육비 부담 경감 | 8.7 | 1.0 | 1.5 | 1.8 | 2.1 | 2.4 |
| ② 국민행복 | 79.3 | 4.3 | 9.6 | 18.5 | 22.3 | 24.6 |
| · 저소득층 맞춤형보호 | 7.4 | 0.1 | 0.9 | 1.9 | 2.1 | 2.4 |
| · 노후생활 보장 | 18.5 | - | 2.3 | 4.6 | 5.3 | 6.0 |
| · 행복한 임신과 출산 | 4.4 | - | 0.3 | 1.1 | 1.4 | 1.6 |
| · 무상보육·무상교육 확대 | 11.8 | 0.6 | 1.8 | 2.6 | 3.3 | 3.4 |
| · 반값비만 책임질화 | 1.4 | - | 0.1 | 0.3 | 0.4 | 0.6 |
| · 국가암진료체계 강화 | 0.8 | - | 0.1 | 3.5 | 0.2 | 0.2 |
| ③ 문화융성 | 6.7 | 0.3 | 0.5 | 0.8 | 1.7 | 3.9 |
| · 문화재정 2% | 6.6 | 0.3 | 0.5 | 0.8 | 1.7 | 3.9 |
| · 문화향유 기회 확대 | (0.7) | (0.1) | (0.1) | (0.1) | (3.2) | (3.2) |
| · 콘텐츠 산업 육성 | (1.1) | (0.2) | (0.2) | (2.1) | (2.2) | (2.2) |
| ④ 평화통일 기반구축 등 | 17.6 | △0.2 | 1.6 | 3.8 | 5.1 | 7.2 |
| · 방위력 강화 | 14.4 | △0.2 | 1.3 | 2.2 | 4.3 | 6.4 |
| · 보람있는 군복무 | (2.1) | (0.1) | (0.2) | (0.4) | (3.6) | (3.8) |
| · ODA 지속확대 | 3.2 | - | 0.3 | 1.3 | 0.7 | 0.8 |
| ◇ 재원대책 | 134.8 | 7.4 | 17.4 | 30.5 | 36.8 | 42.6 |
| ① 세입확충 | 50.7 | 2.9 | 7.9 | 11.8 | 13.7 | 14.4 |
| · 국세 | 48.0 | 2.9 | 7.6 | 11.1 | 12.9 | 13.6 |
| · 세외수입 | 2.7 | - | 0.3 | 0.7 | 0.8 | 0.9 |
| ② 세출절감 | 84.1 | 4.5 | 9.5 | 18.7 | 23.1 | 28.1 |
| · 의무지출 조정 | 3.0 | - | 0.3 | 0.7 | 0.8 | 0.9 |
| · 재량지출 절감 | 34.5 | - | 5.8 | 9.6 | 9.3 | 9.9 |
| · SOC 분야 | 4.3 | - | 1.2 | 2.7 | 5.3 | 7.7 |
| · 산업 분야 | 4.3 | - | 0.9 | 1.3 | 1.0 | 1.1 |
| · 농업 분야 | 5.2 | - | 1.8 | 1.5 | 1.3 | 1.3 |
| · 보건·복지 분야 | 12.5 | - | 2.2 | 4.0 | 3.3 | 3.0 |
| · 기타 분야 | 1.2 | - | 0.2 | 3.3 | 0.3 | 0.4 |
| · 이자비용 절감 | 1.8 | - | 0.7 | 1.1 | 1.7 | 1.7 |
| · 국정과제 세부투자 | 40.8 | 4.5 | 2.5 | 9.0 | 11.2 | 15.6 |

---

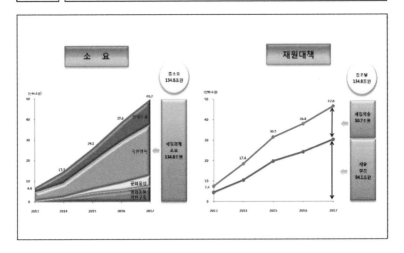

그러나 2016년 이후 공약가계부는 더 이상 아무도 거들떠보지 않게 되었다. 탄핵 이후 선거 과정에서 어느 후보도 공약가계부의 언급조차 하지 않았다. 공약가계부가 외면 당하며 포퓰리즘을 막을 수도 있던 실험이 이어지지 않았다는 점은 우리 정치사에 아쉬움으로 남을 것이다.

공약가계부가 더 이상 작성되지 않는다는 사실은 그만큼 우리 정치와 행정이 책임성을 근거로 작동되지 않고 있다는 점을 나타내는 것이다. 국민의 세금을 갖고 벌이는 각종 공약사업을 무책임하게 내놓고, 국민을 현혹하고, 나아가 이에 대한 부담을 국민에게 지우고, 피해를 입히는 행태는 전형적인 포퓰리스트들이 자행하는 악행이다. 국민이 속지 않고 당하지 않도록 최소한의 정보를 얻을 수 있게끔 하는 장치가 바로 공약가계부인데 이어지지 못하는 현실이 안타깝기만 하다.

나는 국회의원으로서 할 수 있는 입법 활동을 통해 포퓰리즘의 차단과 공약가계부의 역할을 강화할 수 있는 세 가지 장치를 마련했다. 첫 번째는 국세기본법 개정안으로, 중장기 조세 개혁을 의무적으로 제출하도록 하는 것이었다. 국가재정법에는 5년 단위 국가재정운용계획을 정부가 세워서 국회에 제출하여 승인받게 되어 있는데, 우리의 조세 개혁 방안도 5년 이상의 단위로 수립하여 중장기 조세정책운용계획을 제출하도록 하자는 것이었다.

우리만큼 매년 세제 개편을 광범위하게 하는 나라가 없을 정도로 정치권에서 세금을 갖고 국민들에게 인기영합 경쟁을 벌이다 보니 거의 누더기 세법이 되다시피 복잡하고 일관성이 없어졌다. 그러므로 적어도 5년 정도의 기간을 내다보면서 조세 제도를 어떻게 끌고 갈 것인가의 계획을 갖고 있어야 한다는 것이다.

---

### 「국세기본법」 제20조의2(2014.1.1. 시행)

**제3절 중장기 조세정책운용계획** 〈신설 2014.1.1.〉
**제20조의2(중장기 조세정책운용계획의 수립 등)** ① 기획재정부장관은 효율적인 조세정책의 수립과 조세부담의 형평성 제고를 위하여 매년 해당 연도부터 5개 연도 이상의 기간에 대한 중장기 조세정책운용계획(이하 이 조에서 "중장기 조세정책운용계획"이라 한다)을 수립하여야 한다. 이 경우 중장기 조세정책운용계획은 「국가재정법」 제7조에 따른 국가재정운용계획과 연계되어야 한다.
② 중장기 조세정책운용계획에는 다음 각 호의 사항이 포함되어야 한다.
1. 조세정책의 기본방향과 목표
2. 주요 세목별 조세정책 방향
3. 비과세·감면 제도 운용 방향
4. 조세부담 수준
5. 그 밖에 대통령령으로 정하는 사항

③ 기획재정부장관은 중장기 조세정책운용계획을 수립할 때에는 관계 중앙관서의 장과 협의하여야 한다.

④ 기획재정부장관은 수립한 중장기 조세정책운용계획을 국회 소관 상임위원회에 보고하여야 한다.

⑤ 제1항부터 제4항까지 규정된 사항 외에 중장기 조세정책운용계획의 수립에 관하여 필요한 사항은 대통령령으로 정한다.

[본조신설 2014.1.1.]

---

### 「국가재정법」 제7조3항의4

**제7조(국가재정운용계획의 수립 등)** ① 정부는 재정운용의 효율화와 건전화를 위하여 매년 해당 회계연도부터 5회계연도 이상의 기간에 대한 재정운용계획(이하 "국가재정운용계획"이라 한다)을 수립하여 회계연도 개시 120일 전까지 국회에 제출하여야 한다. 〈개정 2013.5.28., 2020.6.9.〉

③ 제1항에 따라 국회에 제출하는 국가재정운용계획에는 다음 각 호의 서류를 첨부하여야 한다. 〈신설 2010.5.17., 2014.1.1., 2020.3.31., 2021.6.15.〉

(1~3. 생략)

4. 「국세기본법」 제20조의2에 따른 중장기 조세정책운용계획

---

이러한 조세개혁안을 마련하는 것과 함께 꼭 필요한 것은 전문성 있고 과학적인 세제 개편의 효과 분석이라고 할 수 있다. 세금을 깎아준다는 각종 포퓰리즘 정책의 남발을 막기 위해서는 특정 조세 감면의 효과를 정밀하게 사전 예측하는 작업이 필수적이다. 그래서 나는 조세 지출(조세 감면) 효과의 사전 분석을 의무화하는 법안도 만들었다.

이 두 번째 시도 역시 공약가계부가 갖는 책임성 확보 차원에서 이루어졌다고 할 수 있다. '조세 지출'은 각종 세금을 깎아주는 정책이 결국은 예산의 집행, 즉 지출과 같은 것이라는 점에서 붙여진 용어. 따라서 조세 지출 예산이 갖는 의미는 예산 지출 이상으로 중요하다. 그만큼

조세 지출안 하나하나가 출현할 때마다 이에 대한 효과 분석이 첨부되도록 하자는 것이다.

---

## 조세특례제한법 제142조(조세특례의 사전·사후관리)

**제142조(조세특례의 사전 · 사후관리)** ① 기획재정부장관은 매년 3월 31일까지 조세특례 및 그 제한에 관한 기본계획을 수립하여 국무회의의 심의를 거쳐 중앙행정기관의 장에게 통보하여야 한다. 〈개정 2013.1.1.〉

② 중앙행정기관의 장은 경제·사회정책 등의 효율적 수행을 위하여 조세감면이 필요하다고 인정되는 사항에 대하여 조세감면의 목적, 조세감면으로 인하여 기대되는 정책효과, 연도별 예상 세수효과 및 관련 통계자료 등을 포함한 조세감면에 관한 건의를 매년 4월 30일까지 기획재정부장관에게 하여야 한다. 〈개정 2013.1.1.〉

③ 대통령령으로 정하는 조세특례사항에 대하여 중앙행정기관의 장은 조세감면으로 인한 효과분석 및 조세감면제도의 존치 여부 등에 대한 의견을 매년 4월 30일까지 기획재정부장관에게 제출하여야 한다. 〈개정 2013.1.1.〉

④ 기획재정부장관은 주요 조세특례에 대한 평가를 실시할 수 있다. 다만, 해당 연도에 적용기한이 종료되는 사항(지원대상의 소멸로 조세특례의 폐지가 명백한 사항 등 대통령령으로 정하는 사항은 제외한다)으로서 연간 조세특례금액이 대통령령으로 정하는 일정금액 이상인 조세특례에 대해서는 예산의 범위 내에서 전문적인 조사·연구기관이 목표달성도, 경제적 효과, 소득재분배효과, 재정에 미치는 영향 등 대통령령으로 정하는 내용에 대해 평가한 결과를 회계연도 개시 120일 전까지 국회에 제출하여야 한다. 〈개정 2013.1.1., 2014.1.1.〉

⑤ 정부는 연간 조세특례금액이 300억 원 이상인 조세특례를 신규로 도입하는 법률안을 제출하는 경우에는 전문적인 조사·연구기관에서 조세특례의 필요성 및 적시성, 기대효과, 예상되는 문제점 등 대통령령으로 정하는 내용에 대해 평가한 결과를 첨부하여야 한다. 다만, 다음 각 호의 어느 하나에 해당하는 사항은 그러하지 아니하다. 〈신설 2014.1.1., 2019.12.31.〉

1. 경제·사회적 상황에 대응하기 위하여 도입하려는 경우로서 국무회의의 심의를 거친 사항

2. 남북교류협력에 관계되거나 국가 간 협약·조약에 따라 추진하는 사항

3. 국제대회나 국가행사 등 지원 기간이 일시적이고 적용기한이 명확하며 사업의 추진을 위하여 시급히 도입할 필요가 있는 사항

4. 제4항에 따른 평가 결과를 반영하여 기존 조세특례를 개선하려는 경우로서 기획재정부장관이 제4항에 따른 평가 내용에 조세특례의 필요성 및 적시성, 기대효과, 예상되는 문제점 등 대통령령으로 정하는 내용이 포함된 것으로 인정하는 사항

⑥ 기획재정부장관은 제2항에 따른 조세감면에 관한 건의, 제3항에 따른 의견제출 및 제4항과 제5항에 따른 평가와 관련하여 전문적인 조사·연구를 수행할 기관을 지정하고 그 운영 등에 필요한 경비를 출연할 수 있다. 〈신설 2013.1.1., 2014.1.1.〉

⑦ 기획재정부장관은 제3항에 따른 의견제출 및 제4항과 제5항에 따른 평가와 관련하여 필요하다고 인정할 때에는관계 행정기관의 장 등에게 의견 또는 자료의 제출을 요구할 수 있다. 이 경우 관계 행정기관의 장 등은 특별한 사유가 있는 경우를 제외하고는 이에 따라야 한다. 〈신설 2013.1.1., 2014.1.1.〉

⑧ 제1항부터 제7항까지의 규정에 따른 조세특례 및 그 제한에 관한 기본계획 수립, 조세감면건의, 조세감면에 대한 의견제출, 주요 조세특례의 범위, 조사·연구 기관의 지정과 그 밖에 필요한 사항은 대통령령으로 정한다. 〈신설 2013.1.1., 2014.1.1.〉

[전문개정 2010.1.1.]

이러한 과학적인 분석의 기초가 되는 것은 바로 각종 조세 데이터라고 할 수 있다. 그래서 나는 국세청이 보유한 모든 조세의 원시 자료를 연구와 분석 목적으로 활용하도록 국세기본법 개정안을 만들었고 이를 통과시켰다. 이것이 바로 나의 세 번째 공약가계부 보완 작업이었다.

### 국세기본법 제85조의6

**제85조의6(통계자료의 작성 및 공개 등)** ① 국세청장은 조세정책의 수립 및 평가 등에 활용하기 위하여 과세정보를 분석·가공한 통계자료(이하 "통계자료"라 한다)를 작성·관리하여야 한다. 이 경우 통계자료는 납세자의 과세정보를 직접적 방법 또는 간접적인 방법으로 확인할 수 없도록 작성되어야 한다. 〈개정 2014.1.1., 2015.12.15.〉

② 세원의 투명성, 국민의 알권리 보장 및 국세행정의 신뢰증진을 위하여 국세청장은 통계자료를 제85조의5제2항에 따른 국세정보위원회의 심의를 거쳐 일반 국민에게 정기적으로 공개하여야 한다. 〈개정 2013.1.1., 2014.1.1., 2019.12.31.〉

③ 국세청장은 제2항에 따라 국세정보를 공개하기 위하여 예산의 범위 안에서 국세정보시스템을 구축·운용할 수 있다. 〈신설 2014.1.1.〉

④ 국세청장은 다음 각 호의 경우에 그 목적의 범위에서 통계자료를 제공하여야 하고 제공한 통계자료의 사본을 기획재정부장관에게 송부하여야 한다. 〈개정 2014.1.1., 2020.6.9.〉

1. 국회 소관 상임위원회가 의결로 세법의 제정법률안·개정법률안, 세입예산안의 심사 및 국정감사, 그 밖의 의정활동에 필요한 통계자료를 요구하는 경우
2. 국회예산정책처장이 의장의 허가를 받아 세법의 제정법률안·개정법률안에 대한 세수추계 또는 세입예산안의 분석을 위하여 필요한 통계자료를 요구하는 경우
⑤ 국세청장은 제81조의13제1항 각 호 외의 부분 본문에도 불구하고 국회 소관 상임위원회가 의결로 국세의 부과·징수·감면 등에 관한 자료를 요구하는 경우에는 그 사용목적에 맞는 범위에서 과세정보를 납세자 개인정보를 직접적인 방법 또는 간접적인 방법으로 확인할 수 없도록 가공하여 제공하여야 한다. 〈개정 2014.1.1., 2014.12.23., 2016.12.20., 2020.12.22.〉
⑥ 국세청장은 「정부출연연구기관 등의 설립·운영 및 육성에 관한 법률」 제8조제1항에 따라 설립된 연구기관의 장이 조세정책의 연구를 목적으로 통계자료를 요구하는 경우 그 사용 목적에 맞는 범위안에서 제공할 수 있다. 이 경우 통계자료의 범위, 제공 절차, 비밀유지 등에 관하여 필요한 사항은 대통령령으로 정한다. 〈신설 2014.1.1., 2017.12.19.〉
⑦ 국세청장은 다음 각 호의 어느 하나에 해당하는 자가 조세정책의 평가 및 연구 등에 활용하기 위하여 통계자료 작성에 사용된 기초자료(이하 "기초자료"라 한다)를 직접 분석하기를 원하는 경우 제81조의13제1항 각 호 외의 부분 본문에도 불구하고 국세청 내에 설치된 대통령령으로 정하는 시설 내에서 기초자료를 그 사용목적에 맞는 범위에서 제공할 수 있다. 이 경우 기초자료는 개별 납세자의 과세정보를 직접적 또는 간접적 방법으로 확인할 수 없는 상태로 제공하여야 한다. 〈신설 2019.12.31., 2021.12.21.〉
1. 국회의원
2. 「국회법」에 따른 국회사무총장·국회도서관장·국회예산정책처장·국회입법조사처장 및 「국회미래연구원법」에 따른 국회미래연구원장
3. 「정부조직법」 제2조에 따른 중앙행정기관의 장
4. 「지방자치법」 제2조에 따른 지방자치단체의 장
5. 그 밖에 「정부출연연구기관 등의 설립·운영 및 육성에 관한 법률」 제2조에 따른 정부출연연구기관의 장 등 대통령령으로 정하는 자
⑧ 국세청장은 조세정책의 평가 및 연구를 목적으로 기초자료를 이용하려는 자가 소득세 관련 기초자료의 일부의 제공을 요구하는 경우에는 제7항 및 제81조의13제1항 각 호 외의 부분 본문에도 불구하고 소득세 관련 기초자료의 일부를 검증된 통계작성기법을 적용하여 표본 형태로 처리한 기초자료(이하 "표본자료"라 한다)를 대통령령으로 정하는 방법에 따라 제공할 수 있다. 이 경우 표본자료는 그 사용 목적에 맞는 범위에서 개별 납세자의 과세정보를 직접적 또는 간접적 방법으로 확인할 수 없는 상태로 가공하여 제공하여야 한다. 〈신설 2020.12.22.〉
⑨ 제4항 및 제6항에 따라 제공되거나 송부된 통계자료(제2항에 따라 공개된 것은

제외한다), 제7항에 따라 제공된 기초자료 및 제8항에 따라 제공된 표본자료를 알게 된 자는 그 통계자료, 기초자료 및 표본자료를 목적 외의 용도로 사용해서는 아니 된다. 〈개정 2014.1.1., 2019.12.31., 2020.12.22.〉

⑩ 제4항에 따른 통계자료, 제7항에 따른 기초자료 및 제8항에 따른 표본자료의 제공 절차 등에 관하여 필요한 사항은 대통령령으로 정한다. 〈개정 2014.1.1., 2019.12.31., 2020.12.22.〉

[전문개정 2010.1.1.]

[제목개정 2019.12.31.]

공약가계부는 이어지지 못했지만, 내가 시도한 조세 관련 계획 수립과 조세 지출 효과 분석, 그리고 조세 데이터 활용과 같은 일종의 인프라에 해당하는 것들이 갖추어졌기에 어느 정도 만족을 한다. 이러한 인프라를 활용하여 포퓰리즘을 사전·사후에 차단하는 노력이 있기를 기대한다.

# 공무원연금 개혁

연금 개혁을 시도한다는 것은 정치인으로서, 특히 대통령으로서는 크나큰 모험이다. 전 세계적으로 연금 개혁을 단행했거나 시도한 국가 중에 정권을 잃거나 중간에 포기한 사례가 많았다. 연금 제도라는 것이 만들어질 때부터 조금 내고 많이 받도록 약속한 전형적인 포퓰리즘에 취약한 대표적인 정책이기 때문이다. 이 약속을 지키지 않은 채 더 내고 덜 받는 연금 제도로 바꾸려 시도하는 것은 국민으로서는 받아들이기가 힘들다. 그러나 그냥 내버려두면 전 세계적 현상인 고령화 사회에서 지속될 수가 없다. 그런데 지속 불가능하다는 건 있을 수 없다. 연금을 지급하지 않을 수 없기 때문이다. 그러면 남은 방법은 세금을 더 거둬 연금을 지급하거나 젊은 세대에게 연금보험료를 더 내게 하는 것이다.

우리는 선진국에 비해 비교적 늦게 연금 제도를 도입했다. 그리고 고령화도 늦게 시작되었다. 그런데도 고령화의 속도 문제는 전 세계에서 가장 심각하다. 조금 내고 많이 주는 정도가 엄청나고 늦게 시작된 고령화지만, 세계에서 가장 빨리 진행되고 있다. 연금 제도 중에서 군인연금, 공무원연금, 사학연금, 그리고 국민연금 모두 낸 것에 비해 훨씬 많이 받게 되어 있다. 평균적인 국민이 평생 낸 것에 비해 받는 것을 의미하는 '수익비'가 군인연금은 8배, 공무원·사학연금은 4배, 그리고 국민연금은 2배 정도가 되기도 했다.

이런 우리의 연금 제도를 바로 잡는 노력이 없었던 것은 아니다. 그러나 이는 시도만 했을 뿐 바로 잡는 데는 늘 실패했다. 군인, 공무원, 교원들이라는 이해 집단의 반발이 감당하기 힘들었기 때문이다. 급기야 1990년대부터는 이들 연금의 기금이 고갈되고 적자가 발생하기 시작했다. 그래서 2000년부터는 법 개정을 통해 군인, 공무원, 교직원 연금의 적자를 국민의 세금으로 메우는 장치까지 마련되었다. 연금 액수를 줄이거나 보험료를 더 내도록 하는 대신 눈덩이처럼 불어나는 적자를 국민의 세금으로 부담하도록 한 것이었다.

나는 재정학자로서 국민연금 개혁과 함께 공무원연금 개혁을 지속해서 주장하고 구체적 방안을 논문과 칼럼으로 제시했다. 간헐적으로 구성되는 개혁위원회 활동도 했다. 그러나 이 모든 노력은 성공할 수가 없었다. 국민적 관심이 이해 집단의 반발에 비해 너무나 작았기 때문이다. 결국 나는 정치인, 그리고 대통령 후보에게 자문하는 수밖에 없었다. 그래서 박근혜 후보가 연금 개혁을 추진하게 되었고, 집권 후에도 공무원연금 개혁이라는 대모험을 하게 되었다.

2014년 초, 여당 국회의원으로서 나는 당내에서 만들어진 개혁위 중에서 '연금개혁소위'를 맡게 되었다. 공무원연금 개혁의 의지를 갖고 있던 동료 학자들을 모으고, 뜻을 함께하는 동료 의원들을 설득해서 위원회 활동을 활기차게 시작했다.

연금 개혁을 하더라도 기본적으로 개혁 시점까지 획득한 연금 급여의 권리는 보장되어야 한다. 즉, 기득권을 보장한다는 것이다. 이미 퇴직하여 연금을 받고 있는 은퇴자의 연금을 줄일 수도 없다. 그리고 연금개혁이 이루어지는 그 시점까지 적용되었던 연금 급여 방식에 의한 연금 액수는 보장되어야 한다. 수익비가 4배 이상 되는 공무원연금을 개혁하는 것이 어려운 이유다.

기득권을 보장하면서 개혁하려면, 더 내게 하고 덜 받게 하는 정도를 더욱 크게 할 수밖에 없다. 세대 간의 유불리가 갈리는 심각한 상황이 벌어지기도 하는 것이다. 그러나 이러한 어려운 상황을 회피하는 것은 더욱더 큰 문제를 야기한다. 늦어질수록 기득권자가 더 많아지고, 기득권을 갖는 연금 액수가 커지기 때문이다.

이처럼 어려운 문제이고 힘든 개혁 과정이 필요하기에 그동안 정치인들이 외면한 것이었다. 새누리당 내 연금개혁소위를 맡고 난 뒤, 나는 그동안 검토되었던 여러 개혁 방안을 모두 다시 살폈다. 그리고는 이 방안들이 가진 세대 간 유불리와 국민 부담 정도를 알기 쉽게 설명하는 작업을 했다. 어떤 개혁안도 반발이 있을 수밖에 없기에 국민 전체의 합의를 이끌어 내기 위해서는 제대로 알리고 설득하는 것이 필요했다.

몇 가지 방안으로 압축되었을 시점에 나는 청와대 경제수석으로 가게 되었다. 이 작업을 당내에서는 김현숙 의원이 맡아서 계속하도록 했다. 청와대 내에서는 정무수석으로 나와 같은 시기에 함께 청와대로 갔던 조윤선 수석이 공무원연금 개혁 작업을 하게 되었다. 공무원연금의 담당 부처가 안전행정부였기에 정무수석이 소관 수석이었다. 그 후 거의 1년에 걸쳐 공무원연금 개혁안은 국회에서, 그리고 청와대 내에서 열띤 공방과 논의가 지속되었다. 2015년에는 국회에 공무원연금개혁위원회가 구성되었고, 나는 위원회 활동이 원활하게 돌아가서 최선의 방안이 도출되도록 노력했다.

공무원연금개혁위원회는 여야 간 대립, 그리고 공무원 내의 반발로 그동안 개혁 시도가 실패할 상황이 벌어지고 있었다. 이러한 난항에 돌파구를 연 것은 박근혜 대통령이었다. 공무원연금 개혁이 하루라도 늦어질수록 그 피해는 국민 모두에게 돌아간다는 사실을 국민에게 알리는 것이 시급하다는 점을 강조했다. 그래서 하루 늦어질수록 80억 원이 더해져서 국민 부담으로 돌아간다고 계산하도록 한 뒤, 이를 직접 회의나 행사 때마다 언급했다. 이를 기초로 각종 홍보 전략도 세워 국민이 더 쉽게 알 수 있도록 했다.

나는 당시 신장암 수술로 열흘간 입원해 있는 상태에서 전화로 대통령과 공무원연금 개혁에 대한 끊임없는 논의를 했다. 공무원연금 개혁안이 최선의 안으로 시급히 마련되어야 한다는 점을 국민에게 설득하는 방법을 함께 고민했던 것이다. 결국 국회에서 어렵게 개혁안의 합의가 도출되었다. 100% 만족하기는 힘들지만, 60점 정도 줄 수 있는 개혁안이 마련되었다. 그동안 시험답안지 제출조차 하지 못했던 것에 비해서는 큰 수확이었다. 대통령의 의지로 이루어 낸 성과였다.

수첩에 공무원연금이 처음 등장하는 것은 2014년 2월 9일 국무회의에서의 대통령의 언급이다. 공무원연금 개혁의 필요성을 언급하면서 공무원연금 개혁 방안을 만들 때 중점 고려 사항을 강조했다. 수첩에 메모되어 있듯이 박근혜 대통령은 국무위원들에게 공무원연금 개혁안을 논의할 때 "공무원이 국가의 엔진 역할을 하면서 그들의 애국심과 사명감을 다하고 있다는 점을 감안하고, 나아가 공무원들의 애로를 반영해서 개혁안을 검토해 달라"고 주문했다. 나아가 서로 양보해서 좋은 개혁안의 결과를 만들 것을 강조했다.

그리고 2015년 4월 16일 대통령 주재 수석비서관회의에서는 공무원연금의 개혁이 하루라도 늦어지면 80억 원을 국민이 부담하게 된다는 점을 강조했다. 그리고 이 개혁은 미래 세대의 부담을 줄이기 위한 마지막 기회라고 언급했다. 막바지에 접어든 국회에서의 공무원연금 개혁 논의에 국민의 관심을 불러일으키고, 나아가 개혁의 필요성과 시급성을 강조하기 위해서였다. 이러한 대통령의 추진력과 설득력이 주효해서 결국 공무원연금 개혁이 성공했던 것이었다.

## 수첩 13권 (2014.12.4.~12.14.)

12 - 9 -14 국무회의

〈VIP〉

○ 구조개혁, 혁신, 재도약

○ 신년업무계획 연말까지

○ 무역규모 1조 최단기간, 4년 연속

$$\begin{bmatrix} 5.7\% \\ \text{중소·중견} \end{bmatrix} \begin{matrix} 1.6\% \\ \text{대기업} \end{matrix}$$

계약, 농수식품, 서비스

부품소재 1,000억

○ FTA 적극 활용

○ UN 반부패의 날

국제투명성지수

○ 공공정보공개 정부3.0

○ 공무원 연금

 - 공무원이 엔진 역할

○ 애국심, 사명감

 - 공무원 애로 반영해서

  개혁안 검토

$$\begin{bmatrix} \_\_\_금리 \\ 예비비(2014) \end{bmatrix} \begin{matrix} 양보해서 \\ 좋은 결과 \end{matrix}$$

3.5소  2.3소

## 수첩 24권 (2015.4.13.~4.22.)

4 -16 -15 대수비

1. 공무원 연금

 - 80억
 - 미래세대  → 마지막 기회

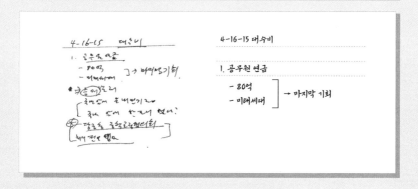

# 정부3.0

18대 대통령 선거 대통령 후보로서 박근혜 후보가 출마 선언 이후 첫 번째로 공약 발표를 한 것이 정부3.0이었다고 앞서 그 과정을 설명한 바 있다. 대통령이 되면 정부를 어떻게 이끌어 갈 것인지를 제일 먼저 국민에게 보여 준다는 뜻에서 첫 번째 공약 발표로 정부3.0을 택했다. 여기서는 이 정부3.0 공약을 어떻게 준비했고, 정부 출범 이후 어떻게 추진했는지를 상세히 살펴보고자 한다.

나는 경제학자로서 정부가 갖고 있는 각종 정보를 공개하여 전문가들이 활용할 수 있도록 해야 한다고 늘 주장해 왔다. 세금 관련된 정보와 함께 교육 관련 정보, 그리고 나라 살림 관련 정보 등은 공개되고, 공유되고, 활용되면 정책의 발전에 크게 도움이 될 것이기 때문이다. 그래서 경실련 활동을 할 때는 국세 통계를 공개하도록 정보 공개 청구까지 했다. 선진국은 이미 연구 목적으로 개인 신상 관련 정보는 삭제한 자료를 공개하여 많은 경제학자가 연구할 수 있도록 했는데도 불구하고, 우리 정부는 사생활 침해라면서 막무가내식으로 공개를 거부했다. 이러한 거부는, 내가 국회의원으로서 만든 국세기본법 개정안에서의 국세 자료 공개 의무화가 통과됨으로써 더 이상 불가능해지기는 했다. 나는 이처럼 정부가 보유하고 있는 정보가 너무도 소중하기에 근본적으로 이를 공개하고 공유하고 활용할 수 있는 장치를 마련하고 싶었다. 그래서 이를 박근혜 후보를 통해 실현시켰다.

정보 공개에 목말라 있던 나는 박근혜 후보가 적극적으로 추진하고자 의지를 보인 것이 너무나도 반가웠다. 그래서 정보 공개법 관련 개정 사항과 같은 법적 검토와 함께 정부, 나아가 공공기관이 수집하고 생산하고 관리하는 모든 정보를 취합하고 통합 관리하는 방안도 마련하고자 했다. 반가운 것은 당시 이한구 의원이 나와 비슷한 생각을 갖고 작업을 하고 있었다는 사실을 알게 되었다는 점이었다.

이한구 의원은 과거 국가 부채 논쟁을 주도했고, 그 당시 나는 함께 작업하며 도움을 주었던 경험도 있기에 나와 호흡을 맞추어 작업을 했다. 그래서 2011년 말 초안을 박근혜 후보께 보고했었다. 그러나 여전히 부족하다는 지적이 있었고, 나는 좀 더 범위를 넓혀 보다 국민들에게 와닿게 하고자 노력했다. 당시 이한구 의원은 훗날 미래창조수석이 된 윤창번 박사와 세종대 김도환 교수(훗날 정부3.0추진위원장)와 함께 작업했다. 국가미래연구원에서는 송희준 교수(초대 정부3.0추진위원장)가 별도로 작업했다.

정부3.0 작업은 그 후 내가 강석훈 의원과 마무리하면서 더 쉽게 와 닿을 수 있도록 수정·보완 작업을 했다. 이를 기초로 박근혜 후보는 대통령 출마 선언 다음 날인 2012년 7월 11일 첫 번째 공약으로 정부3.0이라는 정부 운영 구상을 발표했다.

이 공약은 인수위에서의 보완 작업을 거쳐 '정부3.0위원회'를 출범시킴으로써 일단락이 되었다. 그러나 내가 국회에 있는 동안 제대로 추진되지 못한 상황에서 수석으로 부임한 후 나는 정부3.0의 추진을 새롭게 하고자 했다. 그래서 과거 정부3.0 작업을 함께했던 김도환 교수를 위원장으로 임명하고 각종 방안에 대한 강한 추진을 시도했다. 정부기관이 갖고 있는 정보들을 공유하거나 공개하는 것 자체에 거부감이 있던 공무원들의 의식을 바꾸어 가는 것이 가장 중요한 과제였다.

수첩에 등장하는 정부3.0은 2014년 9월 5일 정부3.0위원회의 대통령보고 내용이다. 수첩에 내가 메모한 내용을 보면 위원회의 보고보다 대통령의 정부3.0에 대한 주문 사항이 훨씬 많다는 것을 알 수 있다. 항목만 하더라도, '1. 정보시스템 연계, 부처 간 협업 필요'에서부터 '7. 통일대박식 정부3.0 사업의 슬로건slogan을 만들어 국민 정서에 맞게 할 필요'를 강조하는 데 이르기까지 다양하다. 오랜 기간 정부3.0 공약 준비를 함께하면서 대통령이 가졌던 지식과 관심이 결집되어 나타난 것이다. 지시 사항을 하나하나 살펴보면 대통령이 얼마나 정부3.0에 대한 필요성을 절실하게 느끼고 있고, 그 추진 방안을 구체적으로 제시하고 있는지 알 수 있다.

9-5-14 정부3.0 VIP보고

〈정부3.0 추진 문제〉 공개-공유-협업

1) 부처별 DB, Portal, 센터

   기존 DB     =) 우선 부처 내

   활용    연계 통합     연계

2) 공개 + 민간 활용

   정책결정과정 정보공개

   법·제도 정비 - 17 too late

   =) 김을동 등 의원입법

3) 더국민 서비스     ⎱ more
     국가 미래 예측 모형    ⎰ to be
                     done

〈VIP〉

1. 정보시스템 연계

   부처 간 협업 필요

2. 시범사업

   - 시행착오 반영

   - 생애주기별 맞춤형 서비스

   - ___ 국민 눈높이 맞춰야

   =) 설문조사

     공공정보 공개 서비스 반영

3. 일하는 방식 변화

   - 클라우드 → 서울-세종시 연계


○ 기술발전

○ 클라우드 보안 system 구축

  사용자 보안의식 확립

* 70,000건 공공정보 개방

   기업 창업 위한 정보

   개방 미흡

○ 품질관리 필요

○ 공공기관 각기 관리

   → 가공-결합

   =) 수요자인 국민이 원하는 수준으로

○ 원문공개 API

  보다 수요자 원하는 방식 공개

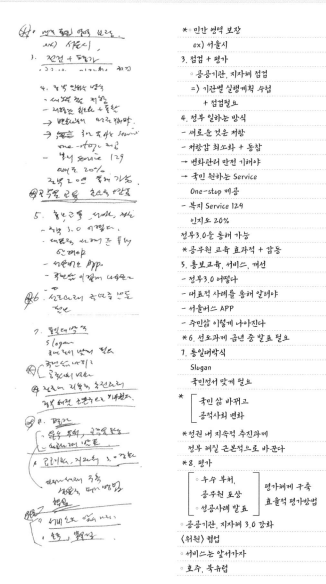

* ◦ 민간 영역 보장
   ex) 서울시
3. 점검 + 평가
   ◦ 공공기관, 지자체 점검
   =) 기관별 실행계획 수립
      + 점검필요
4. 정부 일하는 방식
- 새로운 것은 저항
- 저항감 최소화 + 동참
→ 변화관리 만전 기해야
→ 국민 원하는 Service
   One-stop 제공
- 복지 Service 129
   인지도 20%
정부3.0을 통해 가능
* 공무원 교육 효과적 + 감동
5. 홍보교육, 서비스, 개선
- 정부3.0 어렵다
- 대표적 사례를 통해 알려야
- 서울버스 APP
- 주민삶 이렇게 나아진다
* 6. 선도과제 금년 중 발표 필요
7. 통일머박식
   Slogan
   국민정서 맞게 필요
* ⎡ 국민 삶 바꾸고
  ⎣ 공적사회 변화
* 정권 버 지속적 추진과제
   정부 체질 근본적으로 바꾼다
* 8. 평가
   ⎡ ◦ 우수 부처,      평가체제 구축
     공무원 포상      효율적 평가방법
   ⎣ ◦ 성공사례 발표
◦ 공공기관, 지자체 3.0 강화
〈위원〉 협업
◦ 서비스는 앞서가자
◦ 호주, 북유럽

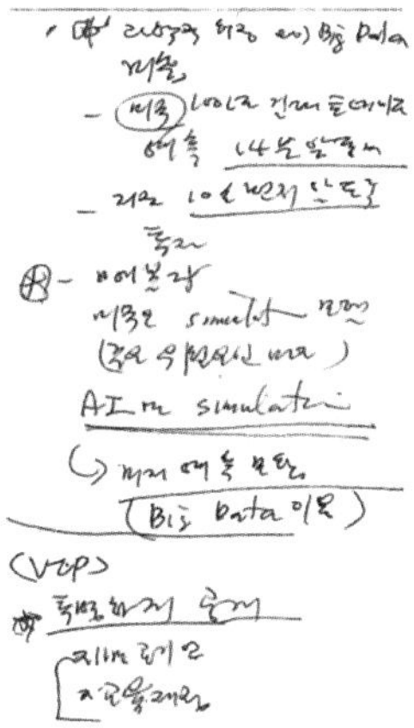

◦ 과학적 허점 ex) Big Data 미흡

- 미국 100년 ____토네이도

예측 14분 앞당겨

- 지진 10초 먼저 알도록 투자

*- 에볼라

미국은 Simulate 모델

(주요 위험요인 발견)

AI도 Simulation

→ 미리 예측 모형

(Big Data 이용)

〈VIP〉

* 투명하게 공개

지방공기업

교육재정

# 제4부

# 경제 공약을
# 경제 정책으로

# 경제 철학

경제 정책은 정부가 추구하는 경제 철학이 기본이 되어 만들어지고, 또 평가받는다. 박근혜 정부의 경제 정책의 기초가 되는 경제 철학은 2009년 5월 6일 미국 스탠퍼드 대학교 아시아퍼시픽연구센터 초청 강연에서 박근혜 당시 대표가 밝힌 '원칙이 바로 선 자본주의Disciplined Capitalism'라고 할 수 있다. 2009년 세계 금융위기를 계기로 자본주의에 대한 회의론이 제기되고 있던 시점에서 내놓은 이 경제 철학은 당시 많은 관심을 끌었다. 그 핵심은 금융에 대한 감독 기능을 강화하고, 복지 기능을 강화·확대하는 정부의 역할을 강조하는 것이었다. 나아가 국가 간 네트워크를 강화할 것도 제안하였다.

당시 스탠퍼드 대학교 연설을 앞두고 자문교수단 내에서 준비팀이 꾸려졌다. 김광두 서강대 교수, 신세돈 숙명여대 교수 등이 오랜 기간 함께 논의한 끝에 '원칙이 바로 선 자본주의'라는 국명 제목과 내용을 최종 마무리했다. 박근혜 대표와 함께 최종 회의를 거쳐 원고를 최종적으로 확정한 날은 2010년 2월 26일이었다. 이날은 마침 김연아 선수가 밴쿠버 동계올림픽 피겨스케이팅 종목에서 금메달을 딴 날이었다. 그날 아침 회의를 끝내고 함께 중계방송을 보며 응원했던 기억이 생생하다.

<안종범 수석 외부 강의 자료>

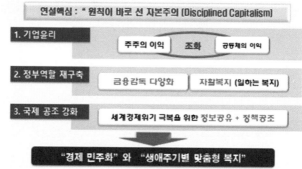

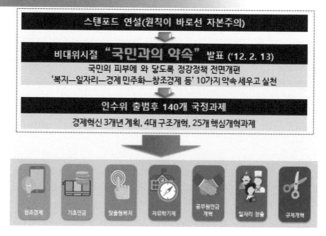

나는 자본주의 체제 자체의 위기론에 대해 대응 방향을 논하는 책을 공저로 발간한 적이 있었다.* 그래서 당시 스탠퍼드대 연설 준비회의에서 위기의 자본주의 상황에서 정부는 새로운 역할 재정립을 해야 한다고 주장했다. 특히 스탠퍼드대 연설문의 주요 내용으로 복지에 있어 정부 역할의 재정립을 강조했다.

국제 네트워크 강화 또한 중요한 강조점이었다. 선진국의 개도국 지원과 자유무역을 강조했다. 이 스탠퍼드대 연설에서의 '원칙이 바로 선 자본주의'는 박근혜 후보의 공약과 박근혜 대통령 정책의 기본 철학으로 자리매김했다. 대부분 공약과 정책이 이 기본 철학을 바탕으로 일관성 있게 만들어졌고 실현되었다. 그 후 내놓은 박근혜 복지 정책의 내용들, 개도국 지원과 FTA 체결 등은 '원칙이 바로 선 자본주의'의 철학과 당시 천명한 내용이 그대로 반영되었다. 그 어떤 포퓰리즘이나 정치적 계산도 개입되지 않은, 그야말로 바른 정책의 전형을 보여 준 것이었다.

박근혜 정부는 이러한 경제 철학을 바탕으로 정책 일관성을 유지하기 위해 많은 노력을 기울였다. 이와 관련해서 수첩에 등장하는 대통령의 의지는 제2기 내각 임명장 수여식 후 간담회 내용에 잘 나타난다. 수첩 4권(2014.7.14.~7.24.)의 7월 18일 자 메모에는 대통령이 당시 새로 임명한 장관들에게 경제 살리기와 혁신을 주문하는 내용이 담겨 있다. 그

---

* 박효종, 김태기, 안종범, 『자본주의 대토론』, 기파랑, 2009.7.1.

리고 장관으로서의 자세는 비정상의 정상화, 일자리 중요성(청년, 여성, 장년), 국민 불안. 고통으로부터 해소, 외교안보 정책은 평화 통일 기반 구축이었다. 그리고 현장이 중요함을 강조했다. 특히 노동부의 경우 매 순간이 갈림길이라고 강조, 세대·계층을 망라하고 일자리는 중요하며 일·가정 양립을 추진할 것을 주문했다.

7-18-14 VIP 2기 내각 임명

과제   경제살리기
       혁신

자세   1) 비정상의 정상화
       2) 일자리(중요)
          - 청년, 여성, 장년
       3) 국민 불안, 고통으로의 해소
       외교안보정책
       →평화통일구현 구조

○ 시간교류
○ 책임총리(장관)
○ 현장 중요
○ 10-40-50

---

1. 경제부처 수장으로
   조율 필요
○ One Team Spirit
○ 혁신 장애물(Obstacle) 확실히 막아라
  적폐, 비뚤, 관행, 부패
2. 안행부 정부3.0
3. 국정원
4. 미래부 융합의 리더쉽
5. 노동부
   매 순간이 갈림길
   [ 세대·계층 망라 일자리 중요
   [ 일, 가정 양립

6. 서울대 2011 법인화
   - 지식기반

공교롭게 나의 마지막 수첩이 된 수첩 63권(2016.10.8.~)의 10월 13일 자에는 3년 동안 박근혜 대표의 경제 철학에서 시작된 경제 정책의 성과가 국제적으로 인정받은 것에 대한 내용이 포함되어 있다. 세계적 국가 신용평가기관인 JP Morgan과 무디스가 북한 리스크에도 불구하고 한국에 대해 높은 평가를 했고 이를 더욱 공고히 하기 위해 북한 리스크 관리 방안에 대해 주문한 내용이었다.

이처럼 박근혜 정부가 경제 정책을 처음부터 끝까지 일관성 있게 추진했다는 사실은 훗날 제대로 평가받아야 할 것이다. 이제 경제 정책 내용을 구체적으로 살펴보자.

<안종범 수석 외부 강의 자료>

해외에서 더욱 높이 평가①

대한민국은 세계에서 가장 혁신적인 국가

- 3년연속 가장 혁신적인 국가 선정(블룸버그, EU)
- 경제혁신 3개년 계획은 G20 성장전략 중 효과 1위, 이행실적 2위(IMF·OECD, '14~'15, '16 G20)

세계은행 기업환경평가 순위

역대 최고수준의 국가신용도

세계 속의 대한민국 위상 향상

- 세계 최초로 '원조 받던 나라' → '원조하는 나라'로 변화
- UN3대분야, 10대 국제기구 등 의장직 수임('15~'16)
- 새마을 운동 전 세계 확산

➡ 해외 주요 언론사에서도 우리나라 구조개혁 노력 등 긍정평가
프랑스 Les Echos紙 : 유럽국가들이 부러워할 만한 신용 회복
영국 가디언紙 : 포스트 브렉시트 모델로 한국 주목해야

10-13-16 VIP-①, ②

1. 동결
2. 법인세 인상 반대 논리
　　① 정치적 관점
　　② 부적절성
　　=) 인터넷, 국회회유
　　　노무현 인상
○ OECD 평균 수준
　주변국 더미 17%
3. AA 신용등급 북한risk 반영
○ but 선제 타격론 미국 wall가
　10% 이상↓ → 지정학적 risk
○ 외환보유 → 북한risk → 자본유출
○ 신용평가와 해외 20
　미국정책변화-투자환경변화
○ 우더스 선제 타격→차원 다른

○ JP Morgan : 미국 대북정책
　- 변화 한국 중심역할 할 수 있나
　- 통제범위 없음
○ 미국 secondary boycott
　┌ 중국 남중국해
　└ 북한 ICBM, 선제 타격

○ 북한 risk 통제 가능
　- 법무처 차원 어음림
　- 북한 붕괴 시 북한시장
　　통일에 잠재 risk→투자 효과
4. 10대 관광 course
　- 전남 담양 : 전라·문화
5. 다원사회
　- 차별금지법
　- 동성애
　- 슈로스, 종교인 과세
6. 세월호 인수

# 창조경제

창조경제가 공약으로 되는 과정에 대해서는 앞서 설명한 바 있다. 여기서는 조금 더 구체적인 사례를 통해 공약 발표가 이루어지는 과정을 소개하고, 정권 출범 후 실행되는 과정을 살펴본다.

'스마트뉴딜Smart New Deal'이라는 명칭으로 처음 시작된 창조경제 공약의 아이디어는 전적으로 박근혜 대통령 후보의 머리에서 나왔고 추진되었다. 과학 기술과 정보통신 기술을 기존 산업과 융합함으로써 새로운 산업과 시장을 만들어 내고, 이로부터 많은 일자리를 획기적으로 새롭게 창출하자는 것이 박근혜 후보의 핵심 생각이었다. 전자공학을 전공한 후보답게 이러한 구체적인 아이디어를 내놓고, 전문가들이 실행 계획을 만들어 보라고 주문했다. 그래서 초기에 이름도 '뉴딜'이라는 것에 '스마트'를 추가한 명칭을 전문가 그룹에서 제안한 것이었다. 하지만 이 명칭을 국민들이 쉽게 부를 수 있도록 다시 만들라는 박근혜 후보의 주문에 결국 창조경제로 확정되었다.

이 창조경제의 공약 발표는 몇 차례 지연되었다. 사례들을 좀 더 구체화하고, 또 와 닿기 쉽게 만들어야 한다는 당시 김종인 위원장의 주문에 따라 여러 차례 수정 및 보완 작업을 거쳤다. IT를 강조하다 보니 과학계가 반발할 수 있다는 점 또한 보완 작업의 이유가 되기도 했다. 이러한 창조경제 공약 발표 준비 작업에는 나와 강석훈 의원, 그리고 몇몇 전문가들이 참여했다.

나는 창조경제의 공약 발표를 앞두고 이를 쉽게 설명하기 위해 여러 가지 사례를 만들어 준비했다. 창조경제 공약은 박근혜 후보가 당시 새누리당 당사 기자회견장에서 발표했고, 나는 뒤이은 백브리핑(back-briefing, 비공식 브리핑)에서 준비한 사례들을 중심으로 열심히 설명했다. 어렵고 별로 와 닿지 않는다는 당 출입기자들을 일일이 상대하며 반복해 설명하기까지 했다.

이러한 어렵다는 지적은 정권 출범 후에도 지속되었다. 창조경제를 제대로 소화하면서 쉽게 설명하는 노력이 정부 내에서 부족했기 때문이기도 했다. 나는 의원으로서 창조경제 전도사 역할을 자청하고서 강연도 하고 기자 설명을 별도로 했지만 역부족이었다. 언론과 심지어 여당인사들이 초기에 '창조경제는 어렵다'는 식의 보도와 발언이 이어지면서 국민들이 쉽게 마음을 열고 창조경제를 보게 하는 데 어려움이 많았다.

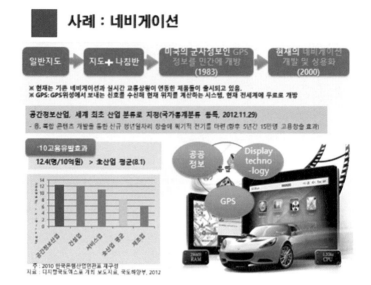

그러나 창조경제는 대통령의 강한 의지와 집념으로 추진력을 갖고 미래창조과학부가 중심이 되어 퍼져 나갔다. 이러한 추진력의 결실은 창조경제혁신센터를 전국 17개 지역에 설치하는 것으로 맺어졌다. 나는 경제수석으로 부임한 2014년 6월, 대통령으로부터 창조경제혁신센터 설립을 서둘러 추진하라는 지시를 받았다.

창조경제혁신센터는 해당 지역의 특화된 산업 분야를 선정한 뒤, 이를 담당할 대기업을 중심으로 지역의 대학, 연구소, 그리고 지자체가 협업하여 지역 내 중소기업과 벤처의 창업과 기술 발전을 지원하도록 하는 핵심 기구였다. 나는 전경련과 협의하여 17개 지역의 특화산업별 전담 대기업 선정 작업을 시작했다. 그 결과, 2014년 9월 2일 국무회의에서 대통령은 전국 17개 창조경제혁신센터 전담 대기업 명단을 발표했다.

대전은 정보통신 산업을 특화 산업으로 선정하여 제일 먼저 SK가 전담하기로 정해졌다. 여기에 추가로 세종시를 SK가 맡아서 스마트 팜Smart Farm 분야를 육성하는 것으로 결정했다. SK 창업자인 고 최종현 회장은 생전 농업의 선진화에 유달리 관심을 가졌고, 이 관심을 기반 삼아 과학 기술과 IT 기술을 동원하여 세종시를 중심으로 농업을 스마트화하는 새로운 도전을 하고자 했던 것이다.

대구는 삼성이 담당하는 것으로 정해졌다. 삼성 창업주인 고 이병철 회장의 출발지가 대구였다는 점에서 각종 첨단 전자통신 분야 산업을 육성하고 창업을 촉진하는 역할을 삼성이 맡았다. 그러자 구미를 중심으로 하는 경북 지역도 삼성의 기반이 컸던 곳이라 삼성이 추가로 맡아서 스마트팩토리Smart Factory 부분을 육성하기를 원했다. 스마트팩토리는 중소기업의 생산 설비에 최첨단 기술을 동원하여 효율화해서 생산 비용을 획기적으로 낮추고 생산성을 높이는 것으로 큰 기대를 모았다. 그래서 삼성도 SK와 같이 두 지역을 맡게 되었다. 그러자 포항시는 자신의 지역을 포스코가 맡게 해 달라고 요청했다. 포스코 역시 그러한 포항시의 요청에 동참하여 적극적으로 지역 내 첨단 철강 산업 분야 육성과 기술 개발에 최선을 다하겠다고 했다. 이처럼 창조경제혁신센터를 담당하려는 대기업과 또 유치하려는 지자체들은 경쟁적으로 창조경제 성공에 총력을 기울였다.

부산은 초기에 스마트시티Smart City를 추진하고자 SK를 담당 기업으로 유치하려고 대전과 경쟁을 벌였다. 결국 롯데가 첨단 유통산업 육성을 목표로 부산을 맡게 되었다. 이 과정에는 부산 연고 롯데 야구팀의 존재가 한몫하기도 했다.

제주도는 다음Daum이 맡아서 IT 분야를 육성하고, 이를 관광에 연결짓도록 했다. 그러다 아모레퍼시픽이 제주 지역에 대규모 타운을 조성하는 계획하에 자신들도 제주창조경제혁신센터에 동참하겠다고 하여 제주는 한 지역에 두 기업이 담당으로 선정되었다.

전남은 GS가 석유화학과 드론 사업 등을 맡고, 전북은 효성이 탄소섬유, 광주는 현대자동차가 자동차 산업, 충남은 LG가 바이오 산업, 충북은 한화가 태양광 산업, 강원은 네이버가 클라우드 기반 사업, 경남은 두산이 소재 산업, 인천은 대한항공이 물류 산업, 울산은 현대중공업이 조선 산업 등을 육성하는 것으로 지역별 담당이 정해졌다. 그리고 서울은 CJ가 창조문화를 담당하게 되었다.

이처럼 17군데 창조경제혁신센터의 담당 대기업과 육성 산업이 정해지고 난 뒤, 센터 출범식(개소식)을 통해 본격적으로 창조경제의 출발이 이루어졌다. 박근혜 대통령은 첫 출범식이 있었던 대구에 직접 참석하여 앞으로의 청사진을 전 국민에게 그중에서도 해당 지역 중소기업체, 벤처창업자, 그리고 청년층 등에게 보여 주고자 했다. 그 첫 출범식은 국민들로부터 큰 관심과 호응을 얻어 냈다. 그래서 그다음 출범식도 대통령의 참석 요청이 있었고, 결국 17군데 출범식에 모두 참석하게 되었다.

그럴 때마다 대통령은 내게 지금까지 같이 성공적인 출범식이 계속 이어지도록 준비할 것을 주문했고, 나는 늘 자신 있다고 말씀드렸다. 그만큼 17군데 출범식 준비에 경제수석실과 미래창조수석실의 헌신적 노력이 빛났다. 여느 정부처럼 기획·홍보 전문가를 동원한 이벤트성 준비가 아닌 내실 있고 열성적인 노력의 결과였다.

**<17개 창조경제혁신센터 출범식 일자>**

|  | 지역 | 매칭기업 | 출범식 일자 |
|---|---|---|---|
| 1 | 대구창조경제혁신센터 | 삼성 | 2014년 9월 15일 |
| 2 | 대전창조경제혁신센터 | SK | 2014년 10월 10일 |
| 3 | 전북창조경제혁신센터 | 효성 | 2014년 11월 24일 |
| 4 | 경북창조경제혁신센터 | 삼성·포스코 | 2014년 12월 17일 |
| 5 | 광주창조경제혁신센터 | 현대자동차 | 2015년 1월 27일 |
| 6 | 충북창조경제혁신센터 | LG | 2015년 2월 4일 |
| 7 | 부산창조경제혁신센터 | 롯데 | 2015년 3월 16일 |
| 8 | 경기창조경제혁신센터 | KT | 2015년 3월 30일 |
| 9 | 경남창조경제혁신센터 | 두산 | 2015년 4월 9일 |
| 10 | 강원창조경제혁신센터 | 네이버 | 2015년 5월 11일 |
| 11 | 충남창조경제혁신센터 | 한화 | 2015년 5월 22일 |
| 12 | 전남창조경제혁신센터 | GS | 2015년 6월 2일 |
| 13 | 제주창조경제혁신센터 | 다음·카카오·아모레퍼시픽 | 2015년 6월 26일 |
| 14 | 세종창조경제혁신센터 | SK | 2015년 6월 30일 |
| 15 | 울산창조경제혁신센터 | 현대중공업 | 2015년 7월 15일 |
| 16 | 서울창조경제혁신센터 | CJ | 2015년 7월 17일 |
| 17 | 인천창조경제혁신센터 | 한진 | 2015년 7월 22일 |

| | 지역 | 기업 | 개소식 |
|---|---|---|---|
| 1. | 대구 | 삼성 | 9/15 |
| 2. | 대전 | SK | 10/10 |
| 3. | 전북 | 효성 | 11/24 |
| 4. | 경북 | 삼성 | 12/17 |
| 5. | 광주 | 현대차 | 1/27 |
| 6. | 충북 | LG | 2/4 |
| 7. | 부산 | Lotte | 3/16 |
| 8. | 경기 | SK | 3/30 |
| 9. | 경남 | 두산 | 4/9 |
| 10. | 강원 | Naver | 5/11 |
| 11. | 충남 | 한화 | 5/22 |
| 12. | 전남 | GS | 6/2 |
| 13. | 인천 | 대한항공 | 7/22 |

창조경제혁신센터가 지역별로 담당 대기업과 주요사업 분야가 결정되고부터는 구체적인 지원 대상과 지원 방법에 대한 보완이 이루어졌다. 창업에 필요한 각종 정보와 행정 지원을 제공하기 위해 센터 내 중소기업청, 금융위, 법무부의 지원 인력이 배치되어 상담과 자문 역할을 하게 하였다. 모든 애로 사항이나 지원 사항을 센터만 방문하면 해결할 수 있는 원스톱 서비스가 제공되도록 했다.

담당 대기업은 우수한 중소기업이나 벤처 창업을 대상으로 자금 지원에서부터 기술 지원에 이르기까지 협업 체제를 구축했다. 나중에는 성공한 창업 아이템에 대해 인수 합병을 하기도 하고, 주식 시장 상장IPO에 함께 노력을 기울이기도 했다. 그래서 해당 지역에 청년 창업의 붐이 일기도 했다.

창조경제혁신센터 출범 1년이 지나고부터는 센터별로 눈에 띄는 실적이 나타났다. 대통령은 출범식 때와 마찬가지로 1주년을 맞은 각 센터에 직접 방문하여 성과를 확인하고, 이를 국민에게 알리고자 노력했다. 성공한 창조경제 사업 사례들은 '창조경제 박람회'와 '2016 창조경제혁신센터 페스티벌' 등을 통해 홍보하고, 새로운 투자를 유치하는 노력도 기울였다.

창조경제혁신센터 설립과 함께 이루어 낸 성과는 창업 수와 일자리 수, 그리고 투자 유치 금액을 통한 통계치로도 확인할 수 있었다. 2016년 8월까지 전국 혁신센터를 통해 설립된 창업 기업 수는 1,175개, 신설 법인 수는 9만 개 이상, 투자 유치는 2,850억 원, 매출 증대 효과는 1,606억 원, 수출규모 확대는 159%로 추산되었다.*

성과 중에서 주목할 만한 것은 대통령의 해외 순방 시 함께 나가서 대상국 기업과 1:1 상담을 통해 수출 계약을 한 기업들의 창조경제 성공 사례가 많았다는 것이다. 창조경제의 대표적 성공 사례는 삼성의 창조경제혁신센터 모형을 브라질에 수출한 것과 SK의 창조경제혁신센터 모형을 사우디와 말레이시아에 수출한 것이라고 볼 수 있다.**

창조경제에서 빼놓을 수 없는 것은 창조경제를 문화와 융합하는 것이다. 취임사에서 경제 부흥과 문화 융성을 강조했던 박근혜 대통령은 창조경제에 우리가 가진 문화유산과 역량을 접목하자고 늘 강조했다. 이에 따라 서울 지역 창조경제혁신센터는 CJ가 맡게 되었다.

CJ가 서울 지역을 맡게 된 것은 그 이전에 이미 진행된 문화창조 융합벨트로서 'K-컬처밸리 Culture Valley'를 일산 지역에 조성한다는 계획 때문이었다. 한류라고 하는 우리가 갖고 있는 문화적 핵심 역량을 최대한 발휘하기 위해서는 문화 콘텐츠를 발굴하고, 인재를 육성하고, 나아가 공연을 상시화하는 것이 필요했다. 그래서 일산 지역에 이러한 한류 문화 콘텐츠를 보여 줄 수 있는 대규모 단지를 만들기로 했는데, 이를 CJ가 맡게 되었다. 정확하게는 서울이 아니라, 경기도여서 경기도가 적

* 미래창조과학부, 2016 창조경제혁신센터 페스티벌 관련 보도자료, 2016.8.26. 참조
** 관련 기사 - 한국경제 2015.3.4. A08면, 서울경제 2015.4.25. A06면 참조

극적으로 지원하고자 나섰다.

사실 이러한 단지는 서울대공원 인근에 조성하는 것으로 서울시에 타진했었다. 그러나 당시 서울시장이 환경 훼손을 내세워 반대했다. 그래서 일산으로 단지 조성이 확정되었고, 그 일대 개발로 지역 주민의 환영도 받게 되었다. 한류 공연을 할 수 있는 여러 대규모 공연장과 숙박 시설 등을 갖춤으로써 서울 지역에 한류 문화의 명소를 만들게 된 것이다.

정권이 바뀐 뒤 CJ의 단지 조성에 한때 중단 위기가 찾아오기도 했으나 우여곡절 끝에 다시 진행되었고 조만간 우리 앞에 K-컬처밸리가 등장할 것으로 기대된다. 나는 K-컬처밸리라는 명칭을 만든 사람으로서 더 큰 기대를 갖고 있다.

창조경제혁신센터를 통한 창조경제의 전국적 확산과 창업 붐 조성은 박근혜 정부 경제 정책의 핵심이라고 할 수 있었다. 이를 통해 지역별 특화 업종에 대한 창업을 담당 대기업과 지역 대학, 연구소, 그리고 지방정부가 중앙정부의 지원하에 촉진할 수 있었다. 그래서 그 실적이 점차 나타났던 것이었다. 탄핵 이후 박근혜 정부 정책은 대부분 폐기하거나 중단했지만, 지역 내 창조경제혁신센터는 그대로 유지했다는 것만 봐도 창조경제가 성공했다는 것을 알 수 있다.

박근혜 대통령은 국가 차원에서 창조경제를 지원하는 데 있어서 지역별 혁신센터 설립 이외에도 특정 첨단 기술 분야에 대한 정부, 학계, 연구계, 산업계의 집단지성과 개발을 시도했다. 수첩에 남아있는 이에 대한 근거는 두 가지다. 하나는 수첩 32권에 있는 2015년 7월 28일 지시 내용이다. 당시 하계휴가를 시작한 날이기도 해서 박근혜 대통령은 관저에서 쉬면서 시간을 갖고 창조경제와 과학 기술을 중심으로 하는 경제 운영 방안에 대한 여러 생각을 내게 전화로 전달했다. 무려 17가지 항목에 달하는 것이었다. 평소 박근혜 대통령은 내게 전화할 때, 미리 메모해둔 것을 하나하나 말하면서 나의 의견을 묻곤 했다.

그중 '2. 바이오, 8. 전기차 배터리 기술, 9. 전기차, 11. 중국 관광객, 12. 익산 이슬람 푸드, 13. 혁신센터, 17. R&D 예산'을 설명하고자 한다.

'2. 바이오'는 웨어러블Wearable 기기, 로봇, 화장품 등 바이오 기술을 통해 발전 가능한 분야가 많다는 것을 강조했는데, 관련 전문가 이름까지 거명하면서 이를 잘 챙기라고 했다. '8. 전기차 배터리 기술'은 보조금 지원을 통해 충전 인프라 구축을 서두를 것을, 그리고 '9. 전기차'는 전기차 운행 유인책 마련을 위해 제주도 모델을 확산하라는 것과 공용차의 전기차 확대 등도 지시했다.

'11. 중국 관광객'의 경우, 관광객 유치를 위해 여러 제안을 하면서 CJ가 추진하는 문화창조융합벨트(K-컬처밸리)의 차질없는 조성을 강조했다. '12. 익산 이슬람 푸드'는 익산 식품클러스터 조성에 이슬람의 할랄식품 허용 타운을 조성하되, 기독교 단체 반대에 잘 대처하라는 지시가 있었다. '13. 혁신센터'의 경우, 기초자치단체장이 적극적으로 지원 방안을 모색하는 것이 필요하다는 것을 부산의 깡통시장 사례를 예로 들며 강조했다.

마지막으로 '17. R&D 예산'은 성과를 내는 대학에 대해서 충분히 차별화해서 지원을 확대하라고 지시했다. 그러면서 새마을운동의 경우도 성과 있는 곳에 지원을 몰아서 했다는 사례를 들었다.

대통령의 창조경제에 대한 구체적인 지시가 담긴 두 번째 수첩 메모는 수첩 48권(2016.3.7.~3.18.)에 있는 3월 17일 자 AI 사회 간담회에서의 지시 사항이다. AI 관련 정부 및 전문가들과 함께한 간담회에서 AI 사회를 만들기 위한 대통령의 제안을 선보였다. 의료 분야에서의 AI를 강조하면서 데이터 활용과 공공정보 공개를 지시했다. 평창올림픽을 우리의 AI를 세계에 선보이는 기회로 삼자는 제안도 했다.

7-28-15 VIP

1. 국내 시각추구 효과

CG 영화기술

- 규제 多

→ 중국이 전경 가능

인도

한국, 세계지원

┌ 업계
└ 부처

• 선승현 더지털 Idea 본부장

┌ 정보통신산업진흥원
└ 영진위원회

- 현장업계, 부처

* - ex) 모바일 헬스케어

중국) 남이섬

거울연가

- 매우 가속 중국 충칭

ex) 왕서방

· 프로그램 런닝맨

2. 바이오

┌ wearable
│ 로봇
└ 화장품  ┤ 바이오로 발전

- 확장 가능성 무한

- 연내 시물레이션 의료

┌ 의료장비
│ 웨어
│ 재활 로봇
└ 화장품

◦ 허준교 KIST 책임연구원

로봇이용 질병 치료

중소 Start up 가능

◦ Y-Brain 상용화

___ 되어

치매병 치료

◦ 화장품-주름살 제거

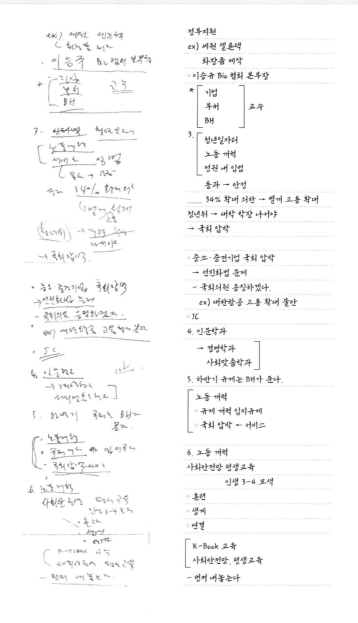

정부지원

ex) 세원 셀훈련

　　화장품 제작

이승규 Bio 협회 본부장

\* 기업
　 부처　　　교수
　 BH

3. 청년일자리
　 노동 개혁
　 정권 내 입법

　　통과 → 안정

　　34% 확대 의한 → 별개 고용 확대

청년위 → 대학 학장 나서야

→ 국회 압박


중소·중견기업 국회 압박

→ 선진화법 문제

- 국회의원 응징하겠다.

　ex) 대한항공 고용 확대 불안

JC

4. 인문학과

→ 경영학과
　 사회맞춤학과

5. 하반기 규제는 BH가 푼다.

노동 개혁
　규제 개혁 입지규제
　국회 압박 ← 서비스


6. 노동 개혁
사회안전망 평생교육
　　　인생 3-4 모색

훈련

생계

연결

K-Book 교육
사회안전망, 평생교육

- 먼저 내놓는다

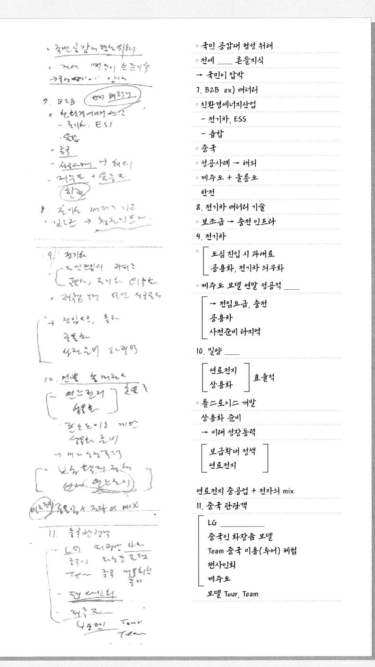

○ 국민 공감대 형성 위해
○ 전에 _____ 흔들지식
→ 국민이 압박
7. B2B ex) 버터러
○ 친환경에너지산업
　– 전기차, ESS
　– 융합
○ 중국
○ 성공사례 → 해외
○ 제주도 + 울릉도
　한전
8. 전기차 버터리 기술
○ 보조금 → 충전 인프라
9. 전기차
○ ┌ 도심 진입 시 과세료
　└ 공용화, 전기차 의무화
○ 제주도 모델 연말 성공적 _____

┌ → 전입요금, 충전
│ 공용차
└ 사전준비 타지역

10. 밀양 _____

┌ 연료전지 ┐ 효율적
└ 상용화 ┘

○ 롤스로이스 개발
　상용화 준비
　→ 미래 성장동력

┌ 보급확대 정책
└ 연료전지

연료전지 중공업 + 전자의 mix
11. 중국 관광객

┌ LG _____
│ 중국인 화장품 모델
│ Team 중국 미용(투어) 체험
│ 팬사인회
│ 제주도
└ 모델 Tour, Team

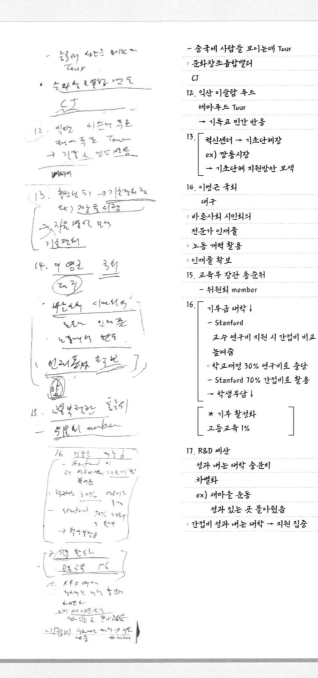

- 중국에 사람을 모이는데 Tour
◦ 문화창조융합벨터
  CJ
12. 익산 이슬람 푸드
    테마푸드 Tour
    → 기독교 민간 반응

13. 혁신센터 → 기초단체장
    ex) 광통시장
    → 기초단체 지원방안 모색

14. 이명근 국회
    대구
◦ 바른사회 시민회의
  전문가 인재풀
◦ 노동 개혁 활용
◦ 인재풀 확보

15. 교육부 장관 통준위
    - 위원회 member

16. 기부금 대학 ↓
    ┌ - Stanford
    │   교수 연구비 지원 시 간접비 비교
    │   높여줌
    │ ◦ 학교재정 30% 연구비로 충당
    │ - Stanford 70% 간접비로 활용
    └ → 학생부담 ↓

    ┌ * 기부 활성화
    └ 고등교육 1%

17. R&D 예산
    성과 내는 대학 충분히
    차별화
    ex) 새마을 운동
        성과 있는 곳 몰아줬음
◦ 간접비 성과 내는 대학 → 지원 집중

〈모두말씀 〉

3-17-16 AI사회 간담회

〈모두말씀〉

◦ 국가 R&D System 근본적 개혁
- 2014 GDP 4.3%
- 생산성 1/3
◦ R&D control tower 비효율
국가심 : 조정역할
국가위 : 특정 주제 ____
기초·산업기술 특성고려 × 획일 ____
① 대학 · ____
학계표준화 기초연구
② 출연연구소 응암연구
③ 기업·선제품 개발
◦ 획일적 ____는 개선
◦ 생산성 동기
- ____ 과기 전략 회의 신설
◦ 민간·관계부처  - Top-Down 방식
                - R&D 근본적 혁신
◦ ____ bottom up
◦ ____

〈VIP〉

◦ 의료에 집중
① 재활 의료에 집중
② game 산업
③ 자동활성화
- 지능정보사회
- AI 규제 list up
- 규제 ┐
  지원 ┘
◦ DATA 활용 - 공공정보 공개
① 공공정보 Data 수요 파악
② 민간 Data 활용 고려
◦ 세계에 AI 보일 수 있는 기회
- 평창동계올림픽
- KT 5G
IoT 활용 획기적 서비스
+ 문화 · 2018년 목표

# 규제 개혁

규제 개혁은 역대 모든 정권이 출범하자마자 강력히 추진하는 대표적인 개혁 과제이다. 그러나 예외 없이 정권 출범 2년이 지나가면 추진력과 국민적 관심이 약화되어 원점으로 돌아갔다. 왜 그럴까?

규제를 통해 생존하거나 힘을 갖는 세력에게 있어 규제 개혁은 반드시 저지해야 하는 대상이다. 그 세력은 바로 공무원이다. 이러한 공무원에게 규제 개혁을 하라고 하는 것은 애당초 안 될 일을 하는 것과 다름없다. 규제를 없애면 공무원 수십 명이 속한 과나 국이 없어질 수도 있으므로 이런 규제 개혁을 하는 데 동참할 공무원이 있기는 힘들다.

규제 개혁을 막으려는 또 다른 세력은 국회에도 존재한다. 국회의원들은 입법을 통해 규제를 새롭게 만들어 내는 시도를 하는 집단이다. 여기에 해당 규제에 의존하는 이익 단체나 시민단체들도 규제를 없애는 데 저항하는 세력이 되기도 한다. 그러면 어떻게 해야 하나?

규제 개혁의 목적을 분명하게 국민에게 보여 주고 설득해서 국민이 동참하도록 해야 한다. 규제의 대상이 되는 것은 국민이기 때문이다. 규제로 인해 중소기업의 활동에 심각한 지장을 초래하거나 국민 생활에 큰 불편을 초래하는 사례들을 모아서 국민에게 알려야 한다. 그리고 그러한 규제 개혁을 방해하는 세력이 누구이고, 어떻게 방해하고 있는지도 알려야 한다.

나는 국회 내에 '손가위(손톱밑가시뽑기위원회)'를 만들어 손톱 밑 가시에 해당하는 규제의 사례를 모으고, 이들 규제를 틀어쥐고 있는 관련 부처들의 담당자들을 모아 그 자리에서 해당 규제를 푸는 방법을 확정 짓는 일을 했다.

손가위 활동을 통해 수많은 사례가 발굴되었고 그에 대한 해결책도 만들어졌다. 한 가지 예를 소개하면, '이쑤시개 규제'를 들 수 있다. 위생 목적을 이유로 식품위생법 등을 통해 이쑤시개를 낱개로 포장하는 것이 의무화되면서 이쑤시개를 생산하는 중소업체들이 막대한 원가 상승 압박으로 줄도산하는 사태가 벌어졌다. 이에 관련 부처 공무원들과 협의하여 해결책을 만들고 법 개정을 추진했다.

이러한 손가위 활동을 국회에 남겨두고, 나는 경제수석으로 근무하기 시작했다. 청와대 내에서 규제 개혁은 당시 국무총리실 담당 수석인 국정기획수석이 담당하고 있었다. 박근혜 대통령은 이 업무를 내가 주도해서 규제 개혁을 신속하고 강력히 추진하도록 지시했다.

나는 우선 당시 준비 중이던 규제 포털을 만드는 데 심혈을 기울였다. 그래서 규제와 관련된 모든 상황을 볼 수 있고, 규제 철폐 민원과 그 민원의 해결 과정을 실시간 볼 수 있는 포털을 며칠 만에 완성했다. 그 후 국무회의에서 국무조정실장이 이 새로운 규제 포털을 이용하는 시범을 보이도록 했다. 이러한 규제 포털은 점차 더 발전하여 규제 관련 DB 역할을 하게 되었고, 대한상공회의소가 개발한 지방 규제 포털과도 연계하게 되었다.

**<규제정보포털 사이트>**

https://www.better.go.kr/zz.main.PortalMain.laf

규제 포털을 완성해서 2014년 7월 22일 국무회의 때 시연할 수 있도록 준비하라는 박근혜 대통령의 지시는 수첩 4권(2014.7.14.~7.24.)의 7월 19일 자에 나타난다. 규제 포털의 구체적인 구조까지도 상세히 제안할 정도로 대통령의 의지와 지식이 상당한 수준이었다. 수첩에 나타나듯이, 11개 항목을 메뉴로 하는 규제 포털을 구축할 것을 지시했다. '1) 규제 내용, 2) 분류, 3) 건의자, 4) 건의 시점-접수 시점, 5) 접수 부처-담당자,

6) 처리 상황, 7) 처리 결과, 8) 조처, 수용 불가 근거, 9) 평가, 10) 건의 소감, 11) 관련 규제'의 11개 항목을 제시하면서 규제 포털을 통해 규제에 대한 건의 상황과 결과들을 한눈에 볼 수 있게 했다. 나아가 처리의 신속성과 책임성을 부각하였다.

수첩 5권(2014.7.24.~8.3.)의 7월 28일 자 메모를 보면, 정부가 아닌 국회에서 의원 입법으로 만들어진 규제도 규제 포털에 게시하여 이를 주도한 의원에 대한 책임성을 부여하고자 했다.

수첩 6권(2014.8.3.~8.14.)의 8월 4일 자 메모를 보면, 규제 포털에 대한 박근혜 대통령의 관심과 열정이 엄청나다는 것을 알 수 있다. 규제 개혁 포털을 통해 투명한 공개, 국민 참여, 책임 부여를 강화함으로써 국민의 관심을 일으키고, 이를 통해 일자리 창출을 유도하자고 제안했다. 특히 ① 바이오, 소프트웨어, ② 조달 비리, ③ 국회의 규제 처리 지체, 신규 규제 상황, ④ 지자체 규제 등을 재미있게 쉽게, 중학교 수준으로 설명하는 규제 포털을 만들어 가도록 강조하기도 했다.

이러한 대통령의 열정으로 결국 2014년 8월 8일 완성된 규제 포털을 공개했다. 이 자리에서 박근혜 대통령은 수첩 6권(2014.8.3.~8.14.)에서 보이듯이, 국민적 공감대 동력으로 규제 개혁을 끈질기게 추진하자고 강조했다. 국민이 참여하고, 국민이 필요성을 느끼고, 국민이 점검하는 규제 포털이 되도록 하자는 것이었다. 또한, 대한상공회의소와 서울대 행정대학원이 개발한 지방 규제 정보망도 활용할 것을 주문했다. 그래서 여러 의견을 수렴하여 규제 포털은 더욱 사용하기 쉽게, 더 많고 신속한 정보를 담도록 개선하게 되었다.

## 수첩 4권 (2014.7.14.~7.24.)

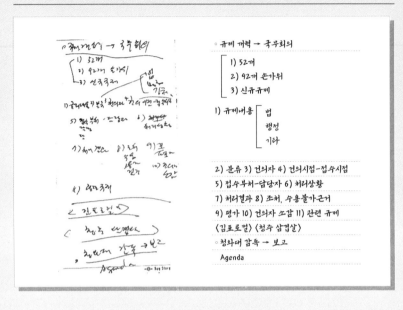

○ 규제 개혁 → 국무회의

　1) 52개
　2) 92개 논가위
　3) 신규규제

1) 규제내용 ┌ 법
　　　　　　├ 행정
　　　　　　└ 기타

2) 분류 3) 건의자 4) 건의시점-접수시점
5) 접수부처-담당자 6) 처리상황
7) 처리결과 8) 조처, 수용불가근거
9) 평가 10) 건의자 소감 11) 관련 규제
〈김포로컬〉 〈청우 삼겹살〉
○ 청와대 감독 → 보고
　Agenda

## 수첩 5권 (2014.7.24.~8.3.)

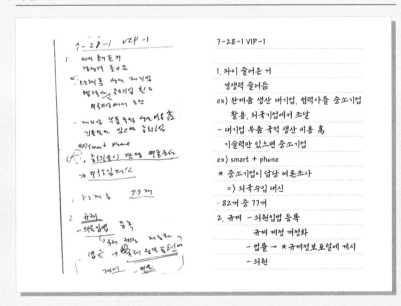

7-28-1 VIP-1

1. 파이 줄어든 거
　　경쟁력 줄어듬
ex) 완제품 생산 대기업, 협력사를 중소기업
　　활용, 외국기업에서 조달
- 대기업 부품 국적 생산 비용 高
　기술력만 있으면 중소기업
ex) smart + phone
* 중소기업이 담당 여론조사
　=) 외국수입 대신
○ 82개 중 77개
2. 규제 - 의원입법 등록
　　　규제 제정 개정화
　　　- 법률 → * 규제정보포털에 게시
　　　- 의원

8-4-14 VIP-1

1) 규제 개혁 Potal
- 투명한 공개, 국민참여
  책임부여 → 국민의 관심을 동력으로
  국내 일자리 창출
- ①바이오, SW
  ②조달비리
  ③국회 ㉮지체 ㉯신규규제
  ④지자체
=) 재미있게 + 쉽게 중학교 수준

2) 에너지 회의
- 이승훈 교수 → 녹색성장위
- 에너지 요금 현실화 필요 전달
- 신산업

  보조의료
  에너지·환경
  농업

3) 양파가격
- 인하 후 인상 → 농민피해
- → 유통구조개선
  but 실어 파악 철저
※ kg 600원 예전 30% ↓
세월호 → 회복 중

---

8-8-14 규제정보포털

〈VIP〉

◦ 국민적 공감대 동력으로
  규제 개혁 끈질기게 추진

  국민 참여
  국민이 필요성 느끼고
  국민이 접근

  3.20. 규제개혁장관회의
  7.22. 국무회의

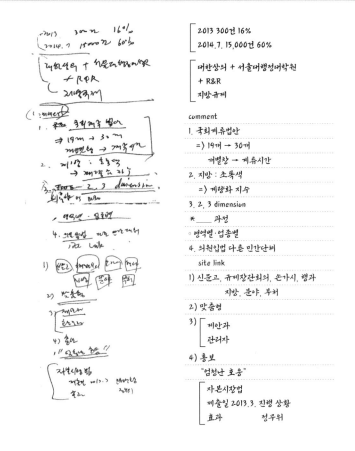

2013 300건 16%
2014.7. 15,000건 60%

대한상의 + 서울대행정대학원
+ R&R
지방규제

comment

1. 국회계류법안

=) 19개 → 30개

개별창 → 계류시간

2. 지방 : 초록색

=) 계량화 지수

3. 2, 3 dimension

＊ 과정

◦ 영역별·업종별

4. 의원입법 다른 민간단체

site link

1) 신문고, 규제장관회의, 손가시, 행과

지방, 분야, 부처

2) 맞춤형

3) 제안과
   관려자

4) 홍보

"엄청난 호응"

자본시장법
제출일 2013.3. 진행 상황
효과        정무위

박근혜 대통령은 규제에 대한 국민적 관심을 불러일으키고, 또 규제 개혁을 끝까지 추진한다는 것에 강한 의지를 보였다. 규제 포털에 대한 언급을 지속적으로 하고, 또 규제 개혁 회의를 끝장토론 형식으로 주재하는 모습을 보임으로써 이번 정권에서는 규제 개혁이 대충 끝나지 않고 끝까지 가겠구나 하는 기대를 국민에게 심어 주었다. 2014년 3월 20일 1차 규제 개혁 장관회의에서 7시간 동안 끝장토론을 주도했던 박근혜 대통령은 그 해 9월 3일 2차 회의에서도 자신의 강한 의지를 보여 주었다. 이처럼 규제 개혁에 대한 강한 의지는 당시 회의에서의 여러 주문에서도 잘 나타났다.

수첩 5권(2014.7.24.~8.3.)의 8월 1일 자 메모를 보면, 박근혜 대통령의 규제 개혁에 대한 강한 의지를 다시 한번 엿볼 수 있다. 당시 여름 휴가 기간 중인데도 불구하고, 전화로 내게 여러 가지를 지시하고 의논했다. 특히 규제 개혁과 관련해서는 네 가지를 주문했다. 1) 규제를 50% 이상 감축할 목표를 세우라고 했고, 2) 지방 규제는 상공회의소와 전경련의 지방 규제 지도를 활용할 것을 거듭 지시하면서 진입 규제와 같은 규제의 개혁을 특히 강조했다. 그러면서 지자체별로, 나아가 시도별로 규제 차이를 국민이 알 수 있도록 하라고 지시했다. 실제 그 후 시도별 규제 상황을 비교한 결과를 발표하기도 했다.*

'3) 덩어리 규제'를 없애는 것도 강조했다. 공장을 지을 때 6개 규제

* 관련 기사 - 서울경제 2014.9.4. A03면 참조

가 있을 정도라고 예를 들었다. 이를 1~2개 제외하고 몽땅 없애라고 했다. '4) 수도권 규제'는 지방 지원과 함께 완화한다는 식으로 국민 설득이 필요하다고도 했다.

8-1-14 VIP

보고 1) 경제 정책 월례 브리핑
　　　2) VIP-장관 머국민 소통기획
　　　3) 금감원장
　　　4) 똥박사
　　　5) 지시한 것 LIST

I. 선제적으로 머처 필요
　- 공력받을 예상 미러 고려
　ex) 재난전산망, 700MHz
　　　Hybrid

2. 규제 개혁
　1) 10% 감축 아년 50% 이상 감축
　2) 지방규제 15,000개 확인
　　　　　5,000개

```
상공회의소
전경련        ┐ 지방규제지도
```

　- 진입규제 등 같은 규제
　→ 지자체별 차이 분석
　→ 시도별로까지
　3) 덩어러 규제
　　공장 지을 때 6개 규제
　　1~2개 아년 뭉땅
　4) 수도권 규제
　　국민이 설득 지방지원?

나는 교수 시절에 규제 관련 지수를 만들자고 제안한 적이 있었다. 당시 대한상공회의소에 '기업 부담 지수 BBI Business Burden Index'를 매년 측정해서 발표하는 방안을 제안했다. 그 당시 대한상공회의소는 1년에 한 번 국회를 대상으로 세제 개편 제안 등 기업을 위한 제안서를 만들어 제출했었다. 이러한 제안은 매년 비슷한 기업의 애로 사항 해소 제안을 포함할 뿐 영향력을 갖지 못했었다.

그래서 나는 기업들이 갖는 부담을 조세, 사회보험료, 준조세, 규제 등으로 구분하여 매년 설문조사를 통해 이를 지수화한 뒤 업종별, 규모별, 지역별 각종 부담의 크기를 지수로 비교·분석할 수 있도록 했다. 이를 통해 기업들이 갖는 부담 중에서 규제에 대한 부담이 상대적으로 크다는 걸 보여 주고, 국회나 정부가 기업 관련 애로 사항에는 구체적으로 무엇이 있으며, 특히 규제 부담이 어떠한지 알 수 있도록 했다. 아쉽게도 상공회의소는 이러한 기업 부담 지수를 몇 년간 발표하다 중단했다.

기업들은 규제에 따라 울고 웃는다 해도 과언이 아니다. 이런 규제를 바로 잡는 데 박근혜 대통령은 총력을 기울였다. 규제 개혁이나 규제 철폐, 혁파 등의 용어에 이어 규제 기요틴(Guillotine, 단두대)이라는 용어를 사용하면서까지 규제와의 전쟁을 치렀었다.

수첩 12권(2014.11.2.~11.13.)의 11월 8일 자 메모를 보면, 박근혜 대통령이 투자를 위해서는 규제를 푸는 길밖에 없다는 대원칙을 강조했다는 걸 알 수 있다. 규제가 왜 있어야 하는가를 설득할 수 없으면 무조건 없애야 한다며 규제 단두대라는 표현을 사용했다. 상공회의소, 경총, 전경련, 중소기업중앙회 등의 규제 영향을 받는 당사자들로부터 규제 개혁 성과를 청취하라는 주문을 하기도 했다.

이를 통해 규제 개혁 대상 우선순위 리스트를 만들어 혁명하듯이 규제 개혁을 하라고 지시했다. 규제 단두대에서 혁명에 이르기까지, 대통령의 규제 개혁에 대한 의지가 강한 표현으로 나타났다.

이처럼 규제 개혁은 내가 2014년 6월 경제수석으로 부임한 이후, 대통령의 강한 추진력이 발휘되면서 규제 포털 운영과 규제 회의 주최 등을 통해 강력하면서도 일관성 있는, 그리고 지속적인 노력이 이루어졌다.

문제는 이러한 의지와 새로운 방안의 추진에도 규제 개혁의 성과가 빨리 나타나지 않고 눈에 보이지 않는다는 데 있다. 그래서 국민과 기업이 규제 포털에 관심을 두고 꾸준히 활용하며 성과를 서로 알리는 과정이 중요하다. 특히 언론의 역할이 무엇보다 중요하다고 할 수 있다.

11-8-14 VIP

30개 중점법안

[
세모녀 법안
전세난 해결 어떤 도움
    국민여론
]

[
판명
매명
]

[
◦ 클라우드 펀딩
◦ 쉽게
◦ 공무원 연금
]

2. 국정홍보처
3. 대전 광주
   =) 경북 총

4. 카타르

[
- 투자할 때 말해 달라
- 바이오
]

◦ 외교 =) 동북아 → _____

5. 투자 위해
1) 규제 푸는 길밖에 없음
2) 투자 유치
◦ 규제 단두대

[
왜 규제 있어야 하나
_____ ×
]

◦ 전경련, 상어
 Golden time
ex) food truck

[
상공회의, 경총, 전경련
중소기업중앙회
]

* 성과?

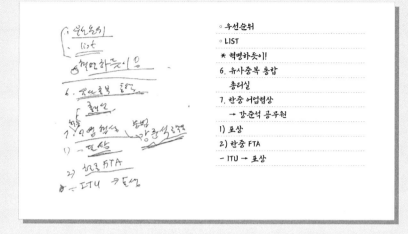

- 우선순위
- LIST
* 혁명하듯이!
6. 유사중복 통합
   총리실
7. 한중 어업협상
   → 강준석 공무원
1) 포상
2) 한중 FTA
- ITU → 포상

규제 개혁의 돌파구는 사실상 수도권 규제 개혁에 있다고 해도 과언이 아니다. 그러나 어느 정치인도 수도권 규제 완화라는 말을 꺼내는 것을 감히 시도조차 하지 못했다. '지방 죽이기'라는 반발이 즉각 나오기 때문이다.

수도권 규제를 한다고 해서 지방이 더 경쟁력을 가진다는 증거는 없다. 또한, 수도권 규제를 푼다고 해서 지방이 손해를 본다는 주장도 근거가 약하다. 수도권 규제를 한다고 우리 기업들과 해외 기업들이 지방으로 가지도 않을뿐더러, 수도권 규제를 완화한다고 지방 갈 기업이 수도권으로 가지도 않기 때문이다.

수십 년간 시도조차 하지 못하던 수도권 규제 완화를 위해 나는 순차적 규제 개혁 방안을 고안한 뒤 대통령께 제안했다. 바로 '규제프리존 특별법'이다. 이 법의 필요성은 2015년 10월 7일 국민경제자문회의에서 처음 제기되었다.**

수첩 42권(2015.12.3.~12.16.)의 12월 24일 자 메모에 규제프리존이라는 작명을 계속 유지할 것을 메모한 것이었다. 그 뒤 수첩 54권(2016.5.29.~6.11.)의 6월 8일 자에는 규제프리존이라는 명칭이 이미 확정된 상황에서 지자체 요구를 수용할 것을 주문했다는 사실을 알 수 있다.

** 관련 기사 - 매일경제 2015.10.8. A12면 참조

## 수첩 42권 (2015.12.3.~12.16.)

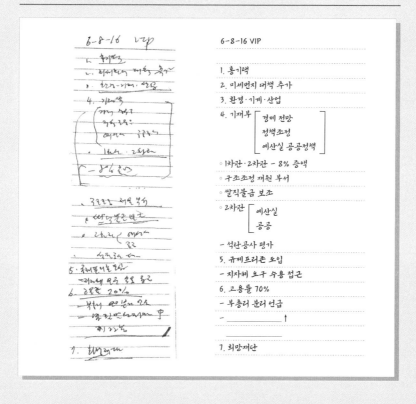

12-24-15 VIP

2. 관저

```
┌ 본부장 - 차은택
└ 단장 - 문체부 한 명
```

3. 프러존 작명

```
┌ 대외협력실명
└ 정동창(산업부)
```

## 수첩 54권 (2016.5.29.~6.11.)

6-8-16 VIP

1. 홍기택
2. 미세먼지 대책 추가
3. 환경·기재·산업
4. 기재부
```
┌ 경제 전망
│ 정책조정
└ 예산실 공공정책
```
○ 1차관·2차관 - 8% 증액
○ 구조조정 재원 부서
○ 쌀직불금 보조
○ 2차관
```
┌ 예산실
└ 공공
```
- 석탄공사 평가
5. 규제프러존 도입
- 지자체 요구 수용 접근
6. 고용률 70%
- 부총리 분리 언급
- _____ ↑
7. 희망재단

창조경제혁신센터가 지역별로 특화 산업을 지정하여 대기업과 지방정부가 함께 육성하는 것을 기본 틀로 했다. 이 지역에 특화된 산업에 관련된 모든 규제는 아예 없는 것으로 하고, 더 나아가 각종 중앙정부의 지원을 하도록 하는 것이 바로 '규제프리존특별법'이라고 하겠다.

창조경제혁신센터 17개 지역 중에서 수도권을 제외한 14개 지역에 새롭게 특화 산업을 지정하여 이들 지역의 특화 산업에 대한 규제는 기본적으로 없는 것으로 하는, 이른바 규제 네거티브 방식을 도입하는 것이다. 네거티브 규제 개혁은 없애고자 하는 규제를 나열하는 포지티브 방식이 아니라 꼭 필요한 규제를 제외하고, 나머지 모든 규제는 없는 것으로 간주하는 방식이다. 2016년 무역진흥회의 준비 과정에서 있었던 일이 좋은 설명이 될 것이다.

당시 산업통상부는 156개에 달하는 규제 철폐 사항을 발굴했으나, 회의 1주일 전에 해당 부처가 그 중 겨우 7개 규제만 풀 수 있다고 했다. 그래서 156개 규제를 원칙적으로 모두 푸는 것으로 하되 꼭 존치해야 할 것을 해당 장관이 직접 대통령께 보고하라고 했더니 오히려 150개 정도의 규제는 폐지되고 최종적으로 7개 규제만 남게 되는 성과를 거두었다. 이를 계기로 국무조정실로 하여금 네거티브 규제 시스템을 제도화하도록 했다.

이러한 네거티브 방식의 규제프리존을 통해 지방의 특화 산업이 성공적으로 육성되어 지방 경제가 살아나게 된다면, 수도권 규제를 철폐

해도 그 부담이 없을 것이기에, 이러한 단계적 규제 개혁 방안을 마련한 것이었다. 물론 이러한 두 번째 단계는 전혀 공개하지 않았다. 그래서 규제프리존특별법을 제정하기 위한 작업을 시작하고, 전국 각 지역별 특화 산업을 2개씩 지정하도록 했다. 2015년 12월 16일에 발표된 '2016년 경제 정책 방향'에 이러한 규제프리존 도입에 대한 구체적인 내용이 포함되었다.

이를 기초로 마침내 이 모든 것이 준비되어 법안이 국회로 갔고 큰 반대 없이 통과될 것으로 기대되었었다. 하지만 이 법은 결국 정권이 바뀐 후 2018년 9월 20일에야 통과되었다. 처음 규제프리존이라는 규제 개혁의 새로운 발상을 시작한 지 3년 만의 일이었다.

# 노동 개혁

노동 개혁이 무엇이고, 왜 필요한가에 대해서 국민은 잘 알지 못한다. 그래서 당연히 절실함도 없다. 국민이 근로자로서 당사자인데도 불구하고, 이해도가 지극히 낮다는 것은 문제라고 볼 수 있다. 고도성장 과정에서 위축되었던 우리 노동자들이 1980년대 후반부터 자유와 권리를 서서히 되찾았고, 그 과정에 '한국노총'과 '민주노총'의 양대 노동조합의 역할이 컸었다.

그런데 어느덧 21세기에 들어서서는 이러한 노조가 기득권을 갖게 되어 중소기업 근로자와 비정규직 등 조직화되지 못한 노동자들을 대변하지도, 보호하지도 못하는 상황이 지속되었다. 겉으로는 대변하고 보호한다고는 하지만, 양대 노총은 자신들의 기득권을 지키는 데 최우선 순위를 두고 있다.

매년 계속되는 임금 협상과 단체 협약도 대기업과 대기업 노조가 서로의 입장에서 적절한 선에서 타협하는 것으로 끝내는 것이 중소기업 근로자와 비정규직 근로자에게는 언제나 부담이 되고 또 불만이 되어 왔다. 대기업은 정규직 위주의 과도한 노조 요구 때문에 정규직 채용보다 비정규직 채용에 더욱 관심을 두게 된다. 한편, 이처럼 노조로 조직화된 대기업 근로자들에 비해 노조가 없는 중소기업 근로자는 상대적으로 손해를 볼 수밖에 없다. 결국, 근로자들이 중소기업에 채용되기를 꺼리게 됨으로써 중소기업은 더욱 심한 인력난을 겪게 되는 것이다.

비정규직 관련 법을 만들고 차별을 금지하는 조항을 만들어도 실제 시장에서는 비정규직이 보호되기가 어렵다. 비정규직이라도 일자리를 찾는 많은 근로자가 존재하고, 그만큼 우리 노동 시장이 이분화 또는 양극화가 되어버렸기 때문이다. 한 번 정규직으로 채용하면 사실상 해고가 힘들고, 연공형으로 임금은 계속 인상해야 한다. 이처럼 유연화되지 못한 노동 시장에서 정규직 일자리는 점점 줄어들고 비정규직은 늘어날 수밖에 없다.

노동 개혁은 바로 노동자의 권익을 실질적으로 보호하면서 노동 시장을 안정시키는 것을 목적으로 한다. 기업이 근로자들을 정규직으로 채용해도 부담이 생기지 않는다는 확신이 생길 때, 비로소 노동 시장이 제대로 작동하기 때문이다. 정부는 실업자에 대한 보호와 지원과 함께 노동자 고용 안정 대책을 적극적으로 마련하는 것이 중요하다.

그래서 노동 개혁은 첫째, 노동 시장을 유연화시키고 둘째, 실업 대책을 공고히 하고, 셋째, 노동자들의 능력 개발을 위해 정부와 기업이 나서서 직업 교육과 훈련을 적극적으로 하는 것이 핵심이 된다. 이를 '황금 삼각형Golden Triangle'이라고 한다. 그리고 '적극적 노동 시장 정책Active Labor Market Policy'이라고도 한다.

유럽 국가들은 이미 오래전부터 이러한 적극적 노동 시장 정책을 추진해서 성공적으로 정착시켰다. 하지만 우리는 여전히 과거 유럽 국가들이 취했던 노조 중심의 경직적 노동 시장을 고수하고 있는 셈이다. 더 나아가 이제는 '귀족 노조'라는 명칭까지 붙을 정도가 되었다. 대기업 노조의 평균 임금이 엄청난 수준을 넘어섰고, 고용 세습까지 벌어지고 있는 이 상황을 과연 후대 우리 역사는 어떻게 설명할지 궁금할 정도다.

박근혜 정부는 노동 개혁의 추진을 위해 노사정 대타협에 총력을 기울였다. 노무현 정부 당시 노동부 장관을 역임한 김대환을 위원장으로 영입하여 노사정이 집중적으로 머리를 맞대고 논의를 거듭했다. 민노총은 불참했어도 한노총은 적극적으로 협상에 임했다.

대통령의 노동 개혁을 위한 노력은 노조와의 대화에서부터 시작되었다. 노사정 대타협이 본격화되기 이전인 2014년 9월 1일, 박근혜 대통령은 한국노총 지도부와 티타임을 가졌다. 그 자리에서 한국노총 위원장과 주요 산별 위원장들로부터 노사 관계의 개선을 위한 많은 이야기를 들었다. 수첩 8권(2014.8.26.~9.3.)의 9월 1일 자 메모에는 대통령과 노조 대표들과의 대화가 나타난다.

대통령의 모두와 마무리 말씀만을 공개하면, 모두에 대통령은 노사가 대립이 아닌 상생으로 가기 위한 노력을 하자고 제안했고, 김대환 위원장은 물꼬를 텄으니 물이 시원하게 흐르도록 하자고 제안했다. 또한, 대통령은 마무리 발언에서 같은 목표를 갖고 가자고 하면서, 한 번 뒤처지면 따라가기 힘들기에 노사가 함께 자손을 생각하며 가자고 했다. 그리고 대타협을 이루어 젊은이들에게 모범을 보이고, 한국의 노사 관계 혁명을 역사에 남기도록 하자고 한국노총의 기여를 부탁했다.

9-1-14 노사정 터타임

월레브러정→추석 전 민심 홍보

〈VIP〉 국민인식
노사 머섭 → 노사 상생
〈노사정위원장〉
① 끌고 텄으니 물이 시원히 흐르도록
② 노사대표 VIP 면담 기여 이상

〈VIP〉
◦ 홍섭 : =〉같은 목표
→ 인간
① 세계 속에 살고 있다.
② 기술이 발전 =〉 갑자기 필요 없는 것들 생긴
ex) 온양 민속박물관
천칭, 글무
③ 한 번 뒤처지면 따라가기 힘듦.
– 노사가 함께
– 자존도 생각
④ 머타협 → 젊은이들 모범
→ 한국의 혁명
→ 역사에 남음
나라 발전의 기틀
◦ 한국노총 기여
국민희망주도 노사협력

2015년 8.15 경축사에는 박근혜 대통령의 강력한 노동 개혁 의지와 함께 이를 국민에게 호소하려는 간절한 소망이 담겨 있었다. 7월 말 휴가 기간에 대통령은 내게 전화해서 노동 개혁의 중요성을 강조한 8.15 경축사를 만들어달라고 주문했다. 모처럼 가족들과 휴가지에 막 도착한 시점에 받은 전화였다. 대통령과 경축사 내용을 의논하면서 짧은 휴가 기간 내내 이를 준비하느라 휴가라고 하기 모호한 일정을 보냈다.

대통령은 7월 말부터 3~4일 하계휴가를 가졌다. 그러나 대통령은 취임 이후 '저도'에 잠시 갔을 때를 제외하고는 늘 휴가를 청와대 관저에 머물면서 밀린 일을 하며 보냈다. 2015년도 마찬가지였다.

수첩 33권(2015.7.28.~8.11.)의 7월 31일 자 메모를 보면, 여러 지시가 있는데, 그중 8.15 담화 내용에 대한 것이 주가 되었다. 당시 노동 개혁의 필요성을 강조하고자 했던 내용도 포함되어 있다. 노동 개혁이 필요한 이유를 설명하고자 했고, 청년들이 귀족 노조를 탈피하고자 하고, 나아가 노동계가 앞날을 막고 있다는 인식을 갖고 있음을 강조하고자 했다. 나는 이러한 여러 주문 사항을 바탕으로 8.15 경축사의 초안을 만들었다.

7-31-15   L2P-①

1. 노인 보건인력개발원
2. 방역대책 → 국무총리
3. 하반기   기업 [ 내수 살려 / 청년고용 ]
   ex) 두산 → 인증샷
4. 담화
 • 4대 개혁 ① 노동 개혁
   청년 : 귀속노조 달래
   ② 서비스산업 일자리 : 산업구조변화 인정
   ③ 규제개선
   : 폐수 : 시설 갖추면 상류도 가능
   • 과학적으로 입증 안 되면 철폐
   [ ex) 모바일 헬스 앱 / 지방규제 zero for 입지 ]
   ④ 사회안전망
     선순환 DB 2-3 모색
   - 능력배양
   - 사회안전망 끊임없이 개발
     평생교육, 2-3 모색
   - 퇴직 후 upgrade 해서
     60세 이후 일하도록 서비스 일자리

---

7-31-15 VIP-①

1. 노인 보건인력개발원
2. 방역대책 → 국무총리
3. 하반기           기업 [ 내수 살려 / 청년고용 ]
   ex) 두산 → 인증샷
4. 담화
 ◦ 4대 개혁 ① 노동 개혁
   청년 : 귀속노조 달래
 ② 서비스산업 일자리 : 산업구조변화 인정
 ③ 규제개선
   ◦ 폐수 : 시설 갖추면 상류도 가능
   ◦ 과학적으로 입증 안 되면 철폐
   [ ex) 모바일 헬스 앱 / 지방규제 zero for 입지 ]
 ④ 사회안전망
   선순환 DB 2-3 모색
   - 능력배양
   - 사회안전망 끊임없이 개발
     평생교육, 2-3 모색
   - 퇴직 후 upgrade 해서
     60세 이후 일하도록 서비스 일자리

---

2. 청년위원회 활용
   ◦ 노동 개혁 → 담화
   ◦ 노동 개혁 이유
   ◦ 서비스 산업
   ◦ 청년 앞길 막고 있고
     노동계

한국노총 김동만 위원장은 노사정 대타협에 적극적으로 임했다. 그는 노동자의 입장을 최대한 반영한 대타협이 이루어지도록 최선을 다했다. 그는 1990년대 노사관계계혁위원회(노개위)에서 합의를 이룬 이후, 20년 만의 대타협안 도출을 위해 함께 노력했다. 나는 김영삼 정부 당시 노개위 위원으로서 노사정 합의안을 도출했던 경험을 살려 김동만 위원장을 간접적으로 설득하고, 그의 의견을 최대한 반영코자 노력했다. 박병원 경총 회장도 경제 관료 출신으로 누구보다 합리성을 갖춘 전문가여서 타협안 도출의 적극 기여자였다. 김대환 위원장의 리더십과 함께 노사정 대표의 탁월한 능력과 헌신적 노력의 결실로 2015년 9월 13일 노사정 대타협안을 이끌어 냈다.*

이러한 노사정 대타협안을 기초로 박근혜 대통령은 두 가지를 동시에 추진하고자 했다. 하나는 대타협안을 기초로 노동 관련 법을 개정하는 노동 개혁 5법을 추진하는 것이었다. 다른 하나는 노사정 대타협 정신을 이어받아 기금을 조성해서 청년 일자리를 안정적으로 만들어 내고 청년들의 직업 능력을 지속적으로 개발하는 '청년희망재단'을 만드는 것이었다.

노사정 대타협이 이루어진 날 저녁, 나는 그동안 큰 기여를 한 김동만 위원장과 노조 핵심 인사들과 함께 저녁 식사를 하고 있었다. 그때 마침 대통령이 내게 전화를 했다. 대통령은 이러한 대타협의 정신을 이

---

* 관련 기사 - 서울경제 2015.9.14. A01면, 서울신문 2015.9.15. 31면 사설 참조

어 갈 아이디어로 기금 조성과 함께 청년희망재단 설립의 뜻을 내비쳤고, 나는 이를 적극적으로 동의하고 추진했다.** 노사정 대타협을 계기로 대통령이 추진했던 노동 개혁 5법은 ① 근로기준법, ② 기간제법, ③ 파견법, ④ 고용보험법, ⑤ 산재보험법이다.***

수첩 37권(2015.9.20.~10.6.)의 9월 20일 자 메모에는 당정청 회의에서 노동 개혁 5법 추진을 논의하도록 주문한 내용이 있다. 노사정 대타협에 국회가 보답하도록 해 달라는 것이었다. 대통령은 청년들이 '일자리를 위해 국회가 답하라', 그리고 '국회 일하라'고 요구하고 있다는 점을 강조했다. 또한, 노사정 대타협 성공을 계기로 청년희망펀드를 만들어 본격적으로 청년 일자리 창출과 확산을 추진한 것 또한 수첩에 담겨 있다.

수첩 37권의 9월 21일 자 메모를 보면, 대통령은 청년희망펀드를 만들되, 우선 인터넷 사이트를 개설해서 각종 취업 관련 정보를 다양하고 쉽게 볼 수 있도록 하라는 지시를 했다. 이와 관련되어 7가지 구체적 사항을 열거하기도 했다. 9월 23일 자 메모는 대통령이 청년희망아카데미에 대한 실로 다양하고 구체적인 여러 아이디어를 쏟아낸 것이었다. 나는 이들을 정신없이 받아적고 난 뒤 하나하나 실현하고자 최선을 다했고, 결국 거의 다 완성했다. 당시 담당 수석이었던 김현숙 수석의 헌신적이고 열성적인 활약이 돋보였다.****

** 관련 기사 - 매일경제 2015.9.17. A01면, 참조
*** 관련 기사 - 서울경제 2015.9.17. A05면 참조
**** 관련 기사 - 한국경제 2015.11.6. A16면 참조

9-20-15 VIP-1

1. 개발 의제       일양약품
- 메르스 1억
- 메르스 백신
  공공+민간 과학
  선도적 개발할 수 있도록
- 미국 국립보건원

┌ - 의학적 대응
└ - 확산 방지

◦ 영국, 독일
◦ 신속검사 → 기술추적

2. 동맹구와 연결
- 원자력에 이어
- 글로벌 보건안보

* ┌ 항바이러스
  └ 신속검사법

→ ┌ 인류 기여
  └ 국익

3. 당정청
  1) 노동 개혁, 5법
  2) 한중 한미 한류 BTA
  3) 청년 일자리 4법
    - 외국은 통과
  =) 국회도 보답
4. 청년 고맙다!
  청년 "국회 보답하라!"
    "국회 일하라"

9-21-15 V강

1. 청년펀드
  서비스업
  => 해외로 ... 국회요구
     한양머 학생
2. 사회안전법
  고용복지
3. Site
  1) 자격증 취득, 해외취업교육
  2) 유관기관 취업센터 연계
  3) Main 화면 그림
     창조센터 공개된 청년사진
  4) 세 개 메인 창 X
  5) 기부금 오늘 사인
  6) 색깔 ...
  7) 관련뉴스 ...

---

9-21-15 VIP

1. 청년펀드
  서비스업
  =) 청년 호소로 국회 요구
    한양머 학생
2. 사회안전법
  고용복지
3. Site
  1) 자격증 취득, 해외취업교육,
    관계부처
  2) 유관기관 취업센터 연계
  3) Main 화면 그럼
    창조센터 공개된 청년사진
    여러 정보 공개
  4) 세 개 메인 창 X
  5) 기부금 오늘 사인
    명단으로 너
  6) 색깔 파랑 + 빨강
  7) 관련 뉴스 마지___ x

---

9-23-15 V강
· 청년희망아카데미
- 해외
- 국내
- 벤처-창업
- 취업(단기)
· 기업 수요 기반
전문성, 멘토령
→ 교육

---

9-23-15 VIP

1. 청년희망아카데미
○ 기업 수요 기반

| - 해외 | ① 멘토 |
| - 국내 | ② 시장정보제공 |
| - 벤처-창업 | ③ 훈련, 기술교육 |
| - 취업(단기) | ④ 자격증, 군 입머 전 |
| | ⑤ 연결 |

해외 ┌ 공공기관
     └ 기업

어떤 인재 필요한가 list
전문성, 멘토령
브라질 상사 외국어, 현지 상식
          기업요구상식
     → 교육

## 오른쪽 정리 내용

- 학교 지어서
- 해외 협약 → 해외 가서 훈련

→ 수요자에게 mentoring

**외국어, 현지정보**

2. 국내 인문계
       자연계

- 중소-중견 포함 인재
- 수요 파악 → 멘토링

  coaching 교육
  contact 교육

=) mentoring

- 창업 → 창조센터
  ex) 울산센터 연락

- _____ →

◦ 자격증 → 취업

**취업실적 홍보**

  단기취업 5개월
  임어 전

◦ 상시취업박람회 ＊  멘토
                    수료증
                    월급

노사정 대타협이 갖는 역사적 의의는 매우 컸다. 그동안 우리 노동 시장이 경직되고 일자리 기회가 공정하게 주어지지 못한 여러 원인이 되는 요인들을 바로잡는 데 함께 노력하자는 타협이었다. 노사정 대타협은 이를 이어받아 정부와 국회의 입법 노력을 기울이는 단초가 마련되었다는 점에서 획기적인 사건이었다. 그러나 이러한 대타협 정신은 시간이 갈수록 약해졌고, 정치권에서 이를 입법화하려는 의지가 약해지면서 포퓰리즘의 악령에 다시 휘둘리기 시작했다.

결국, 노동 개혁 5법은 무산되었다. 그리고 정권이 바뀌면서 더 이상 노동 개혁에 대한 화두를 누구도 꺼내지 못했다. 민노총이 주도하는 상황이 되면서 원점으로 돌아간 셈이다.*****

***** 관련 기사 - 중앙일보 2015.11.30. 005면 참조

# 금융 개혁

'경제'를 우리 몸이라고 봤을 때 '금융'은 피의 역할을 한다. 피가 제때 필요한 곳에 공급되어야 우리 몸 어딘가 탈이 나지 않는 것처럼, 금융은 경제 활성화를 위해 각 부문에 돈이 제대로 돌아가도록 한다. 그런데 우리나라의 경우, 워낙 급속도로 경제가 성장했기 때문에 금융을 통한 원활한 자금 공급이 이루어지지 못하게 되었다. 혈관에 이물질이 쌓이거나 혈관 자체가 비대해져 피의 순환이 막히는 것 같은 일이 잦아졌다.

은행이 중심이 되는 금융기관이 다른 민간 경제 부문에 비해 조직이 비대해지면서 비효율성이 날로 커져만 가는데, 이를 바로잡고자 하는 세력도 없고 의지도 없다. 그동안 관주도로 자금을 공급하다 보니 금융기관의 자체 자금 공급 능력이 떨어졌다. 관주도로 공급된 자금이 문제가 생겼을 때 책임을 지지 않아도 되는 '대마불사(大馬不死)'라는 용어까지 나올 정도였다.

급기야 외환위기로 많은 금융기관이 문을 닫았다. 그런데 공적 자금으로 되살아난 금융기관들은 다시 예전의 비효율성과 무책임성으로 살아가고 있다. 서민들의 자금 지원이 주요 역할이 되어야 하는 금융기관들이 '땅 짚고 헤엄치기' 행태를 보이며 담보 위주의 대출로 신용 평가 자체를 외면하면서 서민들을 내팽개쳤다. 그래서 우리 서민 근로자들은 여러 외국계 초단기 초고금리 '대부중개업체'로 몰려가게 되었다. 이 과정에서 이들 업체가 많은 이익을 얻어 번창하게 되었다.

이런 우리 금융기관은 우수한 인력들이 선호하는 직장이기도 하다. 금융을 다루는 공무원 또한 우수한 인재들이라고 정평이 나 있다. 이 정도의 우수 인재들이 모인 곳이라면, 잘못된 금융 문제가 발생했을 때 그 심각성을 일찌감치 알아차리고 바로잡으려는 시도가 있어야 했는데도 없었다. 바로 이러한 점이 금융 개혁이 시급하다는 사실을 시사하는 것이다.

박근혜 대통령은 우리의 금융이 안고 있는 이러한 문제들을 직시했다. 금융이 하나의 산업으로서, 그리고 국민을 대상으로 하는 서비스업으로 제대로 기능하도록 개혁이 절실히 필요하다는 점을 인식했다. 그래서 금융 개혁에 대한 강한 의지와 추진력을 보였다.

수첩 23권(2015.3.28.~4.13.)의 4월 6일 자 메모에는 금융 개혁 추진에 대한 보고를 듣고 난 뒤 박근혜 대통령의 지시 사항이 담겨 있다. 항목 수만 25가지가 될 정도로, 대통령의 금융 개혁에 관한 지식과 의지가 엄청나다는 것을 알 수 있다. 1번에서는 금융 개혁의 기본 방향을 제시했다. 금융 개혁은 국민과 같이 가야 하는 것으로서, 3~4가지 개혁 방향을 분명히 제시해야 한다고 했다. 아울러 10~17번에서는 IT 강국으로서 금융 분야에 IT 기술 활용을 강조했다. 크라우드 펀딩, 핀테크, 인터넷 전문은행 등의 도입 및 활성화를 주문했다. 금융 관련 규제 또한 선진국 수준으로 개선해야 한다고 지시했다.

수첩 28권(2015.6.3.~6.10.)의 6월 3일 자 메모에도 금융 개혁 관련 회의에서 금융 관련 규제 완화 등 구체적인 지시를 한 것이 나열되어 있다. 핀테크의 경우, 보안 강화와 함께 글로벌 진출 준비를 지시했다.

4-6-15 금융 개혁 보고

- 금융 4,000개 5만 개 일자리↓
- 금융 예금 아닌 투자로 인식 필요
- 1,300조
- 강제저축 1/3
- 카드업-웨딩업

[ 2.8-6조
  성장사다리펀드

* 투자 시 400% 위험
=) BIS 규정 완화
   1더 주주 아닐 경우
- 4/10 금융보안원 발족
- AIIB $8조

[ 56조 가계저축
  41조 강제저축

더부업 34.5%


〈VIP〉
1. 국민이 같이 가야
   - 구체적 정책보다 금융 개혁 방향성
     3~4가지 분명히 제시
   - 왜 금융 개혁 해야 하나
   → 기대효과?
2. 프런트 업체
   인프라 시장↑
   업체들 자금 지원 기능
3. 금융 안정 + 역동성
- 위험 대상·정책금융 + 직접금융 함께
   - 산업은행, 선별, 기활법
     기업투자 촉진
4. 구두 지도, 일관성
   열성
   사고 나면 언론↑ → 규제강화
   =) 튼튼히 버텨야

5. 부실채권 관리
   신속 구조조정
- 자율책임 문화 조성
   [ 금융소비자 보호
   [ 금융기관 건전성

- 불완전판매 접법
6. 실물지원
   ○ 기술금융
   - 사람을 보고 투자하는 system
   관계형 금융
   - 12개 은행 기술 금융전담 부서
   ○ 수요
7. 엔젤펀드
   해외자금 유입 위해
   관련 기업 한국지사 섭렵
   용이 필요

8. 기술금융 엔젤펀드
   세제혜택 펀드
   → 국내에도 필요
9. 기술금융
   - 기존 중소기업 대출 → 전환
   =) 창조경제 밑줄 역할
   R&D, 벤처 인증
10. 크라우드 펀딩
11. 핀테크 기업
   기술적용 규제 완화 필요
12. 중소기업 창업지원법
   =) 핀테크 포함
13. [ 금융회사 책임소재
    [ IT 회사와
14. 알리페이, 최고수준 보안
   system

15. 인터넷전문은행
    1,000억 자금을 축소.
16. 인터넷전문은행
    산업자본의 은행 ___
    40%

15. 인터넷전문은행
    1,000억 자금을 축소
16. 인터넷전문은행
    산업자본의 은행 ___
    40%
17. IT 금융지원 방안
    실질적 핀테크 산업 발전
    효과 있게
18. 금융산업
    규제 개혁 선진국 수준
    아니면 국내 산업 역차별
19. 시장이 이끄는 시대!
    → 정부의 역할?
      사전규제 금물
20. 입법보다 행정처분
    명령
21. 서민생활지원
    100세 시대 연금에만 의존 않게

- 핀테크
- 기술금융
  ___ 감독

실버금융, 노후자금 안내
22. 접근성, 홍보
    정보 주고 맞춤 service
    - 계층마다 금융서비스
23. ___
    ex) 개인정보 보호
       스스로 책임성 갖도록
24. 금융회사 자율성, 책임성 강조
25. 평가가 중요
    ◦ 금산분리
    ◦ 금융전업주의

6-3-15 금융 개혁 VIP 회의

- 연금운용 독립성
- 가계부채 → 연금자산 활용
- 등록원 금융권
- 1,100개 규제
- 법적 근거 없는 규제(그림자 규제)
- 금융업 → 청년층 선호
- 금융기관 수익률 11% → 20%
- 핀테크 → Big data
  - → 창조센터 ┌ 경기
             └ 강원
- 하나은행-캐나다 공동지속
- 원유
- 국민 개혁성과 체험 → 개혁 동감
- ex) 20개
- 국회입법환경 → 입법전략
- ex) 서민금융진흥원
- 금융 개혁의 비전
- ex) 노동 개혁
- 사전규제 철폐
- 규제기준 따라서
- 새로운 핀테크, 정보유출기능
- 미러 보완 조치
- 핀테크 사업 → 성공사례 도출
  - → 중요  global 진출  ┐ 키워서
          혁신센터      ┘ 성공사례
- 금융위 교육상머국 높이 평가
- 외국 금융회사와
- 협력 → 국제규제개혁반영
- 외국 금융회사
- 정보 해외 유출 → 보안 → 홍보
- 재원
  - 서민금융종합저축
  - 금융회사 2,000억
    재정 2,000억
      4,000억

- 채무한값 : 도덕적해이 높아
  채무불이행자 대책
- 국책은행 구조조정 오늘껏.
  금융조정원칙 세워서 일관되게
- 기업이 선제적 구조조정 시 지원.
- 수출주력사업 힘듦.
  → 업종별 구조조정
- 구조조정시 은행권 기업 대출 기피
  → 정책금융기관 역할 ↑

○ 채무탕감 : 도덕적 해이 문제
  채무불이행자 대책
○ 국책은행 구조조정 소신껏
  금융조정원칙 세워서 일관되게
○ 기업이 선제적 구조조정 시 지원
○ 수출주력사업 힘듦
  → 업종별 구조조정
○ 구조조정 시 은행권 기업 대출 기피
  → 정책금융기관 역할 ↑

박근혜 대통령이 금융 개혁의 의지를 굳게 다지면서 가장 먼저 손을 댄 것은 공인인증 문제였다. 금융 거래 시 인터넷 환경에서 인증의 과정을 거치는 것은 당연하지만, 이 인증 자체가 거래자에게 불편을 느끼게 한다면 이는 경쟁력을 잃어버리는 것이다.

〈별에서 온 그대〉라는 TV 드라마가 중국에서 대대적인 인기를 얻으면서 여주인공의 의상이나 화장이 관심의 대상이 되었고, 이에 따라 관련 상품의 구매 요구가 빗발쳤다. 그런데 해외에서 국내 사이트에 접속하여 상품을 구매할 때 인증이 걸림돌이 되었다. 대통령은 이처럼 손에 잡히는 이 문제부터 해결하도록 지시했다. 그런데 우리 금융권과 금융 관료들의 의식은 한참 뒤처져 있었다. 서로 책임을 떠넘기면서 공인인증 문제를 해결하지 못한 채 시간만 흘러갔다. 은행권, 신용카드사, 금융위원회, 금융감독원, 행정안전부 등등 이해당사자들이 얽히고설켜서 논란만 거듭되었다. 당시 공인인증 문제는 급한 불만 끄고 근본 문제를 해결하지 못했고, 그만큼 우리가 향유할 수 있는 해외 수요를 제대로 활용할 수 없었다.

금융 개혁이 그동안 주요 관심사가 되지 못했고, 또 개혁 시도가 늘 무산된 이유 중 하나는 홍보 부족이라고 할 수 있다. 박근혜 대통령은 이러한 홍보 문제를 꼭 집어 부각하면서, 금융 개혁에 대한 홍보를 국민의 눈높이에 맞추어 쉽고 와 닿게 하라고 주문했다. 나는 금융 담당 공무원들과 전문가, 그리고 홍보업자들과 금융 개혁 홍보 방안을 논의하기 시작했다. 당시 정부가 발주하는 광고물을 맡았던 업체들이 있었지만, 전면 재검토하고자 했다. 그 과정에서 나는 그동안 정부 홍보가 얼마나 수준 이하였고, 국민에게 다가가지 못하는 주입식 정보 제공이었는지를 뼈저리게 느꼈다.

특히 금융 관련 홍보 문제에는 국민들이 이해하기 힘든 금융 전문용어도 한몫했다. 예를 들어, 국민들은 '핀테크'라는 말을 뉴스나 광고에서 한 번쯤 들어본 적은 있겠지만, 이게 정확히 무슨 의미고 자신에게 어떤 혜택이 오는지 자세히 알지 못한다. 이를 알려야 하는 사람들도 단순히 전파로 한번 흘려보내면 그뿐이었다. 당시 정부 광고 중에서 가장 성공적인 것은 금연 광고였다. 발상의 전환을 통해 만들어진 금연 광고는 담배세 인상과 함께 우리 흡연율, 특히 청소년 흡연율을 떨어뜨리는 데 일조했다. 나는 이 경험을 살려, 시안으로 갖고 온 금융 개혁 홍보안을 살펴보면서 몇 가지 핵심 문제를 지적한 후 다시 제작할 것을 요구하기도 했다.

IT 강국으로서의 역량을 금융 부분에 활용하는 것 또한 금융 개혁의 주요 과제 중 하나였다. 그중 핵심이 인터넷은행이었다. 보안 문제가 해결된다면 인터넷은행의 설립과 IT의 활용은 우리 금융이 갖고 있던 비효율성과 비접근성을 한꺼번에 해결하는 길이 될 수 있었다. 은행 문턱이 높아서 금리와 상관없이 대출받을 기회가 없었던 서민들이 인터넷 검색을 통해 손쉽게 유리한 금리와 서비스 조건으로 돈을 빌릴 수도 맡길 수도 있게 되는 것이다.

그래서 인터넷은행 설립 허가를 위한 공모 절차를 거친 뒤, 두 군데가 허가를 받았다. 카카오와 KT 인터넷은행이었다. 이러한 인터넷은행은 그 후로도 계속 설립 허가를 내 주는 것으로 방향을 정했다. 기존 은행의 반발과 저항이 있고, 추가 설립이 더디게 진행되긴 했지만, 대세를 거스를 수는 없었다. 금융 소비자인 국민들도 모두 원하는 일이었다.

수첩 59권(2016.7.26.~8.9.)의 2016년 7월 27일 메모를 보면, 인터넷은행 1호로 선정된 카카오은행과 KT은행에 대한 대통령의 관심과 기대를 알 수 있다. 1호 인터넷은행으로서 핵심 상품으로 차별화하고 보안 문제를 해결하는 것이 중요하다고 강조했다. 다른 시중 은행이 할 수 없는 것으로서, 금융 소비자의 요구를 충족할 수 있는 서비스를 개발하는 것을 강조했다. 무점포 강점, 예금 금리와 수수료 등 강점을 활용하면 충분히 가능하다고도 했다.

그만큼 인터넷은행에 큰 기대를 갖고 이를 기초로 1호에 이어 2호, 3호 등으로 계속 확산해 나감으로써, 명실공히 금융 개혁의 성공과 금융 선진화를 이루자고 했다.

대통령이 강조했듯이 금융 산업이 제대로 된 경쟁력을 갖추면서 발전하기 위해서는 인터넷은행과 나아가 이른바 핀테크 등을 중심으로 하는 IT 기반 금융 서비스 산업의 발전이 꼭 필요하다. 경제 분야에서 유달리 국제경쟁력이 뒤처져 있는 금융 산업을 일으키려면, 이를 뒷받침하는 규제 개혁과 금융 개혁의 추진이 무엇보다 중요한 것이다.

7-27-16   VIP-①

1. 8~9월 인터넷뱅킹 1호
1) 카카오, KT
   중금리대출, 간편송금
2) 은행법 - 최운열 활용
   *컨소시엄 사업자 Robby 필요
   금융위원장
• 1호 시중은행 차별화 위해
① Killer contents
② 보안 문제 appeal
• 다른시중은행 할 수 없는 것
  금융 소비자 요구↑
  → 무점포 강점, 예금금리, 수수료
• 인터넷은행 보안사고, 송금오류
  ⇒ 보안성 test 강화
     책임소재 강화
• 토마토뉴스 2: 카톡으로
  안전보장할 수 있는지 의문제기

7-27-16 VIP-②

1. 8~9월 인터넷뱅킹 1호
   1) 카카오, KT
      중금리대출, 간편송금
   2) 은행법-최운열 활용

   ┌ 컨소시엄 사업자 Robby 필요
   └ 금융위원장

◦1호 시중은행 차별성 위해
① Killer contents
② 보안 문제 appeal
◦다른시중은행 할 수 없는 것
  금융 소비자 요구↑
  → 무점포 강점, 예금금리, 수수료
◦인터넷은행 보안사고, 송금오류
  =) 보안성 test 강화
      책임소재 강화
◦토마토뉴스 : 카톡으로
  안전보장할 수 있는지 의문제기

# 공공 개혁

우리 사회는 국민의 갈등 구조가 곳곳에 만연되어 있다고 할 수 있다. 이념으로 국토가 분단된 뒤 전쟁까지 치렀음에도 이념으로, 지역으로, 계층으로, 세대로 나뉘어 끊임없이 대립 양상을 보여 왔다. 군사 독재 상황은 민주 세력의 희생을 가져왔다. 이러한 희생을 딛고 성취한 민주화에 이어서, 이제 이 민주 세력이 집권한 이후에는 어느덧 이들 세력이 '386'이니 '586'이라는 새로운 세대 명칭으로 세력화되었다. 좌와 우, 진보와 보수 간에 벌어진 대립 구도가 이제는 세대 간 대립으로까지 진화하면서 우리 사회는 엄청난 갈등의 폐해에 물들어 버렸다.

그런데 이처럼 복잡다기한 갈등 구조 속에서 늘 자리를 굳게 지키고 변하지 않는 집단이 있다. 바로 공무원들이다. 군사 독재 시대에서 압축 고도성장을 이룰 때 이 공무원 집단의 능력이 크게 기여했고, 이들은 1990년대에 들어서면서 경제, 사회에 각종 규제를 만들고 지키는 핵심 세력이 되었다. 그러다 21세기 들어서면서 이념으로, 지역으로, 계층으로, 그리고 세대로 갈등 구조가 심화되고 정권이 왔다 갔다 하는 과정이 반복되었음에도 유독 공무원 집단은 이러한 격랑에 흔들리지 않고 그들의 '집단 이기'를 극대화해 왔다. 정권의 입맛에 맞추어 유연하게 입장과 논리를 바꾸어 가며, 자신들의 세력 안위를 보장하고 굳게 지켜나갔다.

공무원 집단의 이러한 자기방어와 자기확대 과정은 공공 부문 전체로 확산되기까지 했다. 공공기관, 산하단체, 그리고 공기업 등에 몸담고 있는 사람들까지 이른바 '무사안일', '복지부동', '철밥통', 그리고 '신이 내린 직장'의 모든 것들을 누려 왔다.

오늘날 대한민국이 역사상 최고의 국가 위상을 가질 정도로 발전하는데 원동력이 된 60~70년대 공무원의 능력과 헌신이 이제는 점점 희미해지고 있다. 대신 우리의 민간 부문에서 기업과 근로자들의 노력이 더욱 눈에 들어오고 있다. 실제 공공 부문의 생산성은 우리 민간 부문의 생산성과 비교하면 지극히 낮다는 걸 알 수 있다. 바로 이 때문에 공공 개혁이 필요한 것이다.

공공 개혁을 통해 공공 부문의 생산성을 끌어올리고, 민간 부문에 미치는 각종 간섭과 영향을 최소화해서 우리 경제·사회를 정상 궤도에 올려놓아야 한다. 한때 우수 인재가 특정 분야에 몰린 덕분에 우리는 이처럼 눈부시게 발전해 왔다. 섬유공학, 기계공학, 화학공학, 전자공학, 그리고 의학 등에 몰린 우리의 인재들이 해당 분야의 급속 성장과 세계 최고 수준의 경쟁력을 확보 가능하게 했다. 그런데 최근 십 년 이상 지속되는 공공 부문으로 젊은 세대가 몰리는 현상은 앞으로의 경쟁력을 잠식하게 할 우려를 키우고 있다. 신이 내린 직장, 철밥통을 좋아하는 세태도 문제지만, 이런 대상이 공공 부문에서 지속적으로 만들어지고 있는 것이 더욱 문제이다.

공공 부문의 일자리가 인기가 있게 된 것은, 평생 일자리라는 '고용 안정'과 더불어 성과와 관계없이 임금이 근속 연수에 비례해 인상되는 연공서열형 임금 체제에서의 '고임금 보장'이라는 두 가지가 그 원인이 되고 있다. 박근혜 정부가 추진한 공공 개혁의 핵심 과제는 바로 이 두 가지를 정상화하는 것이었다.

우선, 임금피크제와 성과연봉제를 통해 특정 연령에 도달하면 더이상 임금 인상을 하지 못하게 하고, 또 성과에 따른 급여 지급을 하는 제도를 만들고자 노력했다. 모든 공공기관에 이 두 가지를 추진하도록 유도하는 공공 개혁의 드라이브를 걸었지만, 강한 저항에 부딪혔다. 결국, 이를 헤쳐나가는 것은 해당 기관의 장이 어떤 의지를 가졌느냐에 달렸다. 우여곡절 끝에 집권 3년 차부터 어느 정도 성과가 나타나기 시작했다. 그러나 정권이 바뀌면서 원점으로 돌아갔다. 심지어 더욱 악화되었다. 고용 세습까지 하는 공공기관이 생겨나기 시작했다.

공공 부문의 방만함을 바로잡는 개혁은 매우 어렵다. 그러나 이를 내버려둬서는 안 된다. 우리 경제와 사회가 정상화되고 발전해 나가려면 공공 부문이 제대로 따라와야 한다. 그런데 이러한 위기의식을 국민들은 잘 느끼지 못한다. 정부나 정치권은 이러한 공공 부문의 방만함을 이용하기까지 한다. 비정규직의 정규직화를 공공 부문에 시도하는 등 공공 부문의 방만함과 비정상을 더욱 심화시킨다.

공공 개혁은 결국 공무원 세력이라는 거대 집단과 벌여야 하는 장기전이라고 할 수 있다. 내가 이처럼 공무원 집단을 적대시하는 것은 그들이 갖춘 능력과 애국심을 깎아내리고자 함이 결코 아니다. 행정고시를 비롯한 다양한 공무원 시험과 선발 과정을 통해서 들어온 공무원들이 갖게 되는 소명의식은 인정한다. 그러나 이러한 공무원들의 능력, 소명의식이 점차 자신들이 소속한 부처의 이해관계에 얽매이게 되는 것이 문제이다. 물론 국가와 국민, 나아가 역사를 위해 헌신적 노력을 다하는 공직자의 자세는 높이 살만하다. 하지만 국가를 위한다는 마음이 자신의 소속기관을 위하는 것과 구분이 안 되는 상황을 접하면서 변해가는 공무원들이 안타깝다.

국민을 위한 정책을 만듦에서도, 이러한 정책이 우리 부서의 조직 확대나 조직 역량에 최대한 도움이 되도록 하는 타성이 붙어버린 우리 공무원들이다. 나는 그동안 경제학자로서 오랜 기간 여러 정책 제안을 해 왔다. 그런데 그 정책들이 실현되는 과정에서 공무원들이 정부 조직 확대로 이를 연결짓는 것을 수없이 목격했다. 재정 정보를 제대로 관리하고 활용하자는 것이 '재정정보원'이라는 조직을 만든 계기가 되었고, 최근에는 코로나 사태로 질병관리본부의 기능 강화를 시도하는 과정에서 보건복지부가 숟가락을 얹으면서 조직을 확대하려는 것 등을 보면,

우리 공무원 조직은 끊임없이 자기과신과 자기확대 본능이 있다고 해도 과언이 아닐 것이다.

부처 간 벌어지는 경쟁과 때로는 갈등으로까지 이어지는 부처 간 조정도 공공 개혁의 대상이 된다. 정책 이슈를 놓고 벌어지는 부처 간의 경쟁과 갈등은 무수히 많은 사례를 낳았다. 산업부와 환경부 간의 탄소 배출권을 놓고 벌이는 갈등에서부터 근로자의 복지와 관련된 정책 사업의 주도권을 놓고 벌이는 복지부와 노동부의 싸움에 이르기까지, 우리는 국민을 위한 것이 아닌 조직을 위한 일에 혼신의 힘을 다하는 공무원들을 많이 보아 왔다.

이러한 '부처 이기주의'와 '부처 간 칸막이'를 허물기 위해 박근혜 정부가 구상해서 추진한 것이 바로 '정부3.0'이었다. 이미 논의되었지만, 부처 이기주의를 허물기 위한 첫 단계가 부처가 독점하고 있는 정보를 공개하도록 하고, 부처 간 공유하도록 하는 정부3.0이 필요했기 때문이었다. 그동안 부처들이 자신들이 만들어 내는 각종 정보를 절대 다른 부처와 공유하지 않은 채, 이를 자신의 부처 역량 확대에만 활용해 왔다. 따라서 이러한 정보 독점을 통한 부처 이기주의를 허무는 것을 바로 정부3.0이 해낼 수 있을 거로 기대했다. 아직 진행 과정에 있다는 점에서 성과를 논하기가 성급하긴 하지만, 정권이 바뀌면서 정부3.0을 통한 부처 이기주의 타파 시도에 대한 노력이 미진하다는 인상을 지울 수가 없다. 규제 개혁의 걸림돌이 되었던 부처 이기주의가 공공 개혁마저도 좌절시킬 우려가 커지고 있는 것이다.

# 재정 개혁

박근혜 정부의 4대 개혁은 재정 개혁으로부터 시작되고, 재정 개혁으로 끝난다고 할 수 있다. 포퓰리즘이라는 국가적 중병이자 고질병을 치유하기 위한 출발점이자 종착점이 바로 재정 개혁이기 때문이다. 공약가계부라는 장치를 최초로 내놓으면서 재정 개혁의 강한 의지를 보였던 박근혜 정부는 재정 개혁 프로그램 하나하나를 치밀하면서도 지속적으로 추진하였다.

재정 개혁의 핵심은 재정 건전성과 재정 효율화라고 할 수 있다. 나라 살림을 알뜰하게 살면서, 국민 세금이 필요한 때에, 필요한 곳에 쓰이도록 하는 것이다. 이를 위해 박근혜 정부는 노무현 정부가 시도했던 4대 재정 개혁 과제(① 국가재정운용계획, ② 성과관리제도, ③ 디지털예산회계시스템, ④ 총액배분자율편성예산제도)를 이어 가고자 했다.

특히 디지털예산회계 개혁과 같은 재정 정보의 체계화 작업을 강력히 추진했다. 그래서 내가 과거 제안했던 나랏빚(국가 부채) 통계의 다양화 방안도 추진했다. 즉, D1, D2, D3 등 국가 부채를 다양한 범위와 기준으로 집계하여 발표하도록 하는 조치를 시행했다. 통화량을 측정하는 단위를 M1, M2로 사용하듯이 나랏빚도 D1, D2, D3라는 단위를 도입해 기존 국가 채무$_{D1}$에 비영리 공공기관 부채를 포함한 개념인 일반정부 부채$_{D2}$와 여기에 비영리 공기업 부채를 포함한 개념인 공공부문 부채$_{D3}$ 등으로 구분하는 것이다. 그래서 불필요한 나랏빚 범위에 대한 논쟁을 불식시키면서, 여러 기준의 나랏빚에 대한 인식을 통해 나랏빚 관리를 체계화하고자 한 것이었다.

하지만 이러한 박근혜 정부의 국가 부채 관리 의지는 문재인 정부에서는 더 이상 유지되지 못했다. 코로나 사태라는 명분 하나로 방만한 재정과 국가 부채 관리로 일관했고, 그 결과 나라 살림은 건국 이래 최악의 상황이 되었다.*

아울러 공기업 부채의 발생 원인을 공기업 자체적인 것과 정부 정책 사업 대행으로 생긴 것으로 구분해서 발표하는 '구분회계'도 추진했다. 공기업이 책임져야 할 부채를 보다 명확하게 보임으로써 공기업의 방만한 운영 빌미를 사전에 차단하고자 했다.

어느 정치 세력이거나 집권만 하면 나라 살림의 씀씀이를 헤프게

* 관련 기사 - 서울경제 2021.5.10. A02면, 매일경제 2021.9.1. A04면, 서울경제 2021.12.17. A08면 참조

하면서 가급적 빚의 크기나 적자를 줄여서 보이고자 했다. 박근혜 정부는 이를 스스로 타파하고자 했다. 나라 살림을 있는 그대로 국민에게 보여 주면서 국민의 관심 속에서 알뜰하게, 제대로 살림을 살아가는 것이 진정한 재정 개혁이라고 할 수 있다.

수첩 26권(2015.5.12.~5.26.)의 5월 13일 자 메모에는 박근혜 대통령의 재정 개혁을 위한 입법 장치 중 하나로서 '페이고Paygo'에 대한 지시가 나타난다. 페이고란 예산 소요를 수반하는 입법안을 발의할 때, 재원 조달 방안을 포함하는 것을 의무화하는 것을 의미한다. 의원 입법안의 경우 재정 소요를 수반하거나 조세 감면을 유도하는 경우가 빈번하게 나타나기에 재정에 대한 책임성을 부여하는 데 필요한 법적 장치가 바로 페이고 법안이다. 이는 선진국 중 도입해서 성공한 사례가 많다. 특히 우리의 경우, 무분별하게 인기영합적, 즉 포퓰리즘에 기초한 각종 의원 입법이 남발하는 것을 막는 장치가 필요하다. 그런데 이러한 시도는 당시 야당의 반대로 실패했고, 정권이 바뀌어서는 언급조차 되지 않고 있다.**

---

** 관련 기사 – 세계일보 2015.9.10. 005면, 한국경제 2016.8.31. A03면 참조

5-13-15 VIP

1. 재정
  - 재정누수 법보다
  - 국회, Paygo
      → 언론
      ┌ Paygo 없이 예산 반영
      └ 성공사례
  ○ 실패사례    의원입법
  Populism    ┌ 세제
              └ 예산
  ○ 이동걸

# 부동산 정책

부동산 정책은 국민 생활에 가장 민감하기에 신중에 신중을 기해야 하는 정책이다. 전월세값과 집값에 국민은 늘 울고 웃는 것을 반복할 만큼 부동산을 바라보는 국민의 눈은 언제나 매섭다. 이런 부동산을 갖고 정치인은 늘 국민을 현혹하는 포퓰리즘을 사용한다. '신혼부부 집 한 채'부터 시작해서 '부동산 부자 혼내주기'에 이르기까지 국민이 들으면 순간 기분이 좋아질 구호들을 내세우면서 끊임없이 포퓰리즘의 망령을 불러왔다.

부동산 정책이라고 내세우는 역대 정부의 정책들은 그 숫자도 무수히 많을 뿐 아니라, 언제나 냉탕·온탕식 시행착오의 반복이었다. '토지 공개념'이라는 기치 아래 토지초과이득세라는 것을 만들어, 팔지도 않은 부동산의 가격 변화에 대해 세금을 부과하다가 헌법재판소의 위헌 결정으로 중단되기도 했다.

또한, 노무현 정부 당시 부동산을 많이 가진 1%에게 세금을 거두어 나머지 99% 국민에게 나누어 준다는 발상으로, 그리고 집값을 잡겠다는 명분으로 종합부동산세(종부세)를 신설하기도 했다. 그런데 문제는 한 번 도입된 부동산 관련 세금 제도는 바로잡기가 힘들다는 것이다. 종부세가 목표로 내걸었던 부동산 가격 안정과 분배 정의 실현은 그 후 실패했다는 것이 드러났음에도, 이를 바로잡는 것이 또 다른 정치적 부담으로 작용함으로써 시도조차 하지 못하고 있다. 종부세는 기대와는 달리 강남과 강북의 집값 격차를 더욱 벌리는 결과를 초래했고, 집주인은 전월세 인상으로 종부세를 세입자에게 전가했다. 그런데 이를 문제시 삼는 정치인과 학자들이 극소수라는 데 문제가 있다. 어느새 종부세 폐지를 주장하면 기득권층이고 어려운 국민을 외면한다는 비난의 대상이 되어버린 상황이 되었다. 그래서 자신의 주장을 슬그머니 내려놓고 오히려 시류에 영합하는 정치인과 학자도 많아졌다.

부동산은 시장에 맡겨두는 것이 최선이라는 철학을 갖고 시작한 정부는 박근혜 정부였다. 그동안 수십 년 동안 정부의 일관성 없는 포퓰리즘에 빠진 부동산 정책을 바로잡기 위해 부동산 시장에 왜곡을 초래하는 정부의 간섭을 최소화하고자 했다. 그래서 시작한 것 중의 하나가 부동산 규제의 합리화 조치였다.

과거 그때그때 땜질식 정책으로 그물처럼 엉켜있던 LTV(Loan To Value ratio, '집값 대비 얼마' 이상 대출을 하지 않는 규제) 기준을 하나로 알기 쉽게 일원화하였다. 최경환 경제부총리와 함께 경제수석으로 경제 정책을 책임지기 시작했던 2014년 8월경에 시작한 것이었다. 한편으로는 당시 침체해 있던 부동산 시장에 대한 대책의 의미도 있었지만, 동시에 부동산 시장의 규제 환경을 길게 보고 합리화하자는 취지가 같이 있었다. 훗날, 이를 '빚내서 집 사게' 한 나쁜 정책으로 호도하기도 했다. 지금 시점에서 평가해 보면 침체가 극심하였던 지방 부동산 시장을 회복되는 성과가 있었다고 할 수 있다. 또 수도권에서는 신규 분양이 활성화되어 주택 가격이 장기적으로 안정될 수 있는 기반을 놓는 계기가 되었다.

하지만 부동산 시장에서 우리 국민이 진정 바라는 것은 로또식으로 아파트 당첨되어 큰돈을 버는 것이 아니라, 돈 걱정, 이사 걱정 없이 편안한 터전을 확보하는 것이다. 즉, 부동산이 더 이상 소유가 아닌 주거의 개념으로 자리 잡게 하는 것이 필요하다. 이를 위해 정부는 시장 간섭을 최소화하면서 행복주택 같은 질 좋은 임대 주택들을 중심으로 부동산 공급에 집중하는 것이 중요하다.

박근혜 대통령은 부동산 시장에 대한, 특히 부동산 가격인 집값과 전월세값에 대한 정부 개입을 최소화하는 조처와 함께 새로운 주택 공급 대책을 내놓았다. 'New Stay'라 이름 지은 민간 임대주택 공급 정책이었다. 이는 행복주택이라는 이름으로 공약으로 내놓은 공공 부지를 입지로 값싼 임대주택 공급을 대폭 확대하는 것이었다.*

* 관련 기사 – 조선일보 2015.1.14. A03면 참조

수첩 35권(2015.8.24.~9.4.)의 8월 30일 자 메모에는 박근혜 대통령의 지시 항목이 10여 개나 담겨 있는데, 그중 8번이 New Stay 관련된 것이다. 대통령은 New Stay의 활성화를 위해 New Stay 법을 만들어 통과시키고자 했고, 관련 지시 내용이 수첩 두 페이지에 달할 정도였다.

전국을 대상으로 민간 건설업자들이 적극적으로 지역 내 임대 아파트 단지를 조성해서 싼 임대료로 임대한 뒤 일정 기간 지나면 매입도 가능하도록 했다. 정부로서는 입지에 대한 지원을 집중적으로 하고, 민간에서 이 New Stay에 대한 참여 열풍이 생기도록 유도하고자 했다. 그리고 단지 내 각종 주거 서비스를 대행하는 업체들도 활성화되도록 함으로써 저렴한 임대료에 질 높은 주거 서비스 혜택을 받게 했다.

이런 설명과 지시 후 대통령은 New Stay와 같은 좋은 정책은 반드시 사후 관리가 더 중요하다면서 "산모가 진통 후 출산했을 때 아이 아빠가 이제 고생 끝났다고 하니, 의사는 고생은 지금부터 시작이라고 했다"라는 비유를 들었다. '아이가 바로 정책'이라는 것이다. 아이 잘 키우듯 정책도 잘 관리해야 한다는 것이다.

8-30-15 VIP-②

1. 추경 집행 점검
◦ 8월 한 자릿수 집행
∴ ┌ 고속도로, 산단 공사 개력
  └ 수리시설 개선

1) 소상공인 경영안정자금
  - 신용보증서 제출 조건
2) 관광시설 4,000억, 은행 130% 담보요구
3) 재해예방
  국비-지방비 matching
  → 지자체 matching-부족
  지방채 발행?
2. 재정관리점검회의
◦ 재정집행점검단
◦ consulting
  ┌ 정부-지자체 점검
  └ 부진사업 list
3. 추석 전 소상공인, 관광업체
  자금지원 → 수혜 → 홍보
  ◦ 정부노력의 효과
4. 상생고용지원금
  ◦ 신규채용 쉽게
  노급적용 편법
  ◦ 문화계 지원 공연 ticket
  사재기, 요금인상
  ◦ 지자체, 추경편성 계기
  선심성 공약 방지
  ex) 성남시 메르스 추경
  성남 sports 센터
  복지회관 건립
  =) 감사원 감사
5. 행자부
1) 자치단체별 추경 집행 점검
2) 부실집행 우려
  현장점검
6. 임저 - 공공 반드시 연말까지
  (임금피크제)

○ 농협중앙회
• 합천 가야 조합 최덕규
• 농협간담회
• 회장 권한 분산
8. New Stay 법
• 공급과잉?
• 수도권—토지가격 높고 [부지확보 곤란]
• 재개발·재건축 연계
  조합원 요구
ex) 청천재개발
○ 미분양 시 ___
  건설사 수익↓ 재입찰
  조합 측 입머요금↑
• 인근 지역
  편의시설 도로 요구
  → 지장초래
○ New Stay 일자리
  육아 세탁 일자리↑
• 대단지 지역별 ___
• 소형단지 → 사업성↓
• 세탁소 800세대 ___
• 월 임머료 高
  주변 월세↑
• New Stay 법 관리 필요
  주거안정 집 걱정 없게!
• 재개발연계형
  New Stay 선정
  - 사업비 분배 규정
  - 사업지연 사전 방지
• 인천 도화지구
  - 적극 홍보
  - 지역별 입주 시기 조정
  → 과잉 방지
  - 입주 대란 지역별 겹겹
• 국감 대응 논리 정교하게
  - 서민 주거 안정
  - 임머료

---

7. 농협중앙회
 ○ 합천 가야조합 최덕규
 ○ 농협간담회
 ○ 회장 권한 분산
8. New Stay 법
 ○ 공급과잉?
 ○ 수도권 [토지가격 높고 / 부지확보 곤란]
 ○ 재개발·재건축 연계
   조합원 요구
   ex) 청천재개발
 ○ 미분양 시 ___
   건설사 수익↓ 재입찰
   조합 측 입머요금↑
 ○ 인근 지역
   편의시설 도로 요구
   → 지장초래
 ○ New Stay 일자리
   육아 세탁 일자리↑
 ○ 대단지 지역병세업체 위탁
 ○ 소형단지 → 사업성↓ → ___
 ○ 세탁소 800세대 확보 필요
 ○ 월 임머료 高
   주변 월세↑
 ○ New Stay 법 관리 필요
   주거안정 집 걱정 없게!
 ○ 재개발연계형
   New Stay 선정
   - 사업비 분배 규정
   - 사업지연 사전 방지
 ○ 인천 도화지구
   - 적극 홍보
   - 지역별 입주 시기 조정
   → 과잉 방지
   - 입주 대란 지역별 겹겹
 ○ 국감 대응 논리 정교하게
   - 서민 주거 안정
   - 임머료

○ 주거서비스 TF
- 내, 건설사 부가서비스 TF
- 일자리 창출
- 입주민들 인기 높은 서비스
  ex) Big Data
- 서비스 표준안 마련
- 단지 간 차별 안 두게
○ 소형지구 : 인근 단지와 연계

※ 산모 진통 후 출산 父 고생 끝났다?
의사 지금부터 시작
=) 정책

국민들의 주거를 책임지는 부동산 정책에 대한 박근혜 대통령의 의지는 이처럼 강했다. 이러한 주거 정책으로서의 부동산 정책과는 별도로, 대통령은 도로, 항만 등 각종 국가 기간 시설과 관련된 국토 운영 정책에 관한 올바르고 일관성 있는 추진력도 남달랐다.

그 대표적인 사례로는 당시 뜨거운 감자였던 '동남권 신공항' 해결이 있다. 선거 과정에서 포퓰리즘에 입각해 내놓은 신공항 공약은 '수도권 이전'과 '한반도 대운하'처럼 국민을 현혹하고 갈라놓는 아주 불순한 공약이었다. 부산권과 대구권 간 극대화된 갈등이 있던 시점에 박근혜 대통령은 위험 부담을 안고 개입했다. 세계적인 공항입지 전문 평가 회사인 ADPi에 용역을 맡겨 그들의 최종 결정을 따르겠다는 것이었다.

이에 대해 관련 지자체장 간에 서로 결과에 승복하겠다는 협약도 맺었다. 결론은 김해공항의 확장이었다. 기존 활주로에 비스듬히 하나 더 활주로를 만들어, 기존의 비행 노선상 문제와 비용을 절감하는 방안이었다. '신의 한 수'로 간주될 정도였다.**

수첩 57권(2016.6.24.~7.4.)의 6월 25일 자 메모의 18번에는 박근혜 대통령의 신공항 관리에 대한 언급이 다양한 내용으로 담겨 있다. 사후 관리도 철저히 하라고 당부했다. 그런데 이것들을 모두 뒤집은 문재인 정부는 역사에 남을 심각한 문제를 야기한 셈이다.

** 관련 기사 – 조선일보 2016.6.22. A01면, 조선일보 2016.6.22. A02면, A05면 참조

6-25-16 VIP-①

1. 미세먼지 대책 홍보
   ◦ 정책보다 홍보

   > 미리 알리고
   > 선제적 싸움 이겨야

2. 보훈처
   - 광주시
3. 브렉시트
4. 최저임금
   - 외국수준 비교
   - 경제적 취약계층
     소상공인회
5. 최  상사
   ◦ _____ - 30명
6. 돌봄교실
7. 국회

---

18. 신공항 관리
◦ 국책사업 용역부실해서
  수도권 경전철
  인천 공항철도
  이용률 예측 x
  → 최소이용지원금 지급
◦ ADPi 합리성, 공정성
  희망공항 인천 김해 제주
  100군데
◦ 전문성 부족 용역
◦ 김해신공항 후속안
  → 기업유치 안 됨
  하늘길 안 열려
◦ 밀양보다 20분
◦ 연구소 유치 가능
◦ 교통·물류

신공항 선정과 함께 박근혜 대통령이 심혈을 기울여 오랜 숙제를 해결한 것은 대구공항 이전이라고 할 수 있다. 대구공항은 군 공항과 같은 위치에 입지한 지 오래되었는데, 전투기의 소음으로 인근 주민들의 불편과 불만이 갈수록 커졌다. 더구나 민간 공항 또한 대구 시내 중간에 있어 교외로의 이전이 불가피한 상황이었다. 이 문제의 해결을 위해서는 우선 군 공항을 적절한 곳으로 이전하는 것이 필요했다. 아울러 민간 공항도 대구 인근 지역을 이전 공항으로 물색하는 것이 요구되었다. 이러한 복잡다기한 문제를 대통령은 오직 공정과 합리성, 그리고 전문성을 기초로 해결해냈다. 국방부와 대구시, 그리고 경상북도 등 지자체 등과 긴밀한 협의를 함으로써 대구공항 이전을 결정했다. 대구공항 이전 지역은 지자체의 주민투표를 통해 결정하는 것으로 해서, 추후 의성으로 최종 결정되었다.

# 중소기업 정책과 전통시장 대책

중소기업과 전통시장은 세 가지 공통점이 있다. 첫째, 한 가지 업종이나 제품에 대한 오래된 경험을 갖고 있다는 것이다. 이를 '전통'이라 이야기해도 좋을 것이다. 둘째, 고유의 기술과 맛으로 성공했다는 것이다. 셋째, 지역에 오랜 입지를 기반으로 지역 친화적이라는 것이다. 이 세 가지 공통점은 중소기업과 전통시장은 자신만의 기술과 맛 등으로 오랜 기간 고객을 확보하면서 특정 지역을 기반으로 하고 있다는 것으로 정리된다.

그런데 중소기업과 전통시장은 각각 대기업과 대형 유통 업체와 경쟁하면서 자신들이 갖고 있던 경쟁력을 잃을 수 있다. 그래서 이들에 대한 정부 차원의 효과적인 지원이 필요하다. 대기업과 대형 유통 업체와 비용과 유통망 측면에서 뒤지지만, 중소기업과 전통시장이 갖는 국민 경제적 경쟁력이 여전히 존재하기 때문이다.

박근혜 정부는 중소기업과 전통시장에 대한 정책을 그저 보호와 지원 일변도에서 벗어나고자 노력했다. 중소기업과 전통시장이 갖는 특화된 경쟁력을 발휘할 수 있도록 효과적인 마중물 역할을 하면서 동시에 무차별적으로 중소기업과 전통시장에 지원하는 포퓰리즘 정책에서 탈피하여 실질적이고 효과적인 맞춤형 지원 정책을 개발하고 적용하고자 했다.

우선, 중소기업에 대해서는 창조경제혁신센터를 통한 지원 시스템을 구축했다. 창조경제혁신센터가 갖고 있는 대기업과 중소기업의 상생 기능, 지역 대학과 연구소로부터의 인력과 기술 지원, 중앙정부와 지방정부의 금융, 법률, 조세, 유통 상담 및 지원을 통해, 해당 지역 내 중소기업의 경쟁력을 강화하도록 하는 것이다. 실질적으로 창조경제혁신센터는 해당 지역의 특화된 업종을 중심으로 가치사슬value chain을 구성하되, 그 중심에 중소·벤처기업이 있도록 하는 장치다.

중소기업 정책의 또 다른 지향점은 가업 승계를 통해 전통성을 이어 가도록 하고 기술과 인력을 지속화하는 것이다. 독일과 일본같이 수백 년 된 중소기업을 만들어 내기 위해 정부 차원의 노력 일환으로 가업 승계의 장애물을 치워주는 데 초점을 맞추었다. 아울러 중소기업이 경쟁력을 확보하여 궁극에는 중견기업으로 발전할 수 있도록 각종 규제를 없애주는 것도 추진했다. 이른바 '피터팬 증후군', 즉 중소기업 범위를 벗어나는 순간 각종 지원이 없어지면서 규제가 몰려오는 불합리를 바로 잡고자 했다.

소상공인에 대한 정책도 넓은 의미의 중소기업 정책에 포함된다. 그래서 중소기업청의 주요 업무 중 하나도 소상공인 정책이었다. 청와대 경제수석실 산하에 있는 6개 비서관실 중 하나인 중소기업비서관실도 소상공인 관련 업무를 담당했다. 박근혜 대통령이 후보 시절 내놓았던 공약이었던 소상공인지원법 제정과 소상공인지원기금 조성은 정부 출범 이후 실현되었고, 이를 관리하고 책임지는 정부 부처는 중소기업청이었다.

박근혜 대통령은 소상공인기금 조성과 함께 실제 소상공인에 대한 정부 차원의 지원에 열성을 다했다. 그 대표적 사례가 문래동 소상공인센터 출범식에 참여하여 국민적 관심을 받도록 한 것이었다.* 문래동 지역에 특화된 철공소 공인들이 가진 높은 기술력을 인근 예술가들과 연계하고, 인근 지역을 예술·디자인과 철공예를 접목하는 곳으로 만들었다.

문래동 소상공인센터는 대통령의 적극적인 국민 통합 의지가 결실을 본 사례라고 할 수 있다. 2014년 6월 중앙아시아 3개국(우즈베키스탄, 카자흐스탄, 투르크메니스탄) 순방에 함께 수행한 전순옥 의원과의 기내 만남이 계기가 되었다. 당시 대통령은 전격적으로 야당의원을 순방에 초청하였고, 별도의 시간을 내어 기내에서 1시간 가까이 대담을 했다. 그 자리에서 전태일 열사의 동생과 화해함과 동시에 전순옥 의원이 제안한

* 관련 기사 - 한국경제 2014.11.22. A03면 참조

소상공인 지원 대책도 수용했던 것이다.

수첩 1권(2014.6.11.~6.26.)의 6월 18일과 6월 20일 자 메모를 보면, 내가 주선한 그 만남에서 박근혜 대통령이 말한 요지를 알 수 있다. 실제 대통령과의 만남에서 전순옥 의원이 언급하거나 제안한 내용은 〈전순옥 의원〉이라는 제목 아래에 메모되어 있다. 전 의원은 우선 문래동의 기계정밀에 특화된 소공인들에 대해 언급하면서 이들이 올림픽기능대회에서 많은 수상 경력이 있다고 소개했다. 이러한 문래동 소공인들의 기술력을 활용하고, 이들이 적극적인 활동을 할 수 있는 여건을 조성하기 위해 소상공인센터를 개설하는 방안도 제안했다. 이를 계기로, 대통령이 당시 기내 만남에서 약속한 대로, 문래동 센터 출범식에 방문하게 된 것이었다. 수첩 6권(2014.8.3.~8.14.)의 8월 10일 자 메모를 보면, 대통령은 소공인센터들을 예술과 연계하는 시도를 계속할 것을 지시했다.

수첩 6권(2014.8.3.~8.14.)의 8월 13일 자 메모는 내가 경제수석으로 근무하면서 처음으로 국회의원회관에 방문해 소상공인 정책 관련 전순옥 의원의 제안을 들은 내용이 담겨 있다. 소공인 집적지가 전국에 278개 있고, 이에 대한 지원이 필요하다는 것과 6대 패션 산업 관련 지원 방안을 듣고 검토했다.

6-18-14 VIP 보고

1. 유라시아 외교
   → 유라시아 Initiative + 경제협력
2. 전순옥 의원 면담
   1) 창조경제
      - 섬유 + 염색 + IT
   2) 여야 협력 소통
3. 경제혁신정책 roadmap
1) ~7월
   → 핵심 선택 집중
2) 정책 + 홍보 + 정무
                국회
정책  홍보수석 정무수석
3) 인원 충원
4. 민생경제 지표
   - Big Data

6-20

1. 유라시아 외교 성과 홍보
   1) 대중소기업 세미나 → 7/7
   2) episode
2. 투르크
   1) 청년연수 LG 등 고용
   → 노동수석
   2) 가스 무한공급
   머신 기술전수, 교육, 기술
3. 유라시아 복합물류망
   산업 다변화
   유라시아너-개념 × 신체
   이라크-아프간 연결
   =) 유라, 이너, 부착
   기업 의견 청취
4. 전순옥 간담
   1) 문래동 기계
   울텀력기능머회
   2) 소공인
   3) 노조머화


〈전순옥 의원〉
1. 제조업 + 폐사 창고정리
   연구
   ◦ 다품종 소량생산
   손기술
   영국 → 2002년
   ◦ 100만 명
     의류 가방 진출
     류어러 안정

* 문래동 기계 정밀
◦ 울텀력 기능머회
◦ 2000개 공장
2. 20~30년 공장
◦ 머덕 소공인

도시형 소공인 제정법
=) 제조업
3. 노초와 대화
   한노총, 민노총 등

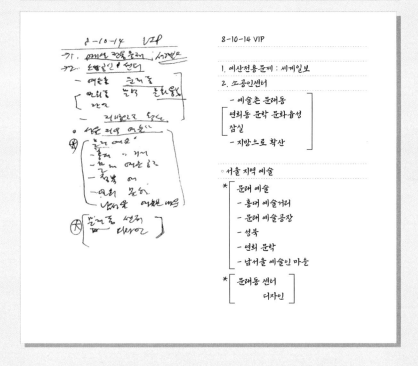

8-10-14 VIP

1. 예산전용문제 : 세계일보
2. 소공인센터

   - 예술촌 문래동
   연희동 문학 문화융성
   잠실
   - 지방으로 확산

◦ 서울 지역 예술

\* 문래 예술
   - 홍대 예술거리
   - 문래 예술공장
   - 성북
   - 연희 문학
   - 남서울 예술인 마을

\* 문래동 센터
       디자인

## 수첩 6권 (2014.8.3.~ 8.14.)

8-13-14 전순욱 의원

〈소공인〉
1) 집적지
　13년 6개 3억~4억
　전국 278개 20억
　　10% 20개 하라
　　- 100억
　　6:4 matching
　　2015 70~80억 배정
＊ 뿌러 평균 인원 4.3명

2) 6대 패션산업
　동대문 25조 연 매출
　창조경제 valley
＊Made in Korea premium 상가 지정
　4만 개 가게
　형지
　한국기술표준원
　250억
　중국 이우시장 상해 → 항주

전통시장에 대한 지원 역시 박근혜 정부가 중점적으로 추진한 것이었다. 앞서 설명했듯이 전통시장에 재정과 시설을 단순히 지원하는 것이 아닌, 전통시장별 특화를 기초로 경쟁력을 확보하도록 지원하고, 안내하고, 나아가 홍보하는 것이었다.

대통령은 보여주기식이나 가식적으로 연출된 행사를 극히 싫어했다. 나 또한 정치인이 소통한다면서 '쇼'를 하는 것에 대한 혐오감이 컸던 터라 이런 대통령의 자세를 높이 평가했다. 명절이나 선거철에 정치인이 전통시장에 가서 어묵이나 떡볶이를 먹는 행사와는 달리 전통시장이 가진 고유의 테마, 즉 특화성을 찾아내서 이를 개발하고 홍보하는 차원에서 대통령이 방문하는 것은 바람직했다. 그래서 대통령을 설득해 전통시장 특화 개발 프로젝트를 본격화하면서 방문을 계속 이어갔다.

첫 번째 전통시장 방문은 청주 서문시장이었다. 삼겹살을 특화한 청주 시장은 사실 세종실록에도 언급되어 있는 역사성이 있었다. 그래서 이러한 특성을 부각하여 대통령이 홍보한 결과, 매출이 몇십 배 늘고, 강원도 횡성 한우와도 자매를 맺을 정도로 발전했다.** 그 이후로도 광주, 제주, 대전, 대구, 부산 등의 전통시장을 각종 테마를 기초로 방문해서 해당 전통시장의 개발 계기를 마련하고 나아가 적극적으로 홍보했다.

** 관련 기사 ― 동아일보 2014.8.7. H14면 참조

수첩 11권(2014.10.22.~11.2.)의 10월 28일 자에는 국무회의 때 전통시장의 차별화·특성화 등 많은 지시를 한 것이 기록되어 있다. 이는 대통령이 국무회의에서 각료들을 대상으로 전통시장과 관련된 여러 지원 방안을 설명할 정도로 대통령의 의지와 열성을 엿볼 수 있다.

박근혜 대통령은 전통시장과 관련된 전국 시장 담당자들과 간담회도 가졌다. 수첩 19권(2015.2.10.~2.23.)의 2월 10일 자에는 서울 중곡시장에서 가진 간담회에서의 대화 내용이 정리되어 있다. 부산 국제시장, 광주 대인시장, 인천시장, 대구 서문시장 상인 대표와 각 지역 대표들의 건의 사항과 이에 대한 대통령과 중소기업청장의 답변 내용이 담겨 있다. 대통령은 이러한 모임을 지속화해서 전통시장의 차별화·특성화를 추진할 것을 약속하기도 했다. 이 자리에는 SK의 간부도 참석하여 전통시장을 ICT 친화적으로 발전시키는 방안도 소개했다. 아울러 시장별로 지역의 예술인과 연계하고, 시장 내 어린이 놀이 공간과 주차장 등의 시설도 확보하기 위한 노력을 약속했다.

중소기업과 전통시장 등의 상품 판매를 극대화하는 방안으로 블랙 프라이데이 행사를 2015년 시작한 것도 대통령의 강한 의지의 결실이었다. 수첩 39권(2015.10.19.~11.4.)의 10월 25일 자는 할인 등의 대대적 행사를 통해 획기적 판매 증대를 시도하자는 대통령의 지시가 담겨 있다. 명칭도 '코리아 그랜드 세일'로 확정했다.

10-28-14 국무회의

〈VIP〉

◦ 전통시장 활성화 Keyword

* ┌ 차별화, 특성화
  └ 서비스수준 제고는 기본

◦ 성공사례 들어야
◦ 상인회에서 자발적 참여
  유도가 중요
◦ 2002~14 1,372개
        80% 1,084개
  - 시설현대화 지원
  - 매출 20조 원
  - 내년 예산 소상공인 지원 1.2조 → 2조

  ┌ 차별화 특성화
  │ 자발적
  │ 성공사례 375개
  └ 실태조사(900개)

교육 정보제공
전통시장 종사자 Brain storming

=) 성공사례 만들기
  전통시장다운 특성
  story telling 식
성공사례 공유 필요

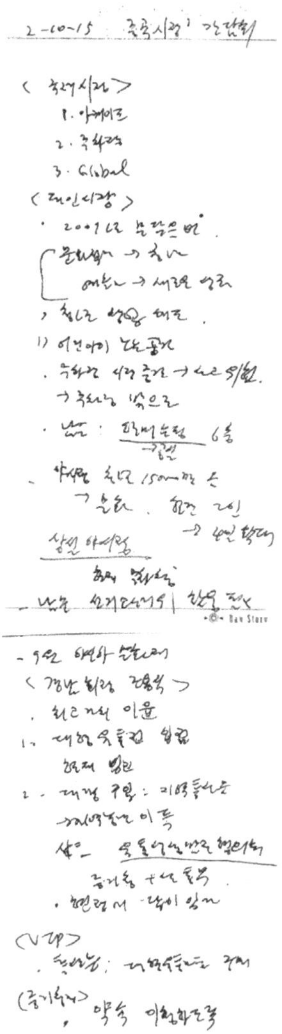

2-10-15 중곡시장 간담회

〈국제시장〉

1. 아케이드

2. 주차장

3. Global

〈대인시장〉

◦ 2007년 문 닫을뻔

[ 문화적 → 청년
  예술 → 새로운 상권

◦ 청년 창업 쇄도

1) 어린아이 노는 공간

◦ 주차장 시장 중간 → 사고위험

→ 주차장 밖으로

◦ 남문 : 한미쇼핑 6층

→ 공실

- 야시장 청년 150만 옴

→ 문화, 할랄 2일

→ 4일 확대

- 상설 야시장

현재 주차장

- 남문 선거관리위 활용 필요

- 9월 아시아 문화재

〈경남회장 조용식〉

◦ 최고가치 이윤

1. 대형유통점 입점

현재 법인

2. 대량 구입 : 지역 특산물

→ 지역농민 이득

- 유통상생발전협의회

중기청+산통부

◦ 현장에 답이 있다.

〈VIP〉

◦ 특산물 : 대형유통마트 구매

〈중기청〉

◦ 약속 이행하도록

〈VIP〉

- 오늘 모임 게기 지속화

〈전남 회장〉

◦ 신도심 명품

나주, 광양, 한전오면 시장 요구
명품시장 롯데 등 대항 만들라
신도시식 조건부 시장 만들라

〈인천 시장〉

◦ 국방부, 인천시 갈등

〈서문시장 김상인〉

◦ 봉명시장 신청

◦ 화재 후 공터 → 공연장화

◦ 늘거리 볼거리 즐길거리

◦ 5월 상설줄을야시장

◦ 외국인 관광객 유치 희망

  Global Mart

◦ 동아시아 음식

  ┌ 골목형
  │ 글로벌 명소
  ├ 중국 관광객 600만
  └ 전체 1400만

〈VIP〉

◦ 지역마다 문화나 스토리

〈최경식 충북상인〉

◦ 알밤 육거리

◦ 아케이드 최초

  청주국제공항

◦ 중국 관광객 ↑

〈VIP〉중국 관광객 좋아하는 것?

- 화장품, made in korea 상품

- Global 명품시장

  국비 50% 지방 25%

〈대구서문시장〉

◦ 화재

◦ 대규모 점포

  온누리 상품 ×

◦ 2지구 점포 1497 3000명

- 8개 지구

〈 SKT 이형희 부사장 〉
- 청주시 + 인천 인기시장
- 3년 전부터
- SSM 갈등 원인
  1) 정보격차
  2) 규모과 MK 차이
⇒ My shop 재고, 회계 고객관리
⇒ Mobile 인프라 share
⇒ 무선인터넷 무료 제공
  ICT 체험단

〈 축제 이형희 〉
1) 광장시장 (음식)
   Item    Local 음식
2) 한복시장 활성화
   문화예술 → 메인
            전주? 시장

[ 예술인 복지 가능
[ 복합적 틀 만들면 좋을

〈 제주 〉
- 관광객 1,200만
- 명품시장 신청
  중문 재래시장
〈 대전 〉
- 중앙시장
- 1,000개
- 간담회 주차장 약속
  동구청장, 대전시장
〈 광주 〉
- 선물 포장 감사
1) 노점문제
   일본, 중국, 꼬막
   원산지 표시 않고 판매
   ⇒ 신뢰 위해
      먹거리 단속

〈SKT 이형희 부사장〉
◦ 청주시장 + 인천 인기시장
◦ 3년 전부터
◦ SSM 갈등 원인
 1) 정보격차
 2) 규모력과 Marketing 차이
=) My Shop 재고, 회계, 고객관리
=) Mobile 인프라 Share
=) 무선인터넷 무료 제공
   ICT 체험단

〈축제 ___〉
1) 광장시장 음식
   Item    Local 음식
2) 한복시장 활성화
   문화예술 → 메인
                전주 ? 시장
시장정책
물건 파는 곳 → 청년실업 극복
                문화 예술가

┌ 예술인 복지 가능
└ 복합적 틀 만들면 좋을

〈제주〉
- 관광객 1,200만
- 명품시장 신청
  중문 재래시장
〈대전〉
- 중앙시장
- 1,000개
- 간담회 주차장 약속
  동구청장, 대전시장
〈광주〉
◦ 선물 포장 감사
1) 노점문제
   일본, 중국, 꼬막
   원산지 표시 않고 판매
   =) 신뢰 위해
      먹거리 단속

2) 설명절 주차장

　주차장 공간확보 → 노점

〈부산〉

○전통시장 균형발전 x

○소외된 시장

　국제시장 열악, 명품시장 선정

〈전국회장〉

○전통시장박람회 10월

## 수첩 39권 (2015.10.19.~11.4.)

10-25-15 VIP

1. 한중 MOU 콘텐츠 개발비

2. 시정연설

3. 블랙프라이데이

　○가을 혼수 → 할인 소극적

　○유통과 제조 불균형

　- 과도한 판매수수료

　제조업 30% 할인 백화점 3%

○할인품목

백화점 vs 전통시장

- 할인가 비교

=) 홈커개설 but 내용 부족

　○외국은 공휴일

　○업계 간 조율 위해

　기계, 산업 기획상품 선정

　할인을 사전논의

　○판매수수료 인하

　○K 블랙프라이 → 한국어 명칭

　ex) 대한민국 통큰 할인

　　　Korea 머박 세일

　=) 코리아 그랜드 세일

제5부

# 복지·교육·환경·에너지 공약을
# 정책으로

# 기초연금 도입

기초연금법은 2014년 5월 2일 국회에서 통과되어 2014년 7월 1일부터 시행되었다.* 앞서 기초연금을 공약으로 내세우고, 이를 추진한 과정에 대해 간략히 설명한 바 있다. 여기서는 좀 더 상세히 그 과정과 의의를 살펴보고자 한다.

기초연금을 도입한 개혁이야말로 다른 어떤 개혁 과제보다도 포퓰리즘과 오랜 기간 전쟁을 치른 후 거둔 엄청난 승리였다. 기초연금 도입의 필요성이 제기된 1990년대 후반 이후, 15년 이상의 기간 각고의 노력 끝에 이루어 낸 개혁이었다. 나는 기초연금 도입을 시종일관 주장하고 이를 정치인들에게 설득해 온 학자였다. 그리고 2014년 2월 6일 국회 내에 기초연금 도입 여야정 협의체가 발족한 이후 우여곡절 끝에 결국 여야 협상 타결을 이끌어 낸 국회의원이기도 했다. 그래서 누구보다 기초

---

* 관련 기사 - 한국경제 2015.5.3. A01면, 중앙일보 2015.5.3. 030면 사설 참조

연금법 국회 통과에 감회가 새로웠다. 기초연금 도입의 시작과 끝을 함께하면서 역사적 과업을 완수했다는 데 대한 남다른 자부심으로 벅찬 순간이었다.

이 기초연금이 도입되고 난 뒤, 세계 최고 수준이던 우리의 노인 빈곤율은 점차 낮아지기 시작했다. 베이비붐 세대가 은퇴하기 시작한 최근에 이르러서는 기초연금 도입과 같이 의미 있는 개혁이 왜 이렇게 늦어졌는지, 그리고 그동안 포퓰리즘은 어떻게 이런 개혁을 방해했는지를 소상히 살펴보는 것이 중요하다.

기초연금의 기본안은 1998년 '국민연금개선기획단'에서 공식적으로 마련되었다. 당시 2000년 국민연금의 자영자 확대를 앞두고, 국민연금 개선안을 세 가지로 마련하였다. 그중 '제3안'이 바로 기초연금의 도입을 골자로 하는 국민연금의 기초 부분과 소득 비례 부분의 이원화 방안이었다. 당시 기획단 내에서 이 제3안은 나와 함께 김용하 당시 순천향대 교수(훗날 보건사회연구원장)와 문형표 KDI 박사(훗날 복지부 장관)가 중심이 되어 제안되었고, 기획단 내 논의를 거쳐 최종 합의안이 정부에 제출되었다.

이 제3안, 즉 최종안에 대한 좀 더 자세한 설명이 필요하다. 사실 국민연금의 구조는 일반 국민이 이해하기가 어렵다. 그런데 기존 제도를 바꾸는 개혁안은 구조를 바꾸는 것이라 더욱 이해하기가 어렵다. 이러한 난이성 때문에 개혁의 필요성과 개혁안의 장점을 국민에게 알기 쉽게 설명하기가 힘들다. 그러나 나는 최대한 쉽게 설명하면서 개혁안, 즉 국민연금 이원화 방안을 소개하고 설득하기 위해 노력했다("국민연금개혁의 정치경제학", 응용경제 제7권 제2호 2005.9. 참고).

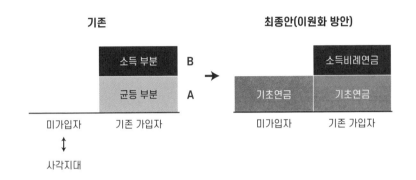

위의 그림은 기존 국민연금 구조와 이원화된 국민연금 구조를 비교하는 것이다. 기존 국민연금은 공무원, 군인, 사립학교 교직원을 제외한 일반 국민 중에서 일정 기간 이상 고용되어 국민연금에 가입한 국민을 대상으로 한다. 그런데 그 외 국민은 미가입자로 사각지대에 놓이게 되어 노후 빈곤으로 빠질 위험이 커지게 된다. 기존 국민연금은 균등 부분(A)과 소득 부분(B)을 가중평균한 것을 기준으로 연금 급여액이 정해진다. 즉, 균등 부분(A)은 전 가입자의 평균 소득을 의미하고, 소득 부분(B)은 해당 가입자의 가입 기간 평균 소득을 의미한다. 따라서 소득자 중 소득이 낮을수록 상대적으로 더 많은 연금을 받게 한다는 것이다.

그래서 당시 국민연금의 급여율, 즉 자신 평생 소득(임금) 대비 연금 급여의 비중은 평균 소득자는 70%였지만, 저소득층은 120%까지 높고,

고소득층은 40%에 불과했다. 즉, 연금 급여에서 재분배 효과가 크게 반영되어 있었다.

이처럼 높은 재분배 기능은 바람직하지만, 자영자에게 국민연금을 확대하기로 한 2000년대 이후에는 문제가 발생할 것이었다. 자영자가 실제 소득보다 낮게 신고할 경우 저소득층으로 분류되어 기존 근로자들이 상대적으로 고소득층으로 취급되게 됨과 동시에 높은 재분배 구조로 큰 손해를 보게 되는 것이다.

그래서 당시 국민연금개선기획단은 2000년 자영자 확대를 앞두고 이러한 문제를 해결하고자 개선안을 고민했다. 그래서 이원화 방안은 자영자 확대 적용에 따르는 문제 해결과 함께 사각지대에 놓인 국민들의 노후 소득 보장을 해결해 주는 것이었다. 그림에서처럼 이원화 방안은 미가입자도 가입자와 같이 기초연금을 지급하는 것이 골자이고, 나아가 가입자는 기존 균등 부분(A)에 해당하는 부분을 정액의 기초연금으로 전환시켜 나머지는 소득 재분배 기능 없이 자신의 소득에 비례해서 연금을 지급하는 것이다. 중요한 것은, 기초연금의 재원을 어떻게 할 것인가였다. 이는 일반회계에서 조달하거나 기존 국민연금 적립금에서 조달하는 두 가지 방안이 고려되었다.

일반회계에서 조달하는 것은 전 국민의 기초연금 재원을 모든 납세자의 세금에서 마련한다는 것이다. 한편, 국민연금 체제 내에서, 즉 국민연금 기금에서 조달한다는 것은 국민연금 가입자가 납입하여 적립된

보험료에서 조달하는 것을 의미한다. 당시에는 사각지대에 있는 국민의 기초연금을 전 국민이 함께 참여하여 재원 조달하도록 하는 것이 바람직하다는 의견이 더 설득력을 얻고 있었다.

자영자로 국민연금이 확대될 경우 발생하는 기존 가입자, 즉 근로자들이 손해를 보는 문제는 이원화 방안에서는 발생하지 않는다. 왜냐하면, 이원화 방안은 소득 비례 연금 부분이 소득에 비례해서 연금이 정해진다는 점에서 자영자가 낮게 소득을 신고하더라도 그만큼 작은 연금을 받게 되기 때문이다. 재분배의 기능은 바로 정액의 기초연금이 담당하게 된다.

이러한 이원화 방안이 갖는 장점이 당시 잘 설득되어 한국노총도 이 안에 동의했다. 당시 나는 한국노총 위원장과 간부들을 직접 만나서 천신만고 끝에 그들을 설득했다. 그 결과 이원화 방안인 제3안이 국민연금개선기획단 단일안으로 정부에 제출되었다.

하지만 이 안은 결국 복지부의 반발 등으로 무산되었다. 국민연금을 이원화하여 기초 부분은 정액제로 전 국민에게 지급하고 비례 부분은 각자 낸 것에 비례해서 지급하게 되면, 그만큼 복지부가 갖게 되는 힘이 줄어든 것이라는 우려 때문이었다. 복지부는 이러한 반대가 부처 이기주의 때문이 결코 아니라고 아직도 주장하고 있을 터이다. 하지만 국민연금의 막대한 기금이 적립되어 있는 상황에서 이 기금이 줄어들거나 이 기금으로 할 수 있는 복지부의 재량이 줄어드는 것을 경계했던 것은 분명하다.

이러한 기초연금 도입안은 1998년 국민연금개선기획단 단일안 도출 이후 16년이라는 세월이 흐른 뒤, 결국 국민연금의 이원화 대신 기초연금을 별도로 도입하고 지급 금액은 20만 원을 기준으로 국민연금 가입 기간에 따라 줄이는 방안으로 수정되어 최종 합의되고 통과되었다. 이는 유시민 복지부 장관 시절 2008년 7월부터 도입된 기초노령연금과는 달랐다. 기초노령연금은 정액을 일반회계 재정으로 지급하는 것으로 국민연금과의 연계가 전혀 없었다.

따라서 최종 도입한 안은 1998년 기획단의 이원화 방안과 유시민 장관의 기초노령연금의 절충안이라고 할 수 있다. 그렇더라도 가장 중요한 의미는 국민연금과 연계했다는 점이다. 국민연금 가입 기간에 연동한다는 의미는 국민연금의 이원화를 기초로 하고 있다는 것이다. 국민연금 가입 기간이 길수록 안정적인 노후 소득 보장이 가능하다는 점에서 기초연금 금액을 감액할 수 있는 여지가 생기는 셈이다. 그래서 국민연금 발전에 도움이 되는 것이다.

최종적으로 통과된 기초연금안은 포퓰리즘의 공격에 여러 난관을 거쳐왔다. 이는 1998년 국민연금개선기획단의 국민연금 이원화 방안과는 다르지만, 기본 취지는 같다고 할 수 있다. 2008년 7월부터 시행된 기초노령연금이 있는 상태에서 이를 흡수하면서 이원화 방안의 취지를 살리기 위해서는 다음 그림과 같은 조정이 필요했다.

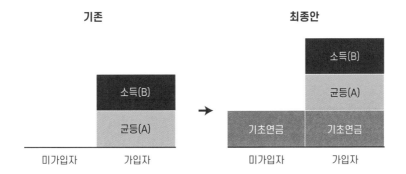

| 기존 | 최종안 |
|---|---|
| 소득(B) | 소득(B) |
| 균등(A) | 균등(A) |
| 미가입자　가입자 | 기초연금　기초연금 |
| | 미가입자　가입자 |

　기존 이원화 방안에서는 기초연금과 소득비례연금으로 이원화하여 기존의 균등 부분은 없어지는 구조였다. 그러나 2014년 최종안에서는 기초연금 도입에도 균등 부분이 남아있게 되었다. 따라서 최종안에서는 국민연금 가입 기간이 길수록 기초연금 금액을 줄여줌으로써 기존 가입자가 상대적으로 더 유리해지는 것을 바로잡고자 했다. 즉, 소득이 높을수록 가입 기간이 길게 나타나는 점을 감안하여 가입 기간에 따라 금액을 조정한 것이다.

　이러한 안을 제대로 이해하지 못했거나 이해하고도 정치적 이유로 반대한 사람들이 있었다. 그중 한 명이 당시 진영 복지부 장관이었다. 그는 이 안을 반대한다는 명분으로 장관직을 사퇴한다고 했다. 그러면서 한 언론 인터뷰를 통해 이 안은 가입 기간이 길수록 기초연금액이 줄어들기 때문에 국민연금 가입자 100만 명이 탈퇴할 것이라고 했다.**

---

** 관련 기사 – 중앙SUNDAY 2013.10.6. 003면 참조

사실 그런 일은 애초 발생할 수 없었다. 기초연금이 줄어드는 금액은 최대 10만 원인 반면, 가입 기간이 늘어남에 따른 연금액 증가는 이보다 더 크기 때문이다. 이처럼 기초연금액을 가입 기간에 연계하는 것에 대한 오해는 2013년 국회의 '여야정 기초연금도입위원회'에서도 이어졌다. 그래서 당시 야당 의원들은 가입 기간 대신 소득에 연계해서 기초연금을 감액하자고 주장하기도 했다. 나는 소득에 연계하는 것은 소득을 파악하는 절차가 필요함으로써 행정상 힘들고 혼란을 초래하기에 곤란하다고 설명했다. 소득 수준이 높은 가입자일수록 가입 기간이 기므로, 가입 기간으로 연계하더라도 결국 소득에 연계하는 것과 유사한 효과가 있다고 설득했다.

그리고 기초연금 도입안의 기본 취지가 사각지대 해소와 함께 장기적 안정성 확보라는 점을 다시 한번 강조했다. 그러면서 노인 빈곤 감소 효과를 봐가면서 필요하면 이 기초연금액을 20만 원에서 30만 원으로, 그리고 그 이상으로 높일 수가 있다는 점을 내세웠다. 결국, 당시 여야정 협의체 야당의원들은 나의 주장에 동의했고 이를 기초로 법이 통과되었다.

기초연금이 도입된 2014년 이후 기초연금 도입에 따른 노인 빈곤 감소 효과는 조금씩 나타나기 시작했다. 노인 빈곤율이 OECD 회원국 1위라는 불명예에서 벗어나지는 못했지만 47%가 넘던 노인 빈곤율이 떨어지기 시작했다는 점이 중요하다. 그래서 2020년 총선 등 선거 때마다 기초연금액을 30만 원, 40만 원으로 인상하겠다는 공약 경쟁까지 생겨났다. 그러나 기초연금액 인상은 노인 빈곤 상황과 재정 상황을 감안하여 신중히 추진해야 한다.

# 맞춤형 빈곤 대책

빈곤 대책은 복지 정책의 핵심이다. 자본주의 사회에서 부득이하게 빈곤의 나락에 떨어지는 국민을 보호하는 것은 국가의 책무이다. 빈곤의 원인이 되는 여러 요인을 바로잡는 것이 중요하고, 아울러 빈곤에 처한 국민을 빈곤에서 벗어나게 하는 것도 중요하다. 이처럼 빈곤을 종합적으로 고려하여 만들어지고 추진된 것이 맞춤형 빈곤 대책이라 하겠다.

빈곤의 원인과 상관없이 빈곤층에 지급되는 각종 혜택은 효과가 낮고 효율적이지도 못하다. 빈곤의 가장 중요한 요인으로 생각할 수 있는 것은 근로 능력이 있는가 없는가이다. 건강 문제나 직무 능력 문제로 일할 수 있는 기회를 얻을 수 없는 빈곤층을 근로 능력이 있는 빈곤층과 같이 취급해서는 안 된다는 것이다.

바로 이 점에서 두 번의 빈곤 대책 관련 세미나 이야기를 하고자 한다. 한 번은 1999년 실시된 국민기초생활보장제도 도입 방안 세미나고,

또 한 번은 박근혜 대통령 후보가 주최한 2011년 고용 복지 세미나였다. '국민기초생활보장제도'는 근로 능력 유무와 상관없이 네 가지 급여(현금, 의료, 교육, 주거)를 빈곤선(최저생계비에 상응하는 소득 수준) 아래 국민을 대상으로 한꺼번에 주는 것이었다. 첫번째 세미나는 2000년 국민기초생활보장제도를 앞두고 개최됐는데 나는 토론자로 참석했다. 당시 나는 두 측면에서 이를 크게 비판한 바 있다. 첫째, 근로 능력 유무를 구분하지 않으면 결국 재원 낭비와 함께 효과 또한 떨어질 것이라는 점. 둘째, 빈곤선을 기준으로 모든 급여를 지급 시 전부 아니면 전무All or Nothing 같은 상황에 놓이며 근로 의욕을 현저히 떨어뜨릴 수 있다는 점이었다. 빈곤선에 1원이라도 초과하는 소득이 생기면 모든 급여가 사라지므로, 대상자들은 일을 하지 않고 빈곤선 아래의 소득을 유지하고자 할 것이다.

그런데 나의 이러한 비판은 전혀 들어 줄 분위기가 아니었다. 무조건 더 많이 준다는 데 주목하고 있는 언론이나 청중들은 내가 내놓은 부작용에 대한 예측은 대수롭지 않게 여겼다. 그러나 나의 두 가지 예측은 도입 후 현실로 나타났다. 빈곤 대책으로서의 국민기초생활보장제도가 빈곤 탈출에 효과적이지 않게 된 것이었다.

이러한 국민기초생활보장제도가 도입된 지 거의 15년이 되어서야 내가 1999년 당시 제기했던 문제를 해소할 방안이 마련되었다. 이 15년 동안 우리 빈곤층은 이른바 한 번 빈곤층에 떨어지면, 벗어나지 못하는 빈곤 함정Poverty Trap에 빠져 있었다. 최저생계비를 1원이라도 초과하는 일을 하게 되면, 그동안 받던 현금, 의료, 교육, 주거 급여 등 모든 급여를 받지 못하는 현행 제도하에서 어느 빈곤층도 일하고자 하는 의욕을 가질 수가 없었다.

더구나 국민기초생활보장제도가 본격화된 이후 나타난 또 하나의 문제점은 복지 행정상 이른바 '깔때기 현상'이라는 것이었다. 최저생계비를 기초로 네 가지 급여를 받게 되는 국민기초생활보장제도 이외에도, 교육부, 노동부, 국토부 등 중앙정부 부처들과 지방정부는 최저생계비 기준으로, 혹은 국민기초생활보장 대상자를 상대로 여러 가지 급여 등의 혜택을 주고 있기 때문이다. 한때 이러한 혜택이 20개에 달할 정도였다. 이처럼 여러 행정 부처들이 만들어 내는 혜택들은 결국 일선 복지 행정 담당자들이 처리해야 하므로 대상자를 제대로 파악하여 혜택을 전달하는 것이 힘들어진다. 위에서 아무리 좋은 혜택을 만들어 일선에 내려보내도 깔때기처럼 소화할 수 없다는 것 때문에 일선 복지계에서는 이를 깔때기 현상이라고 부른다.

2008년 당시 박근혜 의원은 보건복지위 소속으로서 대구에서 복지 전달을 책임지고 있는 복지 전담 요원들과 오찬을 가졌다. 이 자리에서 박근혜 의원은 이 깔때기 현상을 직접 설명하며 대화를 이끌어갔다. 당시 복지 현장에서 일어나던 일을 정확하게 이해하고 있다는 감탄이 일선에서 일어났다. 예전 복지팀과 함께 토론할 때 들었던 것을 잊지 않고 현장에서 지적한 것이 큰 울림이 되었던 것이었다.* 이러한 박근혜 대통

* 관련 기사 - 중앙일보 2011.6.16. 002면 참조

령의 복지 현장 행보는 그 이후에도 지속적으로 이어져 맞춤형 복지(빈곤) 대책의 기초가 되었다.

또 한 가지 중요한 현장 방문은 인천 자활복지센터와 고용센터의 방문이었다. 이 또한 일하는 복지, 즉 고용 복지 개혁의 기초가 되었다. 인천에 있는 자활복지센터의 방문은 나의 제자들이나 지인들의 소개로 이루어졌다. 당시 사전 방문을 통해 센터의 담당 직원을 만나서 많은 도움을 받았다. 그들은 복지 현장에서 사명감을 갖고 일한 오랜 경험을 바탕으로 적극적으로 박근혜 후보의 방문을 도왔다. 복지 전문가나 현장 실무자들이 주로 이념 성향상 여당이었던 새누리당이나 박근혜 후보와 맞지 않는다고 알려졌었지만, 복지는 이념을 떠난 현실의 문제라는 데 공감하면서 도움을 주었다. 훗날 이러한 도움이 복지 현장에 있던 몇몇 분들에게 피해로 돌아가기도 해서 안타깝고 미안한 마음이 남아있기도 하지만, 복지를 이념이나 진영이 아닌 진정성을 갖고 현장에서 묵묵히 일하는 복지 전달 전문가들에 찬사를 보내고 싶다.

당시 박근혜 후보의 인천 고용 복지 현장 방문은 전격적으로 이루어졌고, 박근혜라는 정치인이 갖는 복지에 대한 열정과 진정성, 그리고 나아가 전문성을 보여 주는 것이었다. 그런데 한 지방 언론사 기자의 보도 하나가 이를 방해하는 안타까운 일도 있었다. 마침 안철수 후보의 출마 선언이 있고 난 뒤라서 서울에서부터 한 기자가 박근혜 후보에게 끊임없이 안 후보 출마에 대해 어떻게 생각하느냐는 질문을 반복하였다. 인천 복지 현장에서 많은 복지 실무자와 복지 대상자들과 대화하는 중간에도 같은 질문을 반복하는 과정에서 박근혜 후보가 순간적으로 도대체 왜 이 현장에 와서 이렇게 방해하느냐라는 표현을 "병 걸리셨나요?"라고 하면서, 이를 그대로 해당 언론 인터넷에 올린 것이다. 동행한 다른 기자들도 당시 그 기사와 기자에 대한 원망을 많이 했었다.**

　박근혜 의원이 2011년 11월 2일 개최한 고용 복지 정책 토론회는 이러한 현장에서의 문제를 바로잡으면서 저소득층에게 빈곤 탈출의 의지를 갖게 하는 맞춤형 빈곤 대책을 마련하기 위해서였다.*** 네 가지 급여의 지급 기준을 기존의 최저생계비가 아니라 모두 별개의 기준을 설정함으로써 1원이라도 더 벌어 생기는 낭패인 'All or Nothing' 문제를 근본적으로 해결하는 국민기초생활제도 개혁을 시도하자는 것이었다. 이것이 공약화되고, 또 이를 정부안으로 해서 법 개정을 함으로써 맞춤형 빈곤 대책의 시대가 열린 것이다.

　맞춤형 빈곤 대책이 갖는 의미는 크다고 하겠다. 이는 박근혜 대통령이 가지고 있던 '실효성 있고 지속 가능한 복지'의 철학이 반영된 정책으로서 제대로 된 복지 정책의 바람직한 모습을 보여 주는 것이었다. 특히 '일하는 복지', 즉 '고용 복지'의 중요성을 부각시키면서 근본적으로 가난에서 벗어날 수 있는 빈곤 대책을 추진했다는 점에서 새로운 계기가 마련되었다. 그런데 왜 이처럼 정상적이고도 실효성이 높은 복지 정책을 만들고 추진하는 것이 어려웠는지에 대한 의문이 생긴다. 그 의

** 관련 기사 - 조선일보 2011.9.8. A03면 참조
*** 관련 기사 - 한국경제 2011.11.2. A14면 참조

문에 대한 답은 바로 복지 정책에도 오랜 기간 파고들어 있던 포퓰리즘 때문이라는 것이다.

그동안 정부는 정부대로, 국회는 국회대로, 그리고 학계는 학계대로 복지 정책에 관한 한 '무조건 더 많이'라는 포퓰리즘에 빠져 있었다. 정책의 실효성을 갖고 전문적으로 정책을 평가해야 하는 학계에서조차도 포퓰리즘에 휘둘리고 있었다. 복지학계는 사회복지학과와 예방의학과 등의 교수들을 중심으로 복지 철학, 복지 이념, 복지 정책, 그리고 복지 임상 전 부분에 대해 절대적인 영향력을 행사하고 있었다.

선진국에서는 경제학, 사회학 등 다양한 학문 분야의 학자들이 복지 정책에 대한 과학적인 평가를 하는 연구를 하고 있지만, 우리는 그렇지 못했다. 실효성 평가에서 핵심인 '비용효과성 Cost-effectiveness', 즉 '비용'의 개념 없이 그저 많이 주면 좋다는 논리를 내세우며 개혁·진보 모습을 보여 주는 데 급급했다. 이런 학계에서의 풍토를 바로잡는 계기를 만든 것이 맞춤형 빈곤 대책이라 하겠다. 고용 복지의 틀 내에 근로 장려 세제의 확대를 포함시키는 근본적인 개혁이었다.

# 사회보장기본법 전부 개정

2010년 12월 20일 공청회에서부터 시작된 사회보장기본법의 전부 개정과정은 앞서 논의되었듯이 '박근혜 복지'의 모습을 처음으로 국민에게 보여 주는 것이었다.* '생애주기별 맞춤형 복지'라는 기본 방향을 설정하고, 복지 정책의 실효성을 기초로 전 국민의 전 생애에 걸친 맞춤형 복지를 추구하는 것이었다. 당시 '선별 복지냐 보편 복지냐' 하는 것으로 논쟁이 벌어지고 있던 시점에서 국민의 전 생애에 걸쳐 어떤 것은 선별, 어떤 것은 보편으로 구분해 복지 정책을 맞춤형으로 추진한다는 것이었다. 여성이 자녀를 출산하고 키우는 과정에서는 보편 복지를 적용해서 보육 서비스를 보편적으로 지급하고, 빈곤 대책은 빈곤 원인별로 선별 복지를 적용하는 것이었다. 보육은 소득이 높고 낮고 상관없이 우리나라 여성, 그리고 나아가 남성에 이르기까지 보편적으로 필요한 것이기 때문이다.

*  관련 기사 - 중앙일보 2010.12.21. 012면 참조

사회보장기본법 전부 개정은 2011년 12월 29일 국회를 통과한 뒤 2013년 1월 27일 발효되었다. 사회보장기본법 전부 개정에서의 여러 중요한 전환점 중에서 정부 차원의 복지 정책을 체계적으로 계획하고 평가하는 것을 의무화하는 것이 가장 중요했다. 중앙정부와 지방정부가 제시하는 복지 정책의 중장기 계획을 사회보장위원회 심의를 거쳐 발표하도록 한다는 것이었다. 인기영합식으로 재원 대책 없이 무분별하게 내놓는 선심성 복지를 이러한 계획에 대한 심의 과정에서 사전에 차단한다는 데 의의가 있겠다. 사실 지방정부는 그동안 사회보장위원회가 있어도 형식적으로 지방정부 복지 계획을 심의했었기에 이러한 복지 계획의 엄정한 심의 과정이 중요한 전환점이 될 거로 기대되었다.**

　　이러한 복지 정책의 사전 계획화는 오늘날 여러 지자체장이 자신의 대권 행보나 다른 목표를 위해 무차별적으로 내놓는 선심성 대책을 막을 수 있을 것이다. 그런데 지금은 사회보장기본법 전부 개정으로 법적 장치를 갖추고 있음에도 어느 누구도 이를 활용하지 못하고 있다. 어느 공무원도, 학자도, 여야 정치인도 지방정부의 복지 정책이 중앙정부의 기존 복지 정책과 충돌하는지, 재원 대책은 마련되어 있는지 점검하게 되어 있는 사회보장기본법을 내세우면서 포퓰리즘을 휘두르는 지자체장들을 막으려 하지 않고 있다.

　　한편, 사회보장기본법 전부 개정의 중요한 의의는 복지 관련 정보

---

** 관련 기사 – 국민일보 2013.1.28. 004면, 서울경제 2013.1.28. A04면 참조

를 만들고 공개하는 것이었다. 복지 관련 각종 통계, 특히 복지 재정과 관련된 통계를 생산하고 공개하는 것을 의무화했다는 것 또한 획기적인 의미를 갖고 있었다. 하지만 이 또한 정권 교체 이후 아무도 거들떠보지 않은 채 마음 놓고 자신들에게 유리한 통계를 써먹어도 제지하지 못하고 있다.

국무총리실 산하에 두는 사회보장위원회의 구성과 그 구성원의 역할도 전혀 보이지 않고 있다. 정부 정책 중에서도 복지 정책이야말로 국민에게 그 영향이 직접적으로 장기간 미치는 것인데, 정책에 대한 사전 점검도, 사후 평가도, 재원 대책도, 효과 검증도 전혀 이루어지지 않고 있다. 이처럼 점검과 평가가 전혀 이루어지지 않고 있다는 사실조차도 국민은 모른 채 포퓰리즘에 휘둘리기만 하고 있는 것이다.

# 무상 보육·무상 급식·보편 복지

앞서 '가족행복 5대 공약'이 19대 총선에서 새누리당이 승리할 수 있는 원동력이 되었다고 논의한 바 있다. 가족행복 5대 공약 중의 하나는 영유아 보육의 국가 책임이었다. 0~2세 영아와 3~5세 유아에 대한 보육비를 전액 정부가 부담한다는 공약이었다. 이는 생애주기별 맞춤형 복지라는 박근혜 복지의 핵심 중 하나였다. 보육은 보편적 복지 영역으로서 소득이 높건 낮건, 일을 하든 하지 않든 보육비를 지원하는 것이 골자였다.

이러한 보육 공약을 제시하고 총선·대선 승리에 이어 인수위 과정을 거쳐 박근혜 정부가 출범한 이후에도, 보육 정책은 늘 이해 집단 간의 갈등과 부처 간의 갈등으로 인해 순조롭게 추진되지 못했다. 어린이집과 유치원 간의 이해 차이에서 오는 갈등, 어린이집 중에서도 국공립과 사립의 갈등, 나아가 어린이집 담당 부처인 복지부와 유치원 담당인 교육부 간의 갈등에 이르기까지, 보육 정책의 주도권을 놓고 혼란이 계속되었다.

보육 공약을 만들고 추진하는 데 핵심 역할을 했던 김현숙 전 고용복지수석이 이러한 갈등 조정에 힘든 과정을 전면에서 겪었다. 그러나 결국 보육 정책에 대한 국민의 희망이 워낙 컸기에 모든 갈등을 덮으면서 성공적으로 추진되었다. 여전히 갈등의 불씨는 남아있지만, 보육의 중요성에 갈등이 다시 살아나지 않은 채 보육의 정부 정책이 정착되어 가고 있었다.

보육 정책의 목적은 세계에서 가장 낮을 정도로 심각한 우리의 출산율을 높이는 것이다. 따라서 박근혜 대통령은 무상 보육과 함께 여성의 일 가정 양립과 남성의 육아 책임 분담과 같은 정책도 적극적으로 추진했다. 대통령 후보 시절 '아빠의 달'을 만들어서 출산 후 남편이 한 달 유상휴직을 갖게 한다는 공약 등 다양한 여성의 결혼 및 출산을 촉진하는 대책을 내놓았다. 그리고 정권 출범 이후에는 이를 실현하고자 끊임없이 노력했다. 수첩 58권(2016.7.4.~7.26.)의 7월 10일 자 메모에는 이러한 노력의 증거가 나타나 있다. 실제 관련 현장 행보도 적극적으로 했다.

7-10-16 VIP-②

1. 남성 육아의 날
- ○ 순환 System
  : 아빠 휴직
- ○ 승진능력 우려
  ex) 롯데마트 휴직신청 시 희망퇴직
  복직하더라도 한직
- ○ 휴직급여 월 50~100만 원
  2인 가족 최저생계비 105만 원
  =) 이용유인 先
- ○ 중소기업 남성육아휴직 업무 공백
  → 동료 나누기 눈치 보기
  → 정규직 남성은 그림의 떡
- ○ 기업 30며 남성 67%
  아빠의 달 모름
- ○ 노동부 대체인력 뱅크
  기업들 몰라서 이용×
  → 홍보 노력 필요

보육의 경우, 보편주의에 입각해서 전 국민을 대상으로 무상 보육을 제공한다는 것이 박근혜 정부의 생애주기별 맞춤형 복지의 기본 철학이었다. 그런데 그 이외 다른 복지 프로그램의 경우, 보편주의보다는 선별주의가 바람직하다고 할 수 있다. 그 이유는 대부분의 복지 제도와 복지 프로그램들이 이미 선별주의에 입각해서 도입되어 시행되고 있기 때문이다. 보편 복지로 전환하는 데 있어서는 기존 선별 복지를 유지해서는 곤란하다. 다만, 사회보험, 즉 건강보험, 공적연금, 고용보험, 산재보험 등은 보편주의에 기초하는 것이 바람직하기에 그동안 제도를 점차 확대해서 이제 전 국민이 대상이 되었다.

그중 대표적인 논란의 대상은 무상 급식이었다. 박원순 전 서울시장이 내세운 무상 급식이라는 보편 복지에 대한 찬반 논란이 정치적·사회적 핵심으로 떠올랐었다. 이전까지는 급식비를 내지 못하는 빈곤층에게만 급식을 지원하는 프로그램이 시행되고 있었는데, 기초생활보장수급자라는 것을 학생이 직접 학교에 증명해야 학교 급식을 지원받을 수 있었다. 즉, '가난을 증명해야 하는 학교 급식'이었다. 이에 대한 근본적으로 해결이 바로 '무상 급식'이라는 것이었다.

오세훈 시장은 이 무상 급식 운동을 저지하려다 시장직을 버려야 할 정도로, 무상 급식은 국민들에게 깊이 파고들었다. 그러나 나는 당시 국민들의 오해를 바로잡기 위해 정부 차원에서 국민을 제대로 설득할 것을 주장했다. 나는 두 가지 점을 강조했다.

첫째는 가난을 증명하지 않아도 된다는 것이었다. 당시 국민기초생활보장 대상자에게는 현금 급여를 통장을 통해 매월 지급했고, 학교 급식비는 교육부가 관리하는 이른바 '스쿨뱅킹'으로 부모가 입금하게 되어 있었다. 그래서 국민기초생활보장 수급자 통장과 스쿨뱅킹을 연계시키면, 학생이 학교에 증명해야 할 필요도 없고, 나아가 학생조차 부모가 수급자인지도 모르게 된다.

둘째는 보편주의라는 명분으로, 무상 급식을 하기 전 결식아동에 대한 지원이 더 절실하다는 것이었다. 무상 급식이 학기 중 점심이 대상이지만, 저소득층 학생 중엔 저녁과 방학 중 점심, 저녁을 먹지 못하는 경우가 많았다. 부모가 일하러 가서 저녁을 챙겨줄 수도 없고 방학 중 식사를 줄 수 없는 결식아동이 몇만 명이나 되는데, 이를 내버려두고 '학기 중 무상 점심 급식'을 한다는 것은 타당성이 결여된 것이다.

이러한 두 가지 이유는 현시점에도 여전히 중요하게 부각된다. 그래서 이념에 매몰되어 편가르기식 무상 급식이라는 보편 복지를 지속하는 것은 다시 검토할 필요가 있다. 더구나 국민기초생활보장제도를 맞춤형 빈곤 대책으로 전환했기에 급식 문제, 특히 결식아동 지원에 대한 여지가 더 커졌다.

보편 복지로서 기본소득에 대한 주장도 최근 제기되고 있다. 그런데 기본소득의 전제는 기존 현금 급여성 복지 프로그램 전체를 흡수 통합하는 것이다. 기존 선별 복지를 대체하지 않은 채 기본소득을 추가로 도입해서는 안 된다. 만일 기존 선별 복지를 그대로 둔 채 기본소득을 도입하면 재원이 엄청나게 들어서 감당이 불가능하다. 월 10만 원을 전 국민에게 지급해도 60조 원이 넘는 예산이 매년 추가로 필요하고, 이 금액 또한 매년 늘어날 것이다. 그동안 핀란드를 중심으로 몇 개 국가들이 사회적 실험Social Experiment을 통해 기본소득 도입 효과에 대해 연구를 했다. 그런데 아직까지 어느 국가도 기본소득 도입의 타당성을 인정하지 못했다.

기존 선별 복지를 성공적으로 대체하더라도 근로 의욕 저하 등의 부정적 효과들이 부각되었다. 더구나 기존 선별 복지 프로그램을 한꺼번에 기본소득으로 흡수하는 것은 불가능에 가깝다. 사실 하나의 복지 프로그램 자체를 개선하는 것도 힘들다. 미국은 1996년 클린턴 정부가 복지 개혁Welfare Reform을 단행했다. 그 개혁의 핵심은 미혼모에게 현금 급여를 제공하는 AFDC Aids to the Families with Dependent Children를 TANF Temporary Assistance to the Needed Families로 전환하는 것이었다. AFDC가 도입된 이후, 미혼모가 더욱 늘었고 급여 수준도 급증했기에 직업 훈련 프로그램에 참여하는 조건으로 일정 기간만 현금 급여를 지급하는 TANF로 바꾸는 것이었다. 이러한 개혁은 필요성이 제기된 후, 여러 사전 검토를 거친 뒤 단행한 개혁이었다. 나도 1990년 초반 AFDC의 문제를 지적하고 대안 제시한 논문을 발표한 바가 있었다.*

* An, Haveman, and Wolfe, "Teen-out-of-wedlock Birth and Welfare Receipt", *Review of Income and Statistics*, May 1993.

이렇게 하나의 제도를 개선하는 것도 신중에 신중을 기하는데, 하물며 기본소득처럼 여러 기존 프로그램을 흡수하는 개혁은 더욱 평가와 연구를 충분히 거쳐야 한다.

최근 음의 소득세 NIT Negative Income Tax 도입의 주장도 다시 제기되고 있다. 1980년대 미국의 밀턴 프리드만Milton Frideman 교수가 복지 프로그램들의 비효율성을 해결하고자 제안했던 NIT 제도를 우리나라에 도입하자는 것이다. 이 또한 현시점에서는 바람직하지 않다. 다른 현금 급여 프로그램을 대체할 가능성도 희박할 뿐만 아니라, NIT 자체가 갖는 한계점도 있기 때문이다.

미국은 1980년에 이 NIT 도입을 검토하기 위해 몇 개 주에 걸쳐 사회적 실험을 했다. 그 결과, NIT가 근로 의욕을 상당히 저하시키는 것으로 나타났다. 그 대안으로 미국이 도입한 것이 바로 EITC Earned Income Tax Credit 로서, 일정 소득 구간에서는 일을 더할수록 급여가 커지게 해서 근로 의욕을 고취시키도록 한 것이었다. 이는 실제로 근로 의욕 저하 효과를 크지 않게 하면서 긍정적인 빈곤 탈출 효과가 있는 제도라는 것이 연구 결과 밝혀졌다.

나는 사실 우리나라에서 최초로 음의 소득세 NIT 도입을 주장하며, 1990년대 중반부터 우리의 여러 복지 급여를 이 NIT로 대체할 것을 제안했다. 그러나 2000년 국민기초생활보장제도가 출범하면서 더 이상 NIT 도입이 아닌 EITC 도입을 주장했다. 그러면서 EITC 도입 타당성과 효과를 연구한 두 편의 논문을 2000년과 2006년에 발표하기도 했다.**

결국, 이 EITC는 노무현 정부에서 2008년 근로장려세제로 도입되었고, 이제 정착 단계에 이르렀다. 그렇기에 적어도 선별 복지냐 보편 복지냐에 대한 논란은 이제 그만하고, 현재 우리의 복지 제도 안에서 가장 바람직하고 시급한 개선 과제가 무엇인지를 논의해야 한다.

국민기초생활보장제도의 대상을 근로 무능력자로 한정하고, 대신 근로 능력자는 근로장려세제(한국형 EITC)에 흡수하여, 대상자와 급여 수준을 대폭 확대하는 것이 내가 오래전부터 주장하는 대안이다. 근로장려세제가 갖는 또 하나의 강점이 집행 주체가 국세청이라는 점에서도 행정상 효율적이고 나아가 소득 파악에도 용이하기 때문이다.

---

** ① "저소득세액공제제도 도입의 타당성 분석" 재정논집, 2000.11.30. ② "한국형 EITC 제도 도입의 파급효과와 추진방안" 재정논집, 2006.2.28. 송재창과 공저

# 건강보험 개혁

우리나라의 건강보험은 이제 전 세계가 부러워하는 것이 되었다. 오바마 대통령이 취임 후 한국의 전 국민 건강보험에서 배워야 한다고 말할 정도였다. 더구나 코로나 사태 초기에 전 세계가 힘들어하는 상황에서 K-방역으로까지 일컬어지는 우리의 방역 체계가 주목을 받았던 그 근간에는 건강보험이 있었다.

이러한 우리의 건강보험 제도는 1977년에 도입되어 전 국민에 확대 적용되고, 보장 대상 질병을 확대하는 과정에서 급속히 발전되어 왔다. 그러나 이처럼 전 세계적으로 부러움의 대상이 되고 있으며, 우리 국민들도 높게 평가하고 있는 건강보험 제도는 사실은 근본적인 문제를 안고 있다. 감기에 걸려도 병원에 가서 진료를 받고 약 처방까지 받아도 만원이 채 안 되는 비용이 드는데, 암과 같은 중병에 걸리면 환자 가족과 친지 모두 엄청난 비용 부담을 안게 된다는 것이 문제의 핵심이다. 이른바 우리 건강보험이 갖는 '경증질환 중심 보장' 특성 때문이다.

우리 주변에서 그동안 암과 같은 중병에 걸리면 집안 전체가 불행의 나락에 떨어지는 경우를 많이 보았다. 그런데도 이 문제를 바로잡지 못했던 건 경증질환을 경험한 국민이 대다수고, 중증질환을 경험한 국민은 소수라는 데 있다. 감기와 같은 경증질환의 본인 부담금을 조금만 높이면 중증질환을 충분히 보장할 수 있음에도 이런 조정을 할 수 없었다. 경증질환 본인 부담을 높이는 조치는 언제나 엄청난 반대에 부딪혔다. 정치인이나 공무원 어느 누구도 이를 헤쳐나갈 용기를 내지 못했던 것이다.

여기서 다시 박근혜라는 정치인이 나서서 이를 바로잡는 개혁의 기치를 내걸었다. 우선 경증질환에 대한 것은 손대지 않고, 4대 중증질환에 대한 보장만 내세웠다. 암, 뇌혈관질환, 심장질환, 희귀난치성질환의 4대 중증부터 100% 국가, 즉 건강보험이 보장한다는 공약을 19대 총선의 가족행복 5대 약속에 포함시켰다. 이처럼 보장성을 강화하는 데 있어서 국민이 가장 절실하게 필요로 할 4대 중증을 우선 대상으로 하겠다는 의지를 표명했다. 이를 위한 건강보험 재원은 건강보험의 부과·징수 체계를 개선해서 마련하고자 했다. 예를 들어, 은퇴 후 소득이나 자산이 많은 부유층도 자녀의 피부양자로 되어 보험료 납부 대상에서 제외되는 것을 바로 잡는 등 건강보험 부과를 정상화함으로써 재원 마련이 가능했다.

나아가 치매의 경우도 등급 판정을 현실화하여 보장 대상을 확대했다. 그동안 치매 환자의 경우, 거동이 자유로운 환자는 보장 대상에서 제외되었다. 그러나 치매 부모를 둔 자식들에게는 거동이 자유로운 어르신들이 실종되는 등 부담이 더욱 큰 것이 현실이었다. 그래서 치매 환자 등급을 새롭게 규정하는 것만으로도 많은 치매 환자 가족들에게는 큰 혜택으로 돌아갈 수 있었다.

이러한 건강보험 개혁은 그동안 포퓰리즘으로 꼼짝하지 않고 있던 정치인이나 관료들에게 큰 경종을 울렸다. 발상을 전환해 정면 돌파로 국민의 지지를 받으면서 건강보험의 새로운 도약을 가능하게 했다.

담배소비세 인상 또한 이러한 용기에서 나온 또 다른 개혁이었다. 담배소비세의 인상은 흡연자에게 직접적인 경제적 피해를 안기는 것으로 그 반발이 엄청났다. 그래서 정치인 중 어느 누구도 이를 입 밖에 내지 못했다. 그런데 이처럼 담배소비세를 인상하지 못한 채 오래 지속되는 동안 우리의 흡연율, 특히 청소년 흡연율이 세계적으로 높은 수준에 도달하게 되었다. 전 세계 주요국들의 담뱃값과 비교해봐도 우리의 담뱃값이 낮은 수준이라는 점은 청소년들이 담배에 처음 접근하는 것을 보다 쉽게 하고, 이로써 청소년의 흡연율을 높이는 주된 요인이 되었다. 청소년의 담배 소비가 빨리 시작될수록 평생 담배에 의존하는 기간이 늘어난다는 것도 국민 건강 차원에서 우려할 만했다.

박근혜 대통령은 담배소비세의 전격 인상을 통해 우리의 청소년 흡연율을 낮추는 등 건강 증진을 위한 정상적인 정책 추진을 시도했다. 그러나 이는 험난한 정치적 모험이라고 할 수 있었다. 담배소비세 인상을 계속 건의해 온 나였지만, 그렇게 전격적으로 대폭 인상하도록 강하게 밀어붙이는 대통령의 결단에 다시 한번 감탄했다. 나는 학계에 있을 때부터 담배소비세의 인상과 함께 물가에 따라 자동으로 인상하게 하는 물가연동제를 주장해 왔었다. 담배소비세의 물가연동제는 실현되지 못했지만, 담배소비세의 인상이라는 개혁 조치는 그 후 흡연율을 떨어뜨리는 효과를 가져왔다. 하지만 정치적 부담 또한 그만큼 컸던 것도 사실이었다.

# 원격 의료

정보통신 기술과 의료 기술은 우리가 세계 최고 수준이라고 자부하고 있는 것들이다. 이 두 분야에 집중된 최우수 인재와 투자 재원은 어느새 우리 대한민국을 IT 강국, 의료 강국으로 우뚝 서게 했다. 더 나아가 또 다시 세계를 놀라게 할 것으로는 이 두 분야를 접목한 '원격 의료'가 있다. '원격 의료'는 우리의 두 가지 핵심 역량이 정확히 들어맞는 분야인 것이다. 우수한 의료 인력이 대면 진료 대신 원격 화상 등의 IT 기기의 도움을 받으면서 진료하는 원격 진료는 발전 가능성과 영역이 무궁무진하다.

원격 의료라는 우리의 새로운 비전이 오랫동안 이해 집단의 반대로 시동조차 걸지 못하고 있는 것은 너무도 안타깝다. 의료법상 반드시 대면 진료를 의무화하는 조항을 바꾸지 못한 채 의료 사고의 우려와 동네 병원 피해 우려를 내세우면서 반대하는 이해 집단 반발에 멈춰 서 있다.

나는 국회의원 시절 원격 의료가 어떤 것이고, 이것이 우리 국민들에게 어떤 혜택을 줄 수 있는지 알릴 뿐만 아니라, 이를 통해 우리의 의료 서비스 시장이 급속히 발전하고 해외로 뻗어 나갈 수 있다는 사실을 열심히 홍보했다. 보좌관들과 함께 직접 홍보물을 만들고 각종 사례를 통해 국민에게 직접 호소했었다.

　수석으로 부임하고는 대통령과 함께 이러한 홍보를 더욱 강화했다. 그러던 어느 날 박근혜 대통령이 내게 제안했다. 현재 법상으로 원격 의료의 시범 사업은 가능하니, 아예 시범 사업을 대폭 확대해 실질적인 원격 의료 도입 효과를 국민이 체험하도록 하자는 것이었다.

　대통령의 이러한 발상의 전환에 기반한 아이디어는 늘 나를 놀라게 했다. 그만큼 이 문제에 관심을 가지고 계속 생각하며 집중한 결과였을 것이다. 대통령의 시범 사업 확대 아이디어는 즉시 추진되었다. 그래서 오지에서부터 시작해서 선박, 그리고 군부대에 이르기까지 시범 사업을 확대했다. 또한, 이를 국민에게 알리고자 기회가 있을 때마다 그 현장에 대통령이 직접 방문하여 원격 의료의 필요성과 그 효과를 보여 주었다.

　원격 의료를 통해 해외에 적극 진출할 수 있다는 것을 보여 주기 위해 대통령은 해외 순방에서도 원격 의료에 대한 수출 사례를 만들고자 노력했다. 그 결과, 브라질 순방 시 브라질 아마존강 유역의 의료선에 우리의 원격 의료 기술을 적용하는 계약을 맺게 되기도 했다. 나는 이를 성사시키고자, 담당 수석이 아니지만 복지부 등 관련 부처를 독려하여 결국 해냈다.

나의 수첩 여러 곳에서 원격 의료에 대한 박근혜 대통령의 강한 의지가 나타난다. 수첩 23권(2015.3.28.~4.13.)의 3월 30일 자 메모에서는 앞서 언급한 것처럼 법으로 추진하는 것이 막혀있는 상황에서 시범 사업을 확대하는 구체적 지시를 한 것이 보인다. 오지마을 등을 시범 단지로 선정하고 지원하고 아울러 사우디 등 해외로 나가서 우리의 원격 의료 기술을 적용하여 성과를 거두자고 제안했다. 또한, 수첩 59권(2016.7.26.~8.9.)의 7월 26일 자 메모에서는 원격 의료를 본격적으로 수출하는 방안과 군대 등 시범 사업 성과를 적극적으로 홍보하라고 지시했다.

수첩 61권(2016.8.24.~9.24.)의 8월 31일 자 메모는 4가지 항목에 달하는 원격 의료 관련 대통령의 구체적인 지시가 나타난다. 1번으로 기존 원격 의료 사업의 신규 원격 의료 사업과의 중복 문제 해소를 지시했고, 아울러 학교 등 시범 사업을 적극 홍보할 것을 주문했다. 2번으로는 원격 의료에 반대하는 의사협회의 강경파에 대한 설득 노력을 주문하고, 3번으로는 원격 의료 시범 사업에 관한 체험 수기 등을 통해 또한, 드라마, 영화 등을 통해 국민들에게 보다 더 많이 알릴 것을 지시했다. 4번에서는 간호협회, 병원협회 등도 설득할 것을 주문했다.

이처럼 대통령은 원격 의료를 허용하고 발전시킬 수 있는 의료법 개정이 당시 야당과 일부 의협 강경파 반대로 막혀있는 상황에서도 시범 사업 확대와 성과 홍보를 통해 국민에게 직접 호소하고자 끊임없는 노력을 했다.

원격 의료는 그 후 정권이 교체되면서 중단되다시피 했다. 그러나 원격 의료에 대한 수요는 결국 이념과 포퓰리즘에 매몰되어 있는 세력도 손을 들게 만들 것이다. 최근 코로나 사태로 원격 의료에 대한 필요성이 부각되면서 우리가 갖고 있는 의료 경쟁력을 살리기 위해 원격 의료가 본격적으로 검토되기 시작했다. 늦었지만 지금이라도 이해 집단의 반발을 국민과 함께 진정시키면서 의료 강국, 그리고 IT 강국으로서의 위상에 걸맞은 원격 의료 산업 강국으로 거듭나야 할 것이다.

## 수첩 23권 (2015.3.28.~4.13.)

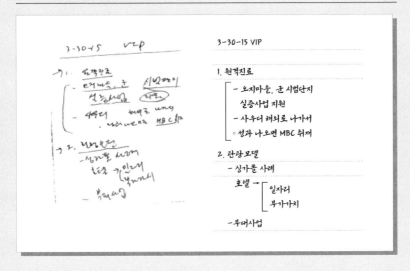

3-30-15 VIP

1. 원격진료

　　┌ - 오지마을, 군 시범단지
　　│　실증사업 지원
　　│ - 사우디 해외로 나가서
　　└ ◦ 성과 나오면 MBC 취재

2. 관광모델
　　- 싱가폴 사례
　　　호텔 → ┌ 일자리
　　　　　　　└ 부가가치
　　- 부대사업

## 수첩 59권 (2016.7.26.~8.9.)

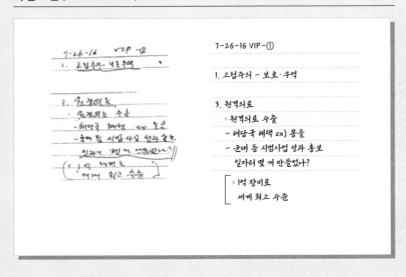

7-26-16 VIP-①

1. 고립주의 - 보호·무역

3. 원격의료
　◦ 원격의료 수출
　- 해당국 혜택 ex) 몽골
　- 군대 등 시범사업 성과 홍보
　　일자리 몇 개 만들었나?

　┌ ◦ 1억 장비로
　└ 세계 최고 수준

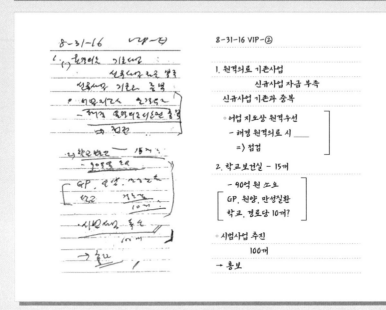

8-31-16 VIP-②

1. 원격의료 기존사업
　　　　　　　신규사업 자금 부족
신규사업 기존과 중복

○ 어업 지도상 원격우선
　- 해병 원격의료 시 ＿＿＿
　=) 점검

2. 학교보건실 - 15개

　- 90억 원 소요
　GP, 원양, 만성질환
　학교, 경로당 10개?

○ 시범사업 추진
　　　　　100개

→ 홍보

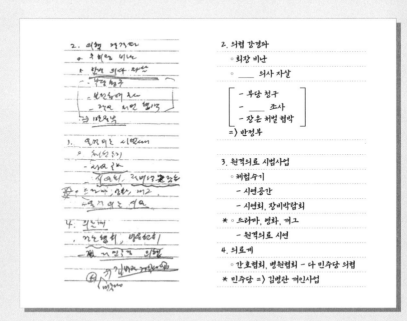

2. 의협 강경화
　○ 회장 비난
　○ ＿＿＿ 의사 자살

　┌ - 부당 청구
　│ - ＿＿＿ 조사
　└ - 장은 처벌 협박
　=) 반정부

3. 원격의료 시범사업
　○ 체험수기
　　- 시연공간
　　- 시연회, 장비박람회
　＊ ○ 드라마, 영화, 개그
　　- 원격의료 시연

4. 의료계
　○ 간호협회, 병원협회 - 다 민주당 의협
　＊ 민주당 =) 김병관 개인사업

# 중학교 자유학기제

박근혜 정부 교육 개혁의 목표는 '꿈과 끼를 키우는 교육'이었다. 교육과 관련된 정치인의 공약은 그동안 대학 입시에 주로 초점이 맞추어졌었다. 대입이 온 국민이 갖고 있는 초미의 관심사였던 만큼, 대입 관련 제도를 개혁한다는 공약에 주목한 것이었다. 그러나 국민들은 이런 대입 관련 제도 변화에 질려버렸다. 그 어떤 대입 정책도 모든 학생과 학부형을 만족하게 할 수 없었을 뿐 아니라, 수시로 바뀌는 대입 제도에 대한 불만이 커졌기 때문이었다.

대입 위주의 교육 정책은 어느덧 우리 교육의 난맥상을 낳게 되었다. 대입에 맞추어 중학교, 더 나아가 초등학교 교육에까지 선행학습 풍토가 생겨났다. 더구나 대입을 위한 기형적인 학습 행태가 '공교육 외면'과 '사교육 의존'이라는 교육 구조의 심각한 왜곡을 만들어 냈다.

더 큰 문제는 학생들 대부분이 어렵게 대학에 들어간 뒤부터 '잃어버린 대학 4년'의 세월을 흘려보낸다는 데 있다. 왜 이 대학, 이 학과에 들어왔고, 무엇을, 어떻게 공부할 것인가에 대한 고민을 입학한 후에 시작한다. 그러나 곧 공부보다는 술과 인간관계에 몰두하는 시점이 찾아오고, 남학생은 일단 군 입대를 통해 잠시 유예 기간을 갖게 된다. 그러고는 곧이어 취업 준비에 들어가면서 어학연수 및 공부에 전념한다. 전공 공부는 필수 과목 위주로 최소화한 채 학점 관리와 스펙 쌓기에 몰두하게 되는 것이다.

취업의 관문이 날로 좁아지고 있는 상황이 생기면서는 취업 재수 등의 행태가 생겨나기도 했다. 그런데 정작 대졸자를 채용하는 기업 입장에서는 채용의 기준으로 대학 4년간 전공 관련 역량을 평가하지 않는다. 그 대신 출신 대학과 어학 능력을 위주로 채용한다. 전공 능력은 채용 후 사내 교육을 통해서 갖추면 된다고 생각하기 때문이다. 고등학교까지의 능력이 반영된 대학 순위와 당장 필요한 어학 능력을 보는 것이면 충분하다는 그동안 기업들의 채용 경험 때문이기도 하다. 결국, 대학 4년이 없어진 이른바 '잃어버린 4년'이 되어버린 셈이다.

대입 위주의 교육 체계가 갖는 심각한 왜곡을 바로잡으려면 교육 전반을 개혁해야 한다. 그래서 내건 것이 '꿈과 끼를 살리자'는 것이었다. 학생과 학부모 입장에서, 내 자식이 무슨 끼가 있고, 무엇을 하고 싶은가를 찾아내는 것부터 시작하자는 것이다. 무조건 좋은 대학 들어가자는 데 맞추어져 있는 관심을 무엇을 하고 싶고, 무엇을 잘할 수 있는지를 찾는 데 돌리자는 것이다. 중학교 들어가기 전까지는 미술, 태권도,

피아노, 무용 등 다양한 기회를 갖도록 학원을 보내다가 중학교에 들어가면서부터는 모든 것을 끊고서 오직 대입에 맞추어 사교육에 전념하기 때문에 꿈과 끼를 찾을 기회가 아예 없다.

그래서 만든 것이 '중학교 자유학기제'다. 중학교 입학 후 한 학기 동안 다양한 방법으로 자신의 꿈과 끼를 찾도록 기회를 주자는 것이다. 이러한 시도가 얼마나 잘 작동할지는 두고 봐야겠지만, 적어도 대입 몰두가 아닌 '꿈과 끼 찾기'라는 중요성은 부각되었다.

# 파리기후협약, 환경과 에너지

2015년 12월 12일 파리에서 열린 21차 유엔 기후변화협약 당사국총회 COP21 본회의에서 채택한 협정인 '파리기후협약'은 지구의 미래를 걱정해 온 모든 환경론자의 성공적 업적이라고 할 만한 것이었다. 산업 발전 과정에서 이산화탄소가 지구를 삼킬 정도가 되었다는 위기의식 속에서 195개 당사국 중 대부분은 2020년 이후의 국별 기여방안 INDC Intended Nationally Determined Contribution 를 제출하면서 이산화탄소를 줄여가는 데 동참할 것을 약속한 개가를 이루었다. 구체적인 감축 목표까지 내걸고 약속한 파리기후협약이 갖는 의미는 그만큼 크다고 하겠다.

우리 대한민국은 박근혜 대통령의 2015년 11월 30일 기후변화정상회의 개막식 연설로 선도적이고 과감한 감축 목표를 내걸었다. 그래서 모든 국가의 주목과 찬사를 받았다. 여기에는 전 세계의 환경 보호를 우리가 주도하고자 하는 의도도 있었지만, 더 큰 뜻이 숨어 있었다. 바로 경제·사회의 기반이 되는 에너지를 생산하고 보존하고 활용하는 데에 있어 대한민국이 기술로 앞장서 나가겠다는 포부다. 전력의 기반인 에너지 생산을 석탄과 수력이 아닌 원자력을 통해서 추진해가는 세계적 추세에서 우리 한국이 기술로 이미 세계를 주도하고 있기 때문이었다. 이산화탄소 제로를 가능하게 하는 에너지원을 공급하는 것과 함께, 에너지를 보관하고 활용하는 새로운 기술에 있어서도 우리가 주도해갈 수 있을 것이라는 자신감 때문이기도 했다.

에너지 저장 체제 ESS Energy Saving System 등과 같은 기술, IT 기술을 기반으로 하는 스마트시티(에너지 초효율 도시 체제) 구축, 그리고 태양광 등 재생에너지, 전기차, 수소차, '에너지자립섬', '제로에너지빌딩' 등 같은 새로운 에너지 관련 기술을 우리가 주도함으로써 '에너지신산업'의 육성에 앞장서 나갈 것으로 기대했다. 우리의 기존 역량을 에너지와 환경 분야에도 접목하여 도약하고자 했던 것이다.

획기적 감축 목표를 내세우는 데는 난항도 따랐다. 우선 원자력발전을 더 이상 확대하지 않는 상태에서 화력발전을 축소하는 데 따르는 비용이 만만치 않았기 때문이다. 그만큼 기업들에게 가는 부담도 커지기 때문이기도 했다. 그래서 산업부와 환경부 간의 갈등은 최고조로 커졌다.

나는 경제수석으로서 산업부의 입장을 대변해야 하지만, 대통령의 의지를 실현시키고자 산업부로부터 통 큰 양보를 얻어 내기 위해 노력했다. 무조건 $CO_2$ 감축 목표를 최대한 높게 설정하고자 하는 환경부를 설득하면서 산업부와 기업들이 갖는 급속한 감축에 따른 비용 증대 우려를 누그러뜨리는 노력을 함께 기울였고, 그 결과 깜짝 놀랄만한 목표치를 설정할 수 있게 되었다. 그 저변에는 박근혜 대통령의 강한 의지가 작용했다. 탄소 감축 관련해서 환경과 산업 성장을 동시에 고려하여 37% 감축 계획을 세웠던 것이었다. 이러한 감축 목표하에서 배출권거래제*를 환경부를 중심으로 하는 중앙집중식 방식에서 관련 부처들의 분권식 방식으로 전환했다는 것도 주목받을 만했다.**

또한, 우리가 만들어 내는 후진국의 $CO_2$ 감축의 성과가 우리의 감축 실적에 포함될 수 있다는 점을 십분 활용하여 우리의 $CO_2$ 절감 에너지 수출 목표를 내세웠던 것도 주효했다.

박근혜 대통령은 환경과 에너지 두 가지 문제를 동시에 해결하고자 오랜 기간 공부하고 고심했다. 대통령 출마 전부터 환경과 에너지 전문가들과 많은 공부와 토론 과정을 거쳤다. 대통령 취임 후에는 이렇게 구축된 이 분야에 대한 전문성을 바탕으로 강한 추진력을 보여 주었다. 이는 수첩에 다양하게 나타난다. 환경과 에너지 정책을 통해 이 분야의 기술 발전을 이루고, 이를 수출로 연결하면서 세계 에너지·환경 시장을 주도할 의지가 여러 곳에 기록되어 있다.

* 배출권거래제 : 일정 수준 이상의 이산화탄소를 배출할 수 있는 권리를 기업들이 사고팔 수 있도록 하는 시장 친화적인 환경 제도
** 관련 기사 - 국민일보 2015.7.1. 001면, 서울경제 2015.12.1. A04면 참조

수첩 5권(2014.7.24.~8.23.)의 7월 28일 자 메모를 보면, 환경 문제 해결 방안의 하나인 배출권거래제를 앞두고, 기업의 부담을 줄이면서 새로운 에너지 정책을 추진하는 방안을 다양하게 제시한 것이 나타난다.

전기 요금을 현실화하면서 저소득층의 부담을 덜어 주고자 보조금이나 바우처를 대폭 제공하자는 방안에서는 대통령의 결단력이 보인다. 그동안 어느 정치인도, 전기 요금의 현실화에 따른 정치적 부담 때문에 한국전력의 엄청난 적자와 부채를 늘여가면서도 이를 실현하지 못했다. 요금 인상을 통한 한국전력의 적자와 부채 감소는 궁극적으로 한국전력 적자 보전을 위한 예산 지원을 막아주는 효과가 있다. 이를 하지 못한 것은 결국 또 다른 포퓰리즘이라고 할 수 있다.

메모 중에는 신생 에너지 기술 개발과 함께 다양한 에너지 보전 방안도 눈에 띈다. ESS의 기술 개발은 또 하나의 중요한 에너지 및 환경 대책이다. 나아가 이를 통해 제로에너지빌딩을 추진하는 방안 마련을 지시했다. 또한, ESS, 전기차 등의 수출을 추진하여 이 분야를 신성장 동력화할 것을 주문했다.

수첩 내용을 보면 에너지를 사고팔 수 있는 새로운 시장 대책을 강조하기도 했다. 우리의 강점인 IT 기술을 에너지 산업에 적용하여 에너지 사용자가 생산자가 될 방안을 마련하고자 했다. 이는 ESS 기술을 중심으로 하고, 이른바 스마트그리드Smart Grid 기술을 적용하면 가능하다.

7-28-14 VIP 2

7-28-14 VIP 2

- 에너지
  사업문화(재생)
- 배출권 거래제
  저탄소 부담금

*① 전기요금 현실화 [ 보조금 / voucher ]

② 태양광저장 기술 개발

패널생산자 낮아짐 → [ Smart / - grid ]

* 쓰고남은 전력 되팔 수 있도록
○ 전력저장장치 ESS
  주차공간
○ 자동차 등록대 수 1,900만 대
  1,000만 대 200GW
- 발전설비 80GW
  2.5배

- 전기차 수요↑
  스마트 그리드

- 한전 전기차 충전 ____ 확인
○ 전기차 대량 생산

- 배출권 거래제
  저탄소 부담금

○ 신성장 동력
○ GCF
○ 제로에너지빌딩
  =) 공공기관부터

○ LG 전기 자동차 [ 여론 조사 ]
  현대 전기
=) 참여 의사? 투자?
○ 민간의견 듣고
=) 현실적 문제?
- 전기차, 에너지제, ESS 수출

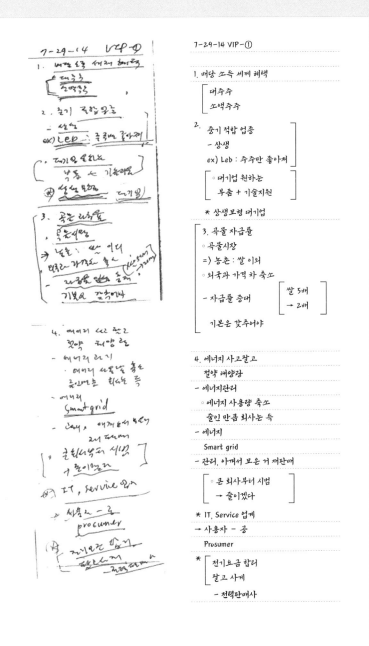

7-29-14 VIP-①

I. 배당 소득 세제 혜택

　머추추
　노액추추

2. 중기 적합 업종
　- 상생
　ex) Leb : 추추만 좋아져

　［○ 머기업 원하는
　　부품 + 기술지원 ］

　* 상생모형 머기업

3. 곡물 자급률
　○ 곡물시장
　=) 농촌 : 쌀 이외
　○ 외국과 가격 차 축소

　- 자급률 증대 　［쌀 5배
　　　　　　　　→ 2배 ］

　　기본은 갖추어야

4. 에너지 사고팔고
　절약 태양광
　- 에너지관러
　　○ 에너지 사용량 축소
　　줄인 만큼 회사는 득
　- 에너지
　Smart grid
　- 관러, 아껴서 모은 거 재판매

　［ 큰 회사부터 시범
　　→ 줄이겠다 ］

　* IT, Service 업계
　→ 사용자 - 공
　Prosumer

　*［ 전기요금 합러
　　팔고 사제 ］

　　- 전력판매사

수첩 11권(2014.10.22.~11.2.)의 10월 22일 자 메모를 보면, 전기차 충전소의 확대를 주문하기도 했다. 충전소 확대 문제는 수소차 충전소로도 연결하였다. 수소차는 우리가 세계에서 가장 앞서가는 분야이면서 수소차가 갖는 환경 오염 감소 효과가 인정된다는 면에서 적극 추진하고자 했다. 이는 프랑스 순방 시 파리 수소 버스 수출 성사 등과 그로노블에 있는 수소차 환경 저감 연구소 방문 등을 통해 수소산업에 선제 대응하고자 했던 것에서도 잘 드러난다.

10-22-14 VIP

1. 내년 1월 업무보고서
   협업과제 보고
 ○ 전기차충전소
 - 보조금 없이 자체 운영
 - LG 지원 충전소
   =) 공정위 접업
   2017년까지 Zero 에너지
   공공기관
   =) 기다리지 말고 우선
     한두 개 시범사업
   LG 건축비 20~30%
     지원(절감)
     $CO_2$ 감축혜택 ↑
2. 제조업 혁신 3.0

   [ 홀로그램
     의료기기 3D 프린팅

   우선 성공 사례 보여야

수첩 28권(2015.6.3.~6.13.)의 6월 13일 자 메모를 보면, 파리기후협약에 대한 대통령의 열정을 읽을 수 있다. 파리기후협약은 앞서 언급한 환경과 에너지 두 가지를 동시에 추진하면서 우리의 경쟁력을 한층 높일수 있는 가장 좋은 기회였다. 이른바 에너지 신산업을 개척하면서 탄소저감 목표를 획기적으로 세울 수 있도록 우리의 여러 가지 기술을 점검하고 발전 방안을 모색할 것을 주문했다.

수첩 29권(2015.6.13.~6.24.)의 6월 20일 자 메모에는 이에 대한 구체적지시가 나타난다. 특히 우리가 파리기후협약에서 주도적으로 획기적 탄소 저감 목표치를 에너지 신산업을 기반으로 제시할 것을 지시하고, 이를 위한 관계 부처 간 협의를 주문했다.

6-13-15 VIP-①

1. 신기술 협약  2% → 11%

◦ 에너지 ┌ 태양광  40 억란
       └ ESS   25 원자력, LNG, 수력

◦ 에너지 MIX

◦ 자동차 → 전기자동차 ┐
          충전소     ┘

◦ 10%를 기술 ___ 미러
   짜버기

- 충화학이 전쟁 때 되듯이
  기술로 승부

┌ LG        Smart Grid
│ 한화
└ 삼성

- INDC 에너지 신산업

- ___ 가능

- 앞선 기술 가전
  선두주자

- GCF 개도국

6-20-15 VIP-①

1. 에너지 신산업 한국
   LG
2. 석탄 발전소
   미국-수출신용지원 중단
3. 글로벌 녹색 에너지
   - 4조불 4% 성과
   - 2030

   37% 44%
   5   최대 후

   남미
   동남아  사람 찾아서

   ESS 활용
   - 50 정도
   → 수출 배가

• SOC 고기술 + 수출
- 선제적 기술 활용
- 아프리카, 동남아
  남미, 인도네시아

* 34%
  건물
  승용차

  더전 금융위
  시버 금융 월 소득
  신용 살험 취업센터

4. 2년 이상 같은 사 정규직 전환
   고용 안정성 보장 선택

해양랑
GCF 1,000억
- 기술 10%
- 기술 시장
  소비 감소?

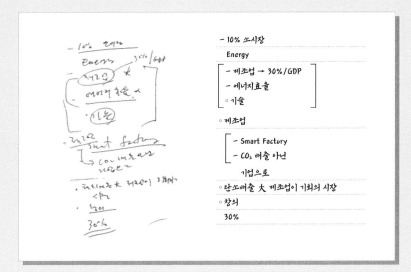

- 10% 노시장

Energy

- 제조업 → 30% / GDP
- 에너지효율
○ 기술

○ 제조업

- Smart Factory
- CO₂ 배출 아닌

기업으로

○ 탄소배출 大 제조업이 기회의 시장
○ 창의

30%

이러한 대통령의 강한 의지를 실현하고자 나는 관련 부처인 산업통상자원부와 환경부를 설득하고 중재했다. 수첩 29권(2015.6.13.~6.24.)의 6월 23일 자 메모에는 서별관 회의*** 내용이 보인다. 특히 목표치 달성을 위해 신에너지 산업 수출로 인한 해당 수입국 탄소 절감이 우리의 실적으로 될 수 있다는 제도인 IMMInternational Market Mechanisms을 강조했다. 서별관 회의로도 부처 간 이견을 좁히지 못한 부분은 결국 대통령이 관련 부처 장관들을 모아 직접 회의를 주재하면서 해결했다. 수첩 35권(2015.8.24.~9.4.)의 8월 28일 자를 메모를 보면 당시 회의 내용이 담겨 있다. 이를 통해 박근혜 대통령이 얼마나 열성과 전문성을 갖고 부처 간 합의를 이끌어 냈는지를 알 수 있다.

대통령은 사실 어려운 연립방정식을 풀어낸 것과 마찬가지였다. 탄소 저감은 기업 부담으로 이어지고, 이는 우리의 산업 생산에 차질을 가져오고, 동시에 소비자에 높은 물가 부담을 주는 것이다. 에너지 신산업은 탄소 감소 효과가 있지만, 당장 효과를 보이기 힘들면서 아직 고비용 기술에 의존하고 있다. 탄소 감소 효과가 가장 큰 원자력발전은 환경 단체에서 안전 문제를 내세우며 확대 반대를 하고 있다. 이러한 여러 변수가 맞물려 있는 어려운 방정식을 대통령은 파리기후협약을 앞두고 풀었던 것이었다.

우선 원자력발전은 당시 계획 확정된 것까지 건설하는 것으로 동결

---

*** 서별관 회의 : 청와대 서쪽 건물에 있는 회의실에서 비공개로 진행하는 부처 간 조정 회의

하고, 동시에 석탄발전은 장기적으로 제로로 하며, 에너지 신산업을 통해 탄소 감소 효과를 공급과 수요 두 측면에서 달성하는 해법을 마련한 것이었다. 수소차와 전기차 등과 같은 에너지 신산업의 공급 측면과 함께 ESS, 스마트그리드, 제로에너지빌딩 등의 수요 측면을 동시에 추진하자는 것이었다. 여기에 수출을 통한 목표치 달성 보조와 수출 증대를 기하고자 했다.

이러한 박근혜 정부의 노력은 원자력발전의 수출에서도 여러 중요한 전기를 마련했다. 세계 최고 원자력발전 기술과 함께 핵폐기물 재활용 기술, 나아가 스마트 소형 원자로 등을 통해 세계 에너지·환경 시장을 주도할 결정적 계기를 마련했다.

파리기후협약은 트럼프 대통령의 취임 직후 미국 탈퇴하면서 사실상 와해 위기에 처해 있었다. 그리고 우리의 목표 설정은 문재인 정부의 탈원전에 따른 화력발전 증가로 달성이 힘들게 되었다. 더구나 태양광발전을 확대한다면서 산림을 마구 훼손한 것은 태양광발전의 지극히 낮은 용량 및 비효율성과 함께 새로운 위기에 직면했다. 환경운동가들이 과연 바라던 것이 이런 상황인지 묻지 않을 수 없다. 탈원전과 환경 보호가 어떻게 병존 가능한지? 환경운동가들이 추구하는 가치가 과연 무엇인지?

## 수첩 29권 (2015.6.13.~6.24.)

6-23-15 INDC 서별관 회의

1. Contribution not Commit
- 타 국가보다 구체적 내용 발표
  스위스   멕시코   캐나다
  50 - 20   40 - ?

┌ 국내   에너지 신산업, 발전, CCS
│                        ┌ CDM
└ 국외   IMM         └ 구매

## 수첩 31권 (2015.7.6.~7.19.)

7-9-15 VIP

◦ 4월 전 세계 수출감소율 10.9%
  한국 4.3% (상반기 5%)
◦ 파리유엔기후변화당사국 총회
◦ 에너지 신산업 수요 급증
  파리 전 세계 저탄소 체제
  → 에너지 신산업 기술 개발 중요
  → 부담이 아닌 기회
  → 한국이 주도해야

8-28-15 온실가스-VIP 회의

〈VIP〉
◦ 기술로 극복 + 신성장동력
◦ 37% : 부담
　→ 신산업 부흥
　　신성장동력 만든다
◦ 정부 중심 아닌 기업 스스로
　에너지 신산업 투자하도록
- 기업 국제 중심적, 되도록
　소송제기, 투자 의지 부족
- mind 바꾸는 역할 정부가 해야
◦ 장관급
- 관련 부처 최대한 시너지 효과
　국제 아닌 신산업으로 봐야
◦ 관련 업체로 개선
〈환경부 장관〉
◦ 배출권 할당
- 부처 주재 할당위원회 → 기업별
-　대기오염 배출량
　　온실가스 배출량　　｝비례
　　520업체 → 자동연결

2020 18.5% 2020 30%

◦ 522개 업체
　[　- ＿＿ → 3만 원
　　- 파생상품
　　　환경산업
◦ 에너지 신산업 → 신성장동력
◦ 탄소배출권 거래
- 신기금 incentive
- 기술개발 ESS
◦ LG
◦ 대용량 - 10만 가구 전기공급
◦ 계획수립 - 신청 - 점검
　63800 → 53500　｝
　2014　　2030

○ 환경정보센터 → ___
○ 각 부처 환경 mind

┌ 직접규정
└ 배출권 거래

○ 공학, 과학
〈VIP〉
○ 배출권거래제
  - 해당 감축관리청
  - 할당, 거래 활성화
    책임관리제 강화
○ 기업 늘어나는 곤란
  기술투자 결실 ___
  37%
○ 과징금 6월 확정
- 기재부 할당량 재조정
- 거래세제
  시장규칙
○ 거래소 1월 Open → Stop
○ 산업화
〈미래〉
┌ ○ 목표 타당성
└ ○ 기업의 Committee
    - 2020

* 부처
  환경부 전문성 ┐ 100% 발휘
  ┌ 국내 인식 개선 ┐ 필요
  └ 국민 참여 ┘
- 지자체 - 중앙정부
  환경부 가교 역할
○ INDC 국제사회 인정받도록
  국제행사 인정
○ 기술로 극복
  기술    incentive
- 기술 smart 한계 절감
ex) ESS
    - 폐연료 - 난방
* 중소기업에 제시

268 — 수첩 속의 정책 : 포퓰리즘과의 전쟁

# 제6부

# 경제외교

정상 회담에서의 양국 정상 간 대화를 메모한 수첩은

외교문서로도 해석될 수 있다는 우려 때문에 여기서는 싣지 않는다.

# 정상 회담과 경제외교

대통령의 정상 회담을 통한 외교 활동은 한 국가가 세계에서의 위상이 결정되는 데 핵심적인 역할을 한다. 한 국가의 최고 통치자가 상대국들 정상들과 나누는 대화나 함께 참여하는 행사에서의 행보는 양국 간의 현재 관계를 보여 주는 것일 뿐만 아니라, 미래의 상호 역학 관계를 시사하기도 한다. 그만큼 국내에서건 국외에서건 정상 회담이 갖는 의미는 막중한 것이다.

박근혜 대통령은 정상 회담을 통한 외교 역량에 관한 한, 역대 대통령 중에서 최고 수준이라고 할 수 있다. 박정희 정부 시절 외교적 훈련을 일찍부터 받아 왔다는 점뿐만 아니라, 정상 외교에 투입하는 열정과 능력이 엄청나기 때문이다. 대통령이 되어서 순방을 통해 정상 회담에서, 그리고 국제무대에서의 다자간 협상UN, G20 현장에서 보여 주는 품격과 역량은 국가로서는 크나큰 자산이 되었다. 우리는 외교적 측면에서 박근혜 대통령이라는 훌륭한 자산을 가졌던 것이다.

나는 수석이 된 다음 날부터 2년 반 후 퇴직할 때까지 14회 순방에 참여했다. 이 과정에서 내가 곁에서 지켜본 박근혜 대통령의 외교적 역량과 업적은 반드시 제대로 평가되어야 한다고 확신하게 되었다. 철저한 준비 과정, 면밀하게 짜인 일정, 그리고 상대 정상들과의 대화에서 압도하는 협상력 등 모든 측면에서 어느 정상보다 탁월했다.

보여주기식 순방 외교는 결국 국내 정치용에 불과하다. 또 하나의 포퓰리즘인 셈이다. 그래서 우리에게는 실제 국익을 위해, 국가의 미래를 위해 순방 외교를 최대한 활용할 수 있는 역량을 갖춘 대통령이 무엇보다 꼭 필요하다. 박근혜 대통령은 우선 순방 외교의 초점을 경제 실리에 맞추었다. 순방 국가를 선정하는 것부터 해당 국가의 경제, 사회, 문화적 환경을 우리가 어떻게 활용할 것인지, 그리고 국내 기업이 진출하거나 수출을 확대할 수 있을 순방 시 협력 아이템 선정에 이르기까지, 사전 준비가 철저하게 이루어졌다.

이러한 사전 준비를 통해 순방 시 정상 회담이나 각종 행사 하나하나에서 대통령으로서 상대국으로부터 우리의 실리를 완벽하게 얻어 냈다. 먹고 마시고 즐기는 행사에서도 옆에 앉은 상대 정상에게 어떤 이슈를 갖고 대화를 이끌어 우리에게 실리를 가져올 것인가를 중심으로 치밀하고 세세하게 준비된 것을 실행했다.

그리고 순방 이후에도, 정상 간에 이루어진 회담 결과나 협약 체결 등에 대한 사후 관리를 철저하게 점검하고, 또 재촉했다. 25회 순방 외교를 통해 맺어진 MOU 등을 모두 리스트로 만들어 이를 체계적으로 관리하도록 해서 순방 외교의 성과가 최종적으로 실현되도록 했다. 이러한 사후 관리 체계는 정상 회담에서도 상대 정상에게 함께 갖추자고 제안하고, 또 이를 양국 담당 부처와 대사관이 관리하게 하기도 했다.

나는 경제수석 부임 바로 다음 날 중앙아시아 3개국 순방에 대통령을 수행했다. 우즈베키스탄, 카자흐스탄, 투르크메니스탄은 천연가스 등 자원이 풍부한 국가로서, 모두 구소련 독립국이었다. 이들 국가는 과거 20세기 초반 우리 민족의 이동 지역에 포함되어 있어서 그 뿌리가 아직 남아있었다. 우리 동포들이 대한민국에 대해 갖는 자긍심과 기대는 그만큼 컸다. 대통령은 이들 국가가 가진 자원을 우리가 활용하는 것에서부터 이들 국가의 시장에 우리 상품이 진출해 만족도가 커지고 확대되기를 기대했다. 그래서 중앙아시아 순방을 단순히 '자원 외교'로 불리는 것을 싫어했다. 대신 순방국과 정상 회담을 통해 양국 간의 다양한 분야에 걸친 교역과 교류 증진을 꾀할 수 있는 상호 협력 외교를 부각시키고자 했다.

이들 국가는 대통령 선거가 있지만 늘 90% 이상 득표로 장기 집권하는 대통령이 이끌고 있었다. 그래서 정상 회담에서 얻을 수 있는 우리의 이득이 오랜 기간 지속될 수 있었다. 박근혜 대통령은 투르크메니스탄 정상 회담이 끝난 후 마련된 만찬장에서도 이를 활용했다. 미리 준비한 것이었지만, 만찬장에서 옆에 앉은 대통령에게 우리의 국방 기술 관련 자랑을 했고, 이에 감탄한 투르크메니스탄 대통령은 그 자리에서 자신의 국방부 장관을 불러 한국의 해당 무기를 구입하도록 지시하기도 했다.

　남미 4개국 순방도 경제외교로서 큰 성과를 거두었다. 특히 브라질과의 정상 회담은 브라질이라는 거대 시장에 한국의 상품과 기술이 진출하여 시장 점유율을 높일 수 있는 계기를 제공하기도 했다. 브라질에서도 불었던 한류 열풍을 최대한 활용한 성과를 거두기도 했다. 남미 순방은 세월호 2주기와 맞물려 있어서 오전에 팽목항을 다녀온 직후 출발하기로 했다.

　중동 4개국 순방의 경우, 국가별 맞춤형 경제외교의 성과가 컸었다. 쿠웨이트, UAE, 사우디아라비아, 카타르의 4개국 모두 석유를 통한 부를 축적한 대표적 국가라는 점에서 그동안 많은 국가가 이 시장을 개척하고자 부단한 노력을 해 왔다. 그런데 우리는 이들 국가가 갖고 있는 요구를 최대한 충족하면서 우리의 역량을 심는 데 주력했다. 쿠웨이트의 경우, 우리 건설 기술이 갖는 뛰어남을 다시 강조하면서 제2의 중동 건설 붐을 일으키고자 했다. UAE는 우리 원자력발전 1호 수출국이었다. 이를 기초로 물 산업, 사이버 보안, 문화 사업 등에 이르는 분야로 교류를 확대하는 것을 추진했다. 사우디아라비아의 경우, 새로운 소형 원자력 기술을 수출하는 것뿐만 아니라 우리의 제약 등 의료 산업과 의료 제도를 수출하는 데 초점을 맞추었다. 그리고 카타르의 경우에는 월드컵을 유치해서 필요한 건설 및 서비스 시장 확대에 우리가 부응하는 데 중점을 두었다.

2015년 3월 3일 개최된 사우디와의 정상 회담에서의 성과는 엄청난 것이었다. 당시 사우디 국왕은 연로하여 왕세자에게 국정 운영을 대부분 이양하기 시작할 때였기에 정상 회담도 왕세자와 가졌다. 다만 이례적으로 사우디 국왕은 공항에 직접 영접을 나왔다. 이는 우리와 사우디의 오랜 친분 과정의 결과이자 박근혜 대통령에 갖는 신뢰를 반영한 것이라 하겠다.

사우디와 맺은 스마트SMART 원전 공동 파트너 MOU는 우리가 가진 원전 기술을 기초로, UAE에 이어 중동 국가들에 진출하는 계기가 되는 것이었다. 스마트 원전 기술은 기존 원전이 냉각을 위한 입지 조건이 필요하고, 또 대형이라는 점을 극복하는 것이다. 바닷가에 원전을 지어서 해수로 냉각할 필요가 없이, 공기로 냉각하는 기술과 나아가 중·소형이라는 점에서 중동의 사막 지역에도 건설 가능한 세계 최고의 기술이었다. 소형 모듈 원전 SMR Small Modular Reactor의 한국 독자 모델이라는 점에서 세계 원전시장에서 선두주자로서의 면모를 보여줌과 동시에 이러한 공동 협력 개발 MOU가 기초가 되어 원전 세계 시장을 새로운 기술로 주도할 기회가 마련된 것이었다. 그러나 문재인 정부의 탈원전으로 이러한 중소형 원전에서도 한국의 세계 시장 주도가 거의 무산되었다. 이와 관련된 당시의 기사와 전문가 의견을 한두 가지만 보더라도 얼마나 안타까운 일인지 알 수 있다.*

* 관련 기사 – 서울경제 2016.3.4. A02면, 한국경제 2015.3.23. A39면, 아주경제 2016.6.13. 016면, 매일경제 2021.6.18. A01면, A04면 참조

그 외에도 여러 분야에서 획기적인 성과를 얻어 냈고, 이를 사후 관리할 관련 각료를 사우디 왕세자가 지정해 주기도 했다. 특히 사우디는 대규모 단지에 우리의 제약회사가 생산 연구 시설을 짓고 활용할 수 있도록 하기도 했다.

UAE의 경우, 정상 회담에 앞서 나는 주로 칼둔Khaldoon 행정청장과 소통했다. 칼둔은 UAE의 지도자인 왕세제의 최측근으로, UAE 경제의 실질적 수장이라고 할 수 있다. 그는 미국 유학을 거친 친미 인사였고, 나와도 친분이 두터웠다. 그래서 그가 1년에 한 번 이상 한국에 올 때마다 나와 만나 경제 등 협력을 의논하고, 평상시에는 E-mail 등으로 교류했다.

나는 당시 정상 회담에 간 계기로 그와 UAE에서 구체적 협력 추진 회의를 했다. 물론 이 회의 결과는 각각 왕세제와 대통령에게 보고하였다. 교류 분야는 문화, 의료, 원자력, 사이버 보안, 제3국 공동 진출(예 : 이집트), 물 산업, 우주 개발, 할랄 등이었다. 특히 할랄의 경우, 전 세계 할랄 식품 시장에서의 주도권을 UAE가 갖기 위한 여러 사업에 우리가 함께하자고 하는 것이었다. 전 세계 식품 시장의 17.4%에 달하는 시장을 우리와 함께 새롭게 개발 확대하자는 것이었다.**

박근혜 대통령은 순방 이후에도 사후 관리에 철저함을 보여 주었

** 관련 기사 - 세계일보 2015.3.6. 008면, 경향신문 2015.3.6. 006면, 매일경제 2015.3.6. A02면 참조

다. 수많은 MOU 체결이 실제 계약으로 이어지고, 이를 결국 우리 기업들이, 그리고 우리 경제가 활용하여 발전하도록 심혈을 기울였다. 수첩 21권(2015.3.4.~3.17.)의 3월 17일 자 메모는 국무회의에서 대통령이 중동 순방 후속 조치로서 관련 장관들에게 일일이 순방 성과를 사후 관리하라는 구체적 지시를 하는 것이다. 할랄의 경우, 농식품부에 연구와 관련 단체 설득 등과 같은 구체적 지시를 했다. 그 외에도 구체적 지시가 방대하게 이어졌다.

3-10-15 VIP

1. 최저임금
2. 브리핑
3. 건설 : 고급 인력 수요
   현지인 10% 고용

   →직업훈련
   사내훈련       }현대건설

4. 역외알세 - 검토
   5년~
5. 문화원 위치 → 아부다비
   문화원 내 한글학교
   교사 파견
6. 항공협정 카타르 국왕
   - 5월 회담
Ⓥ - 서로 만족할 대안 모색
   ex) 싱가포르 월드컵
   - 조건 제시 시 검토
   ex) 두바이 항공 접속
7. 현대차 - 삼성 광고 검토
   ex) 현대엔지니어링
8. 재난병원, 연세머
   민관합동병원 → 찬반 검토

3-13-15 VIP

7. 사우디 러스트
스마트그러드
교환학생 한국에서 배우게
T/O 확대 → 우호적
8. UAE 친교 국가 활용
이집트, 말레이시아
바라카 원전 : 청년 인력
9. 미국변호사 자격증 UAE 취업
10. 세종학당 인력 부족 해결
ex) 중국 공자 학당 UAE
11. 식약처장 ____
12. 김정훈 의원 경제법안 발의

---

**수첩 21권 (2015.3.4.~3.17.)**

---

3-17-15 국무회의

○ 성장모멘텀 발전 → 활용
○ 부정부패

┌ 방산비리특별감
└ 방위산업

○ 안전대진단
  - 국민참여, 신문고, 앱
〈중동순방후속조치〉
〈농식품부〉
○ 이슬람 13억 세계식품시장 17.4%
○ 농식품 수출 종합대책
○ 한국식품연구원 할랄식 ____
  - 300억 개 인증 기준
  - 한국이슬람중앙회
    인증능력 보강
※ ○도계장, 도축장 운영
  =〉두바이에 농어촌유통공사 지사
    → 아부다비

ⓐ K-Move 청년일자리
고용부

- 해외 구인수요정보 파악
  20개 KOTRA 무역관 활용
- 구인기업 80% 증가
  - 취업 20% 증가
- 국가별 분석
  해외 일자리 홍보
- 체계적 맞춤
- K-Move 센터
  - 중동 유럽전문기관 활용
- 유망직종별 구인수요 파악
  - 중동 - ① 전자정부
- 5월 말까지 청년 해외취업포털 완성 예정
- 기술과 언어 융합 교육
  - NCS 기반 교육

Ⓥ
- NCS 개발

- 청년정보 쉽게 알도록
  One-stop으로 알리기
  - App 개발

고 [ World job 5월 open
    [ 10월 App 개발

Ⓥ 보건의료분야
  → 일자리 창출 사업기회 창출

복 [ inbound : UAE 800명
   [ outbound

Ⓥ 의료진 부부
  교육부, _____ 2배

Ⓥ 패션도, K-pop, 문화원
  한국 content 진출

문화의    On line Lab
           온라인 강좌

Ⓥ 사우디 창조경제모델
인적교류↑ 수출↑
미래
◦민감 힘 중요 SKT- 사우디 ____
   - 전담 Team 구성 - 협의 중
◦사우디 미래부 산 - 과학기술처 별도 회담
기본형-특화형
Ⓥ 투자 - 협력 합의 의미
◦카타르 투자 LIST
   - 사우디 상호 투자 LIST 교환
     중동 자본 - 우리 기술 보완 ____
   - 투자 활성화 협력 방안

Ⓝ   ┌ ◦카타르 86건
      └ ◦사우디

◦3국 공동진출 노력
◦정부 간 채널 중요
◦중동국가와 고위급 관계
◦중동 적극적 Idea 제시 필요
◦중동 Gas 도입 활용 방안
   호주, 미국은 도입으로 끝남
   중동 Gas 도입과 연결
     leverage화
◦산업부 전달 ____
   - 통상협력단 심의관
              → 중동 전문가
새로운 Business 사업 발굴
Ⓥ 창의국 협력분야 발굴 필요
   에너지
   - 신재생, 스마트그리드
   - 에너지기업 중동시장 진출 확대
   - 중소용 원자로 Smart

UAE 세계 최고 수로 해수 담수화 기술
      물 산업 진출

Ⓥ 국토부 물 문제 관련
국토 두산중공업

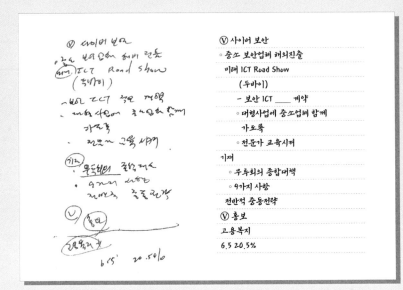

수첩 50권(2016.4.11.~4.18.)의 4월 16일 자 메모에는 중동 순방 1년이 지난 시점에서도 끈질기게 대통령의 할랄 관련 지시 내용이 담겨 있다. 크게 할랄 관광과 할랄 식품으로 구분하여 구체적 지시가 쏟아졌다.

우리의 우수한 의료 기술과 서비스가 아랍권에 널리 알려져 의료 관광이 확대되고 있는데, 이들에게 할랄 음식과 할랄 식당을 제공하면 우리에게 더 큰 혜택이 주어질 수 있다는 것이다. 할랄 식품의 경우도 UAE가 전 세계 할랄 식품 인증권을 우리에게 제공한다는 계획에 맞추어 사전 준비하는 것이었다. 아쉽게 익산 식품클러스터에 할랄 인증 단지 조성을 하려고 한 계획이 몇몇 단체의 반대로 성사되지 못했다.

중동 순방뿐만 아니라 모든 순방 성과에 대한 사후 관리는 철저하게 이루어졌다. 체결한 MOU의 추진 상황을 관리하는 체제를 구축하기도 했다. 수첩 24권(2015.4.13.~4.22.)의 4월 17일 자 메모는 그 증거 중 하나를 보여 준다. 대통령은 MOU 후속 관리를 위해 해당국의 투자 정보와 시장 정보를 제공하여 우리 중소기업이 더 활발히 진출할 수 있도록 하라는 것이었다.

4-16-16 VIP-②

1. 할랄 관광

◦ 아랍인 ⎡ 의료서비스
　　　　 ⎣ 비 의료서비스

◦ 고용복지 비자 연장 신청

⎡ 할랄음식
⎣ 할랄식당

◦ 아랍인 선호 관광코스 개발

⎡ 삼성
⎣ 아산　　병원?

◦ 음식 제공 수준 높게
　 → 할랄기업과 연계해서
　 인증과 위생상에 접검
◦ 할랄식품 연계 + 관리 철저
　 → 안심 + 정부 감독
◦ 할랄관광 성공 유도
　 정서 친화적

2. 할랄식품
◦ CJ, 삼성
◦ 문화융합센터 - 미르
◦ 아랍의료관광 외
　 가족이 어떤 Program
　 한식, 창조센터, 고급
◦ course 5~6개 구축
◦ 상품구매 → 우리가 만들려는 곳

◦ KOTRA ⎤
　　　　 ── 통해 홍보
　　　　 ⎦

◦ 아랍어 guide
◦ 병원 의료가이드
ex) 간이식 for 간 수술 환경

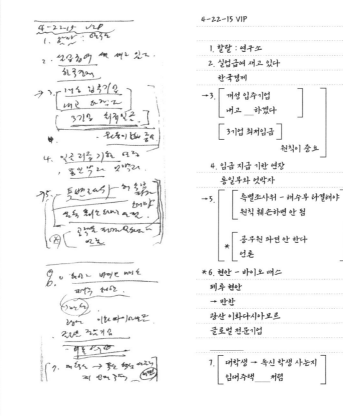

4-17-15 VIP

1. MOU 후속
2. 투자정보, 시장정보 제공
3. 중소기업 risk management
　　　　　 → 금융지원

4-22-15 VIP

1. 할랄 : 연구소
2. 실업급여 서고 있다
　　한국경제
→3. 개성 입주기업
　　 버고 __ 하겠다

　　 [ 3기업 최저임금 ]
　　　　　 원칙이 중요

4. 임금 지급 기한 연장
　　통일부와 엇박자
→5. [ 특별조사위 - 해수부 타결해야
　　　원칙 훼손하면 안 됨 ]

　*　[ 공무원 파견 안 한다
　　　언론 ]

*6. 현안 - 바이오 매스
페루 현안
→ 만찬
광산 이타다시아모르
글로벌 전문기업

7. [ 떠학생 → 독신 학생 사는지
　　 임머추력 __ 처럼 ]

이란의 경우, 별도 일정으로 순방하였다. 박근혜 대통령은 이란이라는 과거 박정희 대통령 시절 중동 건설 붐과 교류 확대 대표 국가와의 교류를 새롭게 확대하는 데 초점을 맞추었다. 중동의 대표적인 반미 국가고 미국으로부터 경제 제재를 받고 있는 이란이지만, 우리가 그동안 유지해 온 이란과의 끈끈한 인연을 활용하여 우리 기업과 우리 산업이 진출하는 데 심혈을 기울였다. 비록 미국의 우방 국가인 한국이지만, 이란은 전통적인 우의를 바탕으로 박근혜 대통령에 대한 기대가 컸다. 그래서 파격적으로 종교 지도자 하메네이와 단독 회담을 갖기도 했다.

하메네이는 오랜 친분을 바탕으로 두 국가가 '함께 이루자'고 제안하기도 할 정도로 박근혜 대통령을 환대했다. 박정희 대통령 시절부터 시작된 두 국가의 협력 관계를 이어 가자는 의지를 보여 준 것이었다. 한류 드라마와 영화도 즐겨본다며 친밀감을 드러내기도 했다.

아프리카 3개국 순방은 그야말로 새로운 시장의 개척이라는 의미를 갖는 것이었다. 에티오피아, 우간다, 케냐는 모두 한국의 발전을 부러워하면서 배우고 싶어 했다. 특히 새마을 운동과 교육에 대한 우리의 경험을 배우고자 노력했다. 이를 활용하여 박근혜 대통령은 이들 국가 정상들에게 우리의 적극적인 보건 의료, 교육, 식량 등 원조와 함께, 경제 교류를 확대하고자 했다. 그래서 여러 분야에 걸친 MOU 체결과 건설, 수출 등 계약을 얻어 내기도 했다.

대통령은 아시아 국가들에 대한 경제외교에도 심혈을 기울였다. 태국에는 수로 건설 사업을, 말레이시아는 말레이-싱가포르 고속철도 사업 등 큰 규모의 사업을 우리가 유치하고자 엄청난 노력을 했다. 말레이시아 정상과 해당 장관이 우리의 고속철이 갖는 우수한 기술과 서비스를 직접 경험하도록 직접 KTX를 시승하게 하기도 하고, 다자 회담 중간에 짧은 시간 동안 이루어지는 정상 간 회담, 이른바 풀 어사이드Pull-Aside 회담에서 태국 정상에게서 수로 사업을 구두로 약속받기도 했다.

동유럽 국가 순방에서도 체코의 원자력발전 건설에 우리가 유리한 위치를 갖게 되도록 하는 성과를 얻기도 했다. 이처럼 어느 국가이건 정상이건, 그리고 어떤 상황이건 대통령은 철저한 사전 준비와 함께 혼혈의 힘을 다하여 성과를, 특히 경제적 성과를 얻기 위해 노력했다.

수첩 52권(2016.5.1.~5.11.)의 5월 4일 자 메모 중에는 2번 항목에 있는 'CJ-아리랑 K-Pop 연결 가수팀 구성'이 흥미를 끈다. 대통령은 당시 우리의 여러 지역 아리랑을 편곡하여 오케스트라가 연주하는 방안에 이어, K-Pop 가수팀이 여러 아리랑 메들리를 편곡하여 부를 수 있으면 좋겠다는 제안을 했다.

이는 결국 2016년 6월 14일 파리에서 성사되었다. 당시 K-Pop 가수들의 공연 무대인 KCON K-Concert에서 수많은 유럽 K-Pop 팬들이 모인 가운데, 방탄소년단BTS이 중심이 되어 여러 다른 K-Pop 그룹과 최초로 아리랑을 부르게 되었다. 이때의 아리랑은 편곡과 함께 춤사위가 오늘날 BTS 열풍을 타고 큰 인기를 얻었다.

5-4-16 VIP

1. 미세먼지 ①화력 ②자동차
1) 홍보
2) 전기차 + 수소차
충전소
규모의 경제
국내 + 해외
2. CJ — 아리랑 K-Pop 연결
가수팀 구성
3. 236명 간담회
◦ 우리 경제 활성화
ㅡ 수출 by ① 해외시장개척
② 1:1 시장
③ 정보 + Network
④ 상황
4. 강정마을
5. 박태환
6. 중앙선데이 광고
역사적 이란방문 성공적 기원
더욱, 대한전선, ____

다자 회담의 경우는 박근혜 대통령이 더욱더 신경 써서 준비하고 그 성과를 기대하였다. UN 총회, G20 회의, APEC 회의 등 매년 열리는 다자 회담은 각국의 정상들이 가진 외교적 역량과 지도자로서의 자질을 나타내는 경연장이 되곤 한다. 박근혜 대통령은 몇 안 되는 여성 지도자라는 점뿐만 아니라, 갖고 있는 여러 가지 장점으로 다자 회담의 정상들이 늘 관심을 두고 함께하길 희망하고, 또 대화하길 바랐다. 박근혜 대통령의 강점은 바로 외모에서 보여 주는 우아함과 여러 언어의 구사 능력, 그리고 탁월한 매너 등이라고 할 수 있다. 다자 회담에서 수십 명의 정상이 함께 있으면 아무래도 5~6명씩 그룹으로 대화를 하게 되는데, 박근혜 대통령은 늘 그 그룹 대화의 주도권을 쥐고 있기도 했다.

당시 통역이었던 이성환 행정관의 능력과 노력도 뒷받침되었다. 여러 정상, 특히 오바마 대통령조차도 그의 영어 구사력과 통역 능력에 감탄했다. 그리고 그는 대통령이 과거 어느 다자 회담 등 상황에서 누구를 만나 어떤 대화를 했는지 미리 알아놓고, 지나가는 정상이 있으면 간략히 관련된 정보를 대통령께 미리 알려줘서 대화를 이끌도록 했다.

다자 회담 중에서 G20 회의에서 박근혜 대통령은 몇 번 안 되는 발언 기회를 모두 활용하여 영향력 있는 발표를 해서 큰 호응을 얻어 내기도 했다. 특히 G20 회의가 매년 정한 주제에 대한 각국의 계획 및 실행 방안 제시를 기초로 평가하는 데서 우리가 늘 1~2위를 차지한 것은 큰 성과라고 할 수 있다.

<h2 style="text-align:center">&lt;2014.6.~2016.6. 주요 순방 수행 일정&gt;</h2>

| | 일자 | 내용 |
|---|---|---|
| **2014** | 6.14. | 경제수석 부임 |
| | 6.16.~6.21. | 중앙아시아 순방(우즈베키스탄, 카자흐스탄, 투르크메니스탄) |
| | 9.20.~9.26. | UN 기후정상회의 및 69차 총회 참석 순방+캐나다 순방 |
| | 10.14.~10.18. | ASEM 정상회의 참석 및 이탈리아 순방 |
| | 11.9.~11.17. | APEC, ASEAN+3·EAS 및 G20 정상회의 참가 |
| **2015** | 3.1.~3.9. | 중동 4개국 순방(쿠웨이트, UAE, 사우디, 카타르) |
| | 4.16.~4.27. | 남미 4개국 순방(콜롬비아, 칠레, 브라질, 페루) |
| | 9.2.~9.4. | 중국 전승절 기념식 순방 |
| | 9.25.~9.30. | UN 개발정상회의 및 제70차 총회 참석 순방 |
| | 10.13.~10.18. | 미국 순방 |
| | 11.14.~11.23. | ASEAN 순방(필리핀, 말레이시아), G20 정상회의, APEC 정상회의 및 ASEAN+3·EAS 참석 |
| | 11.29.~12.5. | 프랑스 파리기후총회 참석 및 유네스코 방문, 체코 방문 및 한-비세그라드그룹 정상회의 |
| **2016** | 3.30.~4.6. | 미국·멕시코 순방, 핵안보정상회의 참석 |
| | 5.1.~5.4. | 이란 순방 |
| | 5.25.~6.5. | 아프리카 순방+프랑스 순방(에티오피아, 케냐, 우간다) |

<h2 style="text-align:center">&lt;2014.6.~2016.6. 주요 외교 행사 일정&gt;</h2>

| 구분 | 일자 | 지역 | 국가 | 행사 |
|---|---|---|---|---|
| 순방1 | 2014.6.16. | 중앙아시아 3개국 순방 | 우즈베키스탄 | 동포 간담회 |
| 순방1 | 2014.6.17. | | 우즈베키스탄 | 정상 회담 |
| 순방1 | 2014.6.17. | | 우즈베키스탄 | 비즈니스 포럼 |
| 순방1 | 2014.6.19. | | 카자흐스탄 | 정상 회담 |
| 순방1 | 2014.6.19. | | 카자흐스탄 | 비즈니스 포럼 |
| 순방1 | 2014.6.20. | | 투르크메니스탄 | 정상 회담 |
| 방한 | 2014.7.3. | | 중국 | 정상 회담 |
| 방한 | 2014.7.21. | | 포르투갈 | 정상 회담 |
| 방한 | 2014.7.24. | | 미국 | U.S 상공회의소 회원 면담 |
| 방한 | 2014.8.18. | | 중국 | 마윈 |
| 방한 | 2014.8.18. | | 호주 | 총리 정상 회담 |

| 구분 | 일자 | 지역 | 국가 | 행사 |
|---|---|---|---|---|
| 순방2 | 2014.9.20. | UN 기후정상회의 총회 참석, 캐나다 순방 | 캐나다 | 동포 간담회 |
| 순방2 | 2014.9.21. | | 캐나다 | 데이비드 존스턴 총독 회담 |
| 순방2 | 2014.9.22. | | 캐나다 | 정상 회담 |
| 순방2 | 2014.9.22. | | 미국 | UN 사무총장 면담 |
| 순방2 | 2014.9.23. | | 미국 | UN 기후정상회의 연설 |
| 순방2 | 2014.9.23. | | 이집트 | 정상 회담 |
| 순방2 | 2014.9.23. | | 우간다 | 정상 회담 |
| 순방2 | 2014.9.23. | | 스페인 | 정상 회담 |
| 방한 | 2014.10.7. | | 코트디부아르 | 정상 회담 |
| 순방3 | 2014.10.14. | ASEM 정상회의 참석, 이탈리아 순방 | 이탈리아 | 동포 간담회 |
| 순방3 | 2014.10.16. | | 덴마크 | 정상 회담 |
| 순방3 | 2014.10.16. | | ASEM | 전체회의 |
| 순방3 | 2014.10.16. | | 프랑스 | 정상 회담 |
| 순방3 | 2014.10.16. | | 중국 | 정상급 회담 |
| 순방3 | 2014.10.17. | | 로마 | 프란치스코 교황 면담 |
| 순방3 | 2014.10.17. | | 이탈리아 | 대통령 회담 |
| 순방3 | 2014.10.17. | | 이탈리아 | 총리 정상 회담 |
| 방한 | 2014.10.24. | | 호주 | 총리 통화 |
| 방한 | 2014.11.3. | | 네덜란드 | 국왕 회담 |
| 방한 | 2014.11.4. | | WB | 김용 총재 회담 |
| 방한 | 2014.11.5. | | 카타르 | 국왕 정상 회담 |
| 순방4 | 2014.11.10. | APEC, ASEAN+3, EAS 및 G20 정상회의 | 중국 | 정상 회담 |
| 순방4 | 2014.11.11. | | 호주 | 정상 회담 |
| 순방4 | 2014.11.12. | | 인도 | 정상 회담 |
| 방한 | 2014.12.9. | | 브루나이 | 정상 회담 |
| 방한 | 2014.12.10. | | 말레이시아 | 정상 회담 |
| 방한 | 2014.12.10. | | 베트남 | 정상 회담 |
| 방한 | 2014.12.11. | | 미얀마 | 정상 회담 |
| 방한 | 2014.12.11. | | 인도네시아 | 정상 회담 |
| 방한 | 2014.12.11. | | 라오스 | 정상 회담 |
| 방한 | 2014.12.11. | | 태국 | 정상 회담 |
| 방한 | 2014.12.11. | | 필리핀 | 정상 회담 |

| 구분 | 일자 | 지역 | 국가 | 행사 |
|---|---|---|---|---|
| 방한 | 2014.12.11. | | 싱가폴 | 정상 회담 |
| 방한 | 2014.12.13. | | 캄보디아 | 정상 회담 |
| 방한 | 2015.2.26. | | 체코 | 정상 회담 |
| 순방5 | 2015.3.2. | 중동 4개국 순방 | 쿠웨이트 | 정상 회담 |
| 순방5 | 2015.3.2. | | 쿠웨이트 | 비즈니스 포럼+동포 간담회 |
| 순방5 | 2015.3.3. | | 사우디 | 정상 회담 |
| 순방5 | 2015.3.4. | | 사우디 | 비즈니스 포럼+동포 간담회 |
| 순방5 | 2015.3.4. | | 사우디 | 알왈리드 면담 |
| 순방5 | 2015.3.4. | | 사우디 | 야마니 원자력 실장 |
| 순방5 | 2015.3.5. | | UAE | 정상 회담 |
| 순방5 | 2015.3.5. | | UAE | 경제수석-Kaldoon(칼둔) 회의 |
| 순방5 | 2015.3.5. | | UAE | 비즈니스 포럼+동포 오찬 |
| 순방5 | 2015.3.6. | | 카타르 | 경제인 오찬 |
| 순방5 | 2015.3.8. | | 카타르 | 정상 회담 |
| 순방5 | 2015.3.8. | | 카타르 | 기업 간담회 |
| 순방5 | 2015.3.8. | | 카타르 | 비즈니스 포럼 |
| 방한 | 2015.3.23. | | 뉴질랜드 | 정상 회담 |
| 방한 | 2015.4.12. | | 타지키스탄 | 정상 회담 |
| 방한 | 2015.4.13. | | 투르크메니스탄 | 정상 회담 |
| 방한 | 2015.4.14. | | 헝가리 | 정상 회담 |
| 방한 | 2015.4.14. | | UAE | 하메드 왕세제 실장 면담 |
| 방한 | 2015.4.14. | 남미 4개국 순방 | 에티오피아 | 정상 회담 |
| 순방6 | 2015.4.17. | | 콜롬비아 | 정상 회담+만찬 |
| 순방6 | 2015.4.18. | | 콜롬비아 | 동포 간담회 |
| 순방6 | 2015.4.20. | | 페루 | 동포 간담회 |
| 순방6 | 2015.4.20. | | 페루 | 국회 방문 |
| 순방6 | 2015.4.21. | | 페루 | 정상 회담 |
| 순방6 | 2015.4.21. | | 칠레 | 동포 간담회 |
| 순방6 | 2015.4.22. | | 칠레 | 정상 회담 |
| 순방6 | 2015.4.22. | | 칠레 | 국회의장 면담 |
| 순방6 | 2015.4.22. | | 칠레 | 만찬 |
| 순방6 | 2015.4.23. | | 칠레 | 남극기지 통화 |

| 구분 | 일자 | 지역 | 국가 | 행사 |
|---|---|---|---|---|
| 순방6 | 2015.4.24. | 남미 4개국 순방 | 브라질 | 정상 회담 |
| 순방6 | 2015.4.24. | | 브라질 | 오찬 |
| 순방6 | 2015.4.24. | | 브라질 | 비즈니스 포럼 |
| 순방6 | 2015.4.25. | | 브라질 | 동포 간담회 |
| 방한 | 2015.5.14. | | 불가리아 | 정상 회담 |
| 방한 | 2015.5.15. | | 쿠웨이트 | 국회의장 면담 |
| 방한 | 2015.5.18. | | 미국 | 존 케리 국무장관 |
| 방한 | 2015.5.18. | | 인도 | 정상 회담 |
| 방한 | 2015.5.26. | | 일본 | 나카오 ADB 총재 |
| 방한 | 2015.5.28. | | 우즈베키스탄 | 정상 회담+만찬 |
| 방한 | 2015.6.1. | | 중국 | 가오 후청 상무부장 |
| 방한 | 2015.6.4. | | 세네갈 | 정상 회담 |
| | 2015.6.12. | | 미국 | 정상 통화 |
| 방한 | 2015.7.20. | | 온두라스 | 정상 |
| 순방7 | 2015.9.2. | 중국 순방 | 중국 | 시진핑 정상 |
| 순방7 | 2015.9.3. | | 중국 | 전승기념일/리커창 정상 |
| 순방7 | 2015.9.4. | | 중국 | 동포 간담회 |
| 순방7 | 2015.9.4. | | 중국 | 상해 비즈니스 포럼 |
| 방한 | 2015.9.11. | | 요르단 | 국왕 정상 회담 |
| 방한 | 2015.9.15. | | 한-EU | 정상 회담 |
| 순방8 | 2015.9.25. | UN총회 순방 | | 반기문 총장 면담 |
| 순방8 | 2015.9.26. | | | 새마을회의 운동 |
| 순방8 | 2015.9.26. | | | 석학 만찬 |
| 순방8 | 2015.9.27. | | 파키스탄 | 양자 회담 |
| 순방8 | 2015.9.27. | | 덴마크 | 양자 회담 |
| 순방8 | 2015.9.27. | | 나이지리아 | 양자 회담 |
| 방한 | 2015.10.12. | | 독일 | 정상+공동 기자 만찬 |
| 순방9 | 2015.10.15. | 미국 순방 | 미국 | 펜타곤 한미재계 |
| 순방9 | 2015.10.15. | | 미국 | 국제전략문제연구소(CSIS) 연설 |
| 순방9 | 2015.10.16. | | 미국 | 정상 회담 |
| 순방9 | 2015.10.16. | | 미국 | 오찬 |
| 순방9 | 2015.10.16. | | 미국 | 기자 회견 |

| 구분 | 일자 | 지역 | 국가 | 행사 |
|---|---|---|---|---|
| 방한 | 2015.10.20. | | OECD | 총재 |
| 방한 | 2015.10.23. | | 보츠와나 | 정상 |
| 방한 | 2015.10.31. | | 중국 | 정상 |
| 방한 | 2015.11.1. | 한일중 회담 | 중국 | 회담 |
| 방한 | 2015.11.1. | | | 비즈니스 서밋 |
| 방한 | 2015.11.2. | | 일본 | 정상 |
| 방한 | 2015.11.4. | | 프랑스 | 정상+공동 기자 회견 |
| 방한 | 2015.11.9. | | 아이슬란드 | 정상 |
| 순방10 | 2015.11.15. | OECD 회의 순방 | 터키 | 업무 오찬 Session 1 |
| 순방10 | 2015.11.15. | | 영국 | 양자 회담 |
| 순방10 | 2015.11.16. | | 터키 | 업무 오찬 Session 2 |
| 순방10 | 2015.11.18. | ASEAN+3 | 캐나다 | 정상 |
| 순방10 | 2015.11.18. | | 필리핀 | 정상 |
| 순방10 | 2015.11.21. | | | 아시안+3 정상회의 |
| 순방10 | 2015.11.22. | | | EAS 회의 |
| 순방10 | 2015.11.22. | | 호주 | 정상 |
| 순방11 | 2015.11.30. | 프랑스, 체코 순방 | 러시아 | 양자 회담 |
| 순방11 | 2015.12.1. | | 프랑스 | UNESCO 방문 |
| 순방11 | 2015.12.2. | | 체코 | 정상 |
| 순방11 | 2015.12.2. | | 체코 | 비즈니스 |
| 순방11 | 2015.12.3. | | 체코 | 총리 정상 |
| 순방11 | 2015.12.3. | | V4(체코, 폴란드, 헝가리, 슬로바키아) | 정상+공동 기자 회견 |
| 순방11 | 2015.12.3. | | 폴란드 | 정상 |
| 순방11 | 2015.12.3. | | 헝가리 | 정상 |
| 순방11 | 2015.12.3. | | 슬로바키아 | 정상 |
| 순방11 | 2015.12.4. | | 체코 | 동포 간담회 |
| 방한 | 2016.2.18. | | 팔레스타인 | 정상 |
| 방한 | 2016.3.3. | | 이집트 | 정상 회담 |
| 순방12 | 2016.3.31. | 미국, 멕시코 순방 | 한미일 | 정상 회담 |
| 순방12 | 2016.3.31. | | 한일 | 정상 회담 |
| 순방12 | 2016.3.31. | | 한중 | 정상 회담 |

| 구분 | 일자 | 지역 | 국가 | 행사 |
|---|---|---|---|---|
| 순방12 | 2016.4.2. | 미국, 멕시코 순방 | 멕시코 | 동포 간담 |
| 순방12 | 2016.4.4. | | 멕시코 | 정상 |
| 방한 | 2016.4.15. | | 노르웨이 | 정상 |
| 순방13 | 2016.5.2. | 이란 순방 | 이란 | 정상 |
| 순방13 | 2016.5.2. | | 이란 | 최고지도자 |
| 순방13 | 2016.5.3. | | 이란 | 동포 간담 |
| 방한 | 2016.5.9. | | 쿠웨이트 | 총리 |
| 방한 | 2016.5.10. | | 아르헨티나 | 부통령 |
| 방한 | 2016.5.16. | | 인도네시아 | 정상 |
| 순방14 | 2016.5.26. | 아프리카 3개국 순방+프랑스 수교기념 방문 | 에티오피아 | 정상 |
| 순방14 | 2016.5.27. | | 에티오피아 | AU 총회 |
| 순방14 | 2016.5.27. | | 에티오피아 | 동포 간담회 |
| 순방14 | 2016.5.28. | | 우간다 | 동포 간담회 |
| 순방14 | 2016.5.29. | | 우간다 | 정상 |
| 순방14 | 2016.5.29. | | 우간다 | 비즈니스 포럼 |
| 순방14 | 2016.5.30. | | 케냐 | 동포 |
| 순방14 | 2016.5.31. | | 케냐 | 정상 |
| 순방14 | 2016.6.2. | | 프랑스 | 비즈니스 포럼 |
| 순방14 | 2016.6.3. | | 프랑스 | 정상 |

# 한미 정상 외고

한미 관계는 역대 대통령 취임 후 첫 순방 국가를 미국으로 할 만큼 중요한 것이었다. 따라서 박근혜 대통령은 취임 후 미국 순방길에 올랐고, 미 의회 연설 등 중요한 성과를 거두었다. 그러나 윤창중 대변인의 성추행 의혹 사건이 벌어지면서 그 성과가 상당 부분 묻혀버렸다고 할 수 있다.

나는 2014년 6월 경제수석으로 간 뒤 한미 정상 간의 만남을 여러 차례 준비했었다. 대부분 다자 회담에서 오바마 대통령과의 만남이었고, 정상 회담은 그 후에 미국에서 이루어졌었다. 나는 외교 전문가는 아니었지만, 당시 미일 간의 관계가 어느 때보다 돈독한 상황에서도 오바마 대통령이 우리 대통령에게 보여 준 우의는 상당한 의미가 있었다고 평가할 수 있다. 박근혜 대통령이 갖고 있던 외교적 역량이 그만큼 큰 역할을 한 것이다.

미국과의 경제 현안 중에서 가장 큰 것은 미국의 대 한국 무역 적자였다. 자동차 등을 중심으로 우리의 대미 수출이 크게 신장되면서 무역 적자, 그러니까 우리에게는 대미 무역 흑자가 상당히 커진 상황이었다. 그래서 미국의 자동차산업계를 중심으로 미국 정부에 대한 무역 적자 해소를 위한 압박이 상당히 컸었다. 이에 미국은 여러 시도가 여의치 않자, 우리의 환율 정책에 대한 문제를 제기했다. 우리가 대미 달러 환율을 높게 유지하는 환율 조작국으로 의심된다는 점을 내세웠다. 그러면서 우리에게 외환 관리 통계를 공개하는 등 조치를 취하라고 압력을 행사했다.

환율 관련 문제 제기를 중심으로 미국은 백악관이 주도해 늘 우리에게 공개·비공개로 압박하고 있었다. 따라서 미국은 한미 정상 회담을 앞두고도 이를 회담 의제로 삼기 위해 부단한 노력을 했다. 당연히 우리로서는 이를 막기 위한 노력을 했다. 나는 환율 문제 자체는 정상 회담에서 논의하는 것이 부적절하다는 점을 내세워 양국 경제 당국 간 협의를 통해 해결해 나가자고 제안했고, 나와 친분이 두터웠던 리퍼트 미 대사와도 그렇게 어느 정도 합의를 한 상태에서 정상 회담을 준비했다.

정상 회담이 있는 날을 D-Day로 해서 한 달 전부터 이 문제를 간헐적으로 제기하던 미국이었지만, 일단 의제에서 제외하기로 한 상황에서 정상 회담이 준비되었다. 다만 경제 당국 간 환율 정책의 향후 계획과 관련된 문제를 논의하는 과정은 치열하게 진행되었다. 그래서 환율 관련해서 양국 간에 그동안 논의한 결과를 정리하는 최종 문안 합의를 앞두고는 마지막 날인 D-1까지 공방이 지속되었다. 미국 백악관과 재무성 등의 관리와 우리 기획재정부와 주미대사관 재경관 등이 상호 협상하는 장에서 최종 문안 관련 합의 여부를 수시로 경제수석인 내게 타진하러 우리 관계자가 내 호텔 방으로 오는 것이 밤새 계속되었다. 나는 향후 우리에게 불리할 수 있는 빌미가 될 문안이 포함되지 않도록 끝까지 고집을 부렸다. 그래서 결국 현지 시각 새벽 4~5시에 최종 승낙을 했다. 다들 많이 지쳤고 힘들어했지만, 최선의 결과였다.

나는 정상 회담을 준비하면서 늘 예상 질문과 답변을 준비해서 대통령께 드리고, 이를 대통령은 마지막 순간까지 수정·보완했었다. 그래서 정상 회담이 임박해서는 이러한 수정·보완 관련 대통령의 주문이 수시로 이루어졌다. 당시 한미 정상 회담을 앞두고도 마찬가지였다. 나는 특히 오바마 대통령이 오찬회담을 하면서 갑자기 환율 문제를 꺼낼 가능성이 있어서 예상 답변을 준비해드렸다. 의제에서 제외되었어도 질문할 가능성이 상황에 따라 조금이라도 있었기에 대비하시라고 했다.

백악관에서 이루어진 정상 회담은 미 대통령의 집무실인 이른바 오벌 오피스Oval Office에서 약 10~20분 환담과 기자 촬영이 있고 난 뒤, 옆에 마련된 오찬장에서 오찬하면서 회담하는 일정으로 되어 있었다. 처음 미 대통령 집무실에 가본 나로서는 TV로만 보던 곳이라 낯이 익었지만, 상당히 소박하다는 느낌을 받았다. 당시 취재 열기가 실로 엄청났다는 점에 놀라기도 했다.

환담에서 오바마 대통령은 위안부 문제 관련해서 한일 간 갈등을 빨리 해소하라는 것과 남태평양 중국의 도발에 대한 한국의 분명한 항의 입장 표명을 해 달라는 두 가지 주문을 했다. 여기에 박근혜 대통령은 정색하면서 환담 시간을 20분 정도 더 갖고, 대신 오찬 시간을 줄이자고 했다. 오바마 대통령의 질문에 대한 충분한 답변 시간이 필요해서라고 했다. 오바마 대통령은 그렇게 하자고 했고 박근혜 대통령의 설명을 듣기 시작했다.

박근혜 대통령은 우선 위안부 문제는 아직 일본이 제대로 된 사과와 보상을 하지 않은 상황임을 강조했다. 위안부 할머니들이 고령으로 이제 몇 분 남지 않으셨는데, 이분들이 살아계실 때 하루빨리 일본의 사과가 있어야 한다면서 미국이 이 문제에서 일본을 옹호하면 곤란하다고 말했다.

박근혜 대통령은 일본이 위안부 문제에 대해, 과거 담화를 통해 반성했던 것을 아베 정부가 입장을 바꾸었기 때문에 문제가 발생한 것이라는 사실을 분명하게 했다. 위안부 피해자 중 생존자가 점점 줄어드는 상황에서 합의문을 통해 풀어 보려 한다고 했다. 그러자 오바마는 위안부 문제 해결을 위해 아베에게 압력을 가할 것이고, 또 일본의 진심이 느껴지도록 새로운 노력을 기울여 신속히 해결하겠다고 했다.

오바마가 중국이 국제 기준 규범에 따르도록, 특히 남중국해 문제에 대한 한국의 입장 표명이 있어야 한다는 언급에 대해서도 반박했다.

박근혜 대통령은 국제 규범은 철저히 지키는 것을 원칙으로 하고 있고, 남중국해는 원유 90%, 수출 물량 30% 이상이 통과하는 지역이라는 점에서 중국에 대한 압박을 해 왔다고 분명히 했다. 특히 지난 8월 EAS 다자 회담 당시 이 문제를 강하게 제기했다는 점도 강조했다. 그러자 오바마는 미처 몰랐다면서 중국이 국제 규범에 동참하는 방식을 모색하면서 함께 협력하자고 제안했다.

통상적으로 미국 대통령의 집무실인 오벌 오피스에서의 환담은 화기애애하게 진행된다. 이러한 화기애애함 가운데서도 당시 상당한 긴장감이 돌게 되었다. 박근혜 대통령은 우리 국가와 대통령의 위상을 국민을 대표하여 확실하게 미국 대통령에게 각인시켰던 셈이다. 오바마 대통령이 무심코 비서진들이 써준 걸 전달했다가 오찬 시간까지 미루면서 따지는 박근혜 대통령에게 미안한 표정을 짓는 모습을 보고는 이것이 지도자의 능력이고 힘이구나 하는 생각을 했다.

한미 오찬은 사실상 한미 정상 회담이었다. 두 정상은 관련 장관과 수석들이 배석한 상황에서 오찬 회담을 진행했기 때문이다. 여러 중요한 논의가 있었지만, 환율 문제를 거론한 오바마의 질문에 대한 박근혜 대통령의 답변이 주목할 만하다. 오바마는 한국은 수출 지향적 경제로 통화 개입의 우려가 있는데, 특히 미국 공화당과 민주당은 이에 관심이 높다고 지적했다. 여기에 박근혜 대통령은 한국의 환율은 시장에서 결정되며, 개입하지 않는 것이 원칙이라고 못을 박았다.

다만, 환율의 급격한 변동 시 예외적으로 평탄 조작Smooth Opera-
tion을 통해 시장을 안정시킬 뿐이라고 했다. 또한, 한국은 소규모 개방
경제고 비기축 통화 국가로서 수출보다 수입에 더 크게 경상수지가 의
존하며, 그동안 경상수지 흑자는 메르스 사태와 고령화로 내수가 침체
되고 수입이 줄어 발생한 것이라고 더 구체적인 원인을 설명했다. 이어
서 경제 문제 논의가 계속되었지만, 더 이상 환율 문제는 거론되지 않았
다. 대신 양국 간의 경제 협력에 대한 건설적인 상호 대화가 이어졌다.
결국, 정상 회담을 통해 한미 간 동맹 관계가 더욱 강화되었음과 동시에
경제 문제에 대한 미국 측 오해를 풀면서 상호 협력 방안 모색을 유도할
수 있었던 것이었다.*

* 관련 기사 – 동아일보 2015.10.19. A02면 참조

# 한중 정상 외교

박근혜 대통령은 한중 외교에 관한 한 상당히 유리한 상황에서 취임했다고 할 수 있다. 중국 시진핑 주석과의 개인적인 친분으로 어느 정부보다 한중 관계가 돈독해질 것이기 때문이다. 2005년 7월 박근혜 대통령이 한나라당 대표 시절, 중국 저장성 당서기였던 시진핑이 한국을 방문했을 때 대부분 정치인이 잘 만나주지 않았다. 그러나 박근혜 대통령은 힘든 일정에도 불구하고 시진핑과 오찬을 장시간 하면서 대화를 가졌었다. 이 첫 만남 이후에도 상호 서신 교환을 통해 인연을 계속 이어갔다. 누구든 박근혜라는 정치인을 만나면 갖게 되는 친밀감, 진실성에 시진핑도 예외가 아니었다.

시진핑은 박근혜 대통령 취임 이후 갖게 된 여러 번의 정상 만남에서 늘 반갑게 환대했다. 양국 간 정상 회담이나 다자 회담에서 시진핑은 박근혜 대통령을 만날 때마다 늘 환한 미소와 함께 환대하는 제스처에 이르기까지 친밀한 관계를 확연히 전하였다. APEC 회의가 중국에서 열렸을 당시 일화는 이를 잘 나타내 준다. 당시 하루 차이로 우리와 일본이 중국과 정상 회담을 가졌었다. 중국의 경우, 정상 회담장 입구에서 늘 상대국 정상을 맞고서 사진 촬영을 하는데, 박근혜 대통령이 그 입구에 다가가자 시진핑은 몇 발자국 앞으로 나와 환하게 웃으며 맞이한 후 촬영 장소로 함께 가서 포즈를 취했다. 그런데 그 다음 날 있었던 아베 총리에게는 서 있는 채로 굳은 미소로 맞이하여 시선을 주지 않은 채 촬영했는데, 이 두 장면을 비교하는 기사가 언론에 보도되기도 했다.*

시진핑뿐만 아니라 중국 국민도 당시 박근혜 대통령에 대한 호감이 상당히 컸었다. 박근혜 대통령의 책이 중국어로 번역되어 출간되어 베스트셀러가 될 정도였다. 수첩 2권(2014.6.26.~7.3.)의 6월 30일 자 메모에는 중국 CCTV와의 인터뷰 내용이 담겨 있다. 당시 박근혜 대통령은 중국 CCTV의 유명 프로그램의 앵커와의 인터뷰를 통해 중국과의 긴밀한 관계를 더욱 강화하려 했다. 이는 그 전해 박근혜 대통령의 방중을 계기로 중국에서 박 대통령의 인기가 높아졌고, 또 박 대통령의 책이 중국어로 번역되어 널리 팔리고 있던 상황을 반영하는 것이었다.

이 인터뷰에서 박근혜 대통령은 실로 중요하면서도 다양한 한중 관계 개선 방안을 제시했다. 메모의 3번은 한중 FTA에 관한 것인데, 대통령은 한중 FTA가 왜 필요한지 그 이유와 이를 추진하면 한중 모두 경제적 이득을 취할 수 있다는 점을 강조했다. 6번 항목에는 '아시아 파라독

* 관련 기사 - 조선일보 2014.11.11. A01면, 중앙일보 2014.11.11. 002면 참조

스Asia Paradox'라는 용어를 인용했다. 세계에서 아시아는 가장 역동적이지만, 정치적 갈등으로 협력에 한계가 있다는 이 아시아 파라독스를 한중이 함께 해결하자고 제안했다. 상호 신뢰를 구축하고 축적해서 동북아 평화 협력 구상을 실현하자고 제안한 것이다.

또한, 7번 항목에서는 위안부 문제는 과거 문제가 아니라 아직도 피해자 54분이 생존해 계시는 현재 문제라는 점을 강조했다. 그리고 아베 정부가 위안부 문제를 인정한 고노 담화를 훼손하고 있다는 점을 내세우며, 이에 함께 대처할 것을 제안했다. 그리고 8번은 북핵 문제 공동 대처를 통해 한반도 신뢰 프로세스를 구축하자는 내용이다.

시진핑, 중국 국민에 이어 중국 역대 주석들을 포함한 원로 정치인들에게도 박근혜 대통령의 인기는 상당했다. 박 대통령은 2015년 9월 중국 전승기념일에 우리 정상으로는 최초로 전승기념 행사에 전격 방문했다. 여러 국가의 정상들이 참가한 가운데 박 대통령은 정상들로부터도 늘 환영을 받았다. 행사 전이나 중간 휴식 시간에 대기실에서 박근혜 대통령은 단연 인기를 독차지했다. 중국 원로 정치인들이 만나려 대기할 정도였다.

# 수첩 2권 (2014.6.26.~7.3.)

6-30-14 CCTV Int

1. 작년 방중 - 이번 방중
   신뢰 구축
2. 관계발전 위해 정책
   - 희망의 새 시대
   - 국민 행복
○ 동북아의 꿈 : 강
○ 경제협력 ① 호혜적
           ② 미래 지향적
   → 제도적·체계적
○ 미래 함께 만들어야
3. 한중 FTA
   한 위안화
   미국 9,200억 불
   =)  ┌ 중국 한국
      ─┤ 한국  3위
       └ 전략적 동반자
   - 아대 지역 내 경제통합 구상
   논의
   =) 한중 FTA 선택 계기

○ 위안화 ___ 불안 경제↑
   양국에 도움
   - 기업 - 환위험↓ 거래비용↓
       안정성↑
   =) 위안화 국제화에 기여
4. 한중 인적교류
   중국인 여성 → 비자 편리화 조치
            → 한중 학생교류 활성화
   Ⓐ 실무차원 논의
5. 안보
   아시아 교류 신뢰구축회의
6. Asia Paradox
   - 세계에서 가장 역동적
   - 정치안보 갈등, 협력 잠재력 시험 한계
   - 역사인식 상호공유 못 하는 것 문제
   =) 상호신뢰구축 축적

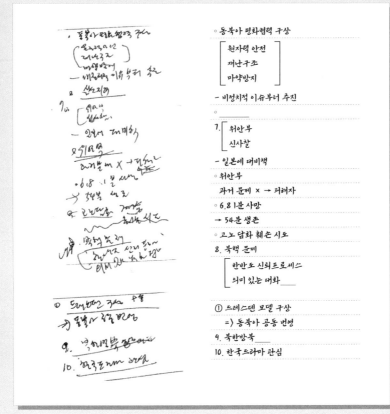

○ 동북아 평화협력 구상

> 원자력 안전
> 재난구조
> 마약방지

- 비정치적 이슈부터 추진
○

7. 위안부
   신사참

- 일본에 대비책
○ 위안부
   과거 문제 × → 피해자
○ 6.8 1분 사망
→ 54분 생존
○ 고노 담화 훼손 시도
8. 북핵 문제

> 한반도 신뢰프로세스
> 의미 있는 대화___

① 드레스덴 모델 구상
   => 동북아 공동 번영
9. 북한방북___
10. 한국드라마 관심

시진핑이나 리커창이 한국에 방문했을 때에도 어느 정권 대통령보다 친밀하면서 활기찬 일정이 이어졌다. 중국도 이러한 양국 관계를 최대한 즐겼다. 사드 배치 문제로 갈등이 생기기 전까지 그러했다. 사드 배치를 앞두고 박 대통령은 중국이 이를 문제시하는 것에 대비해 미리 우리 경제의 중국 의존도를 줄이는 방안을 검토할 것을 지시하기도 했다.

경제 문제에 관한 한 늘 우리가 우위에서 정상 회담과 협상들이 진행되었다. 박근혜 대통령의 의지와 노력으로 한국산 김치와 삼계탕을 중국에 전격 수출하게 되었다. 중국은 식품에 관한 한 검증 절차를 까다롭게 해서 수입을 원천 차단해 왔었는데, 이 또한 박 대통령의 집요함에 우리가 승리했던 것이었다.

시진핑이 방한했을 당시, 정상 회담이 끝나고 공식 만찬장에서도 우리의 실리 외교가 통했다. 당시 현대자동차 북경 공장을 다른 지역으로 이전하는 것을 중국이 승인하지 않아 어려움을 겪는 상황이었다. 나는 만찬 중간에 대통령께 메모를 전달해서 이 문제를 시진핑에게 적절한 시간에 거론해서 약속을 받아내자고 했다. 박 대통령은 특유의 온화한 미소로 적절한 타이밍에 이를 언급해서 시진핑으로부터 곧 해결하겠다고 약속을 받아냈다. 만찬이 끝난 뒤 시진핑이 전용기로 중국으로 가기 전에 이러한 상호 구두로 한 약속을 다시 한번 확약하자고 박 대통령은 내게 전화를 했다. 주중대사였던 권영세 대사가 귀국 비행기 안에서 시진핑에게 만찬 자리에서의 양국 간 약속을 상기시키도록 하라는 것이었다. 나는 급히 권 대사에게 전화해서 꼭 전달하라고 이야기했고, 그는 즉시 시 주석에게 다시 한번 확답을 받아냈다.

결국, 얼마 지나지 않아 현대자동차의 공장 이전이 결정되었다. 이로부터 비용 절감 등 상당한 이익을 얻어서 현대차의 중국 진출이 큰 도움이 되었다. 이처럼 한 기업이 처한 애로 사항들을 대통령이 조금이나마 더 많이 해소하고자 고군분투하는 모습을 보고, 나는 진정 국가 발전을 위해 헌신하는 지도자의 전형을 보는 듯했다.

리커창 총리는 시진핑 주석과 역할 분담을 통해 경제와 외교 문제를 해결했다. 특히 그는 대외 경제 문제와 관련해서는 언제나 중국의 국익을 위해 악역을 담당했다. 시진핑 주석이 박 대통령과의 친분을 계속 유지하는 상황에서도 대신 악역을 맡아서 우리에게 여러 요구를 했다. FTA 협상 막바지에서도 리커창은 우리 시장이 중국 농산물 수입을 대폭 허용하도록 해야 한다며 강하게 우리를 압박했고, 박근혜 대통령과의 회담장에서도 이를 강력히 주문했다.

중국은 2014년 11월 중국에서 열렸던 APEC 회의 기간 내에 한중 FTA 타결을 이루어 내려고 노력했다. 따라서 당시 우리는 이렇게 한중 FTA 타결에 있어서 중국의 입장이 다급하다는 것을 알고서 강하게 대처할 수 있었다. 나는 회담 전 대통령께 리커창 총리가 농산물 관련 개방 요구를 할 경우, 이번에 타결하지 않아도 된다면서 강하게 말씀하시도록 메모해드렸다. 실제 회담에서 대통령은 "한국 농산물 시장의 개방이 이루어지지 않으면 중국의 수많은 농민이 엄청난 반발을 할 거라고 하지만, 우리 한국 농민들의 반발은 더 클 것이므로 이번에는 타결이 힘들지도 모르겠다"라고 강하게 발언했다. 리커창 등 회담 참석자들은 조용해지며 FTA 타결에 순응할 수밖에 없었다. 시진핑과 리커창 모두 우리 대통령에게 동조할 수밖에 없을 정도로 통쾌한 상황이었다. 결국, 2014년 11월 10일 한중 FTA는 2012년 5월 첫 협상 시작 후 30개월 만에 타결되었다.**

경제 문제와는 달리 아쉬움이 남는 분야는 문화였다. 박근혜 대통령은 한류를 중심으로 중국에서 불고 있던 K-POP, K-Drama 등 우리 문화 붐을 최대한 살려가려고 애를 썼다. 그러나 중국은 각종 규제를 통해 우리 문화 콘텐츠의 진입을 막고 있었다. 그래서 정상 회담의 기회가 있을 때마다 이에 대한 문제를 거론하며 중국 문화 산업에의 진출에 대한 중국 당국의 규제를 완화해 달라고 요구했다. 그리고 '한중 공동 문화펀드'를 조성하고 문화 산업의 공동 발전을 도모하자고 제안했다. 그런데 중국 정상, 특히 리커창은 이에 대해 약속을 했으나, 그 후 실제 실무선에서는 그 약속이 지켜지지 않았다.

그래서 문화펀드를 기초로 하되, 양국 간 민간 문화재단을 설립하고 공동 사업을 추진하고자 했다. 정부 주도 재단이 될 경우 중국 당국이 지속적으로 개입하여 한국을 견제하게 될 것이라는 점을 감안해서였다. 이러한 과정에서 한국 측 민간 문화재단으로 탄생한 것이 바로 '미

---

** 관련 기사 - 아주경제 2014.11.11. 001면, 동아일보 2014.11.11. A03면 참조

르재단'이었다. 아쉽게도 대통령 탄핵사건 이후 재단 설립도 한중 문화 펀드도 없던 일이 되긴 했어도 당시로써는 중요한 첫걸음을 뗀 것이었다.

수첩 35권(2015.8.24.~9.4.)의 9월 1일 자에는 당시 전승기념일 행사 초청차 방중 중에 예정된 리커창과의 회담을 앞두고 대통령의 지시가 담겨 있다. 특히 한중 문화 교류를 집중적으로 논의했다. 한류가 중국에서 확대되는 상황에서 중국의 한류 심의가 강화되고 있는 점에 대한 대비책에 대해 지시했다. 특히 마지막에는 일산에 계획 중인 '문화창조융합벨트'를 한중 문화 교류의 국내 거점으로 하라는 제안을 중국 측에 할 것을 지시하기도 했다.

수첩 38권(2015.10.6.~10.19.)의 10월 12일 자 메모 1번은 10월 말로 예정된 리커창 총리 방한을 앞두고 문화펀드 조성 등에 관해 준비를 서두를 것을 지시했다. 이를 계기로 미르재단의 설립을 서두르게 되었고, 실제 리커창과의 회담에서 양국 문화펀드 및 문화 교류 관련해서 상당한 진전이 이루어졌었다.

수첩 48권(2016.3.7.~3.18.)의 3월 9일 자에서는 이러한 한중 경제외교를 기초로 중국 시장에 어떻게 더 쉽게 진출할 수 있을지에 대한 여러 대안을 제시하고 지시하기도 했다.

또 한 가지 한중 관계에서 어려움은 사드 문제였다. 그런데 이 문제에 관한 한 박근혜 대통령은 완강했다. 시진핑과의 그동안 친분에도 불구하고 강력하게 한국 국익을 위한 조처이므로 중국이 간섭하지 못하도록 못을 박았다. 중국이 이를 빌미로 관광, 문화, 경제 등 봉쇄 조치를 취하더라도 결국 우리가 충분히 극복할 수 있다는 자신감에서 나온 지도자의 강한 의지가 엿보이는 대목이었다. 우리 역사를 통틀어서 이만큼 중국에 대해 자신감을 보일 수 있었던 적이 있었을까?

9-1-15 VIP

1. 러커창
- 문화산업 13억 버금시장
- 한류문화
- 방송, 콘텐츠
- 중국 방송 한류 심의 ↑
  원천 Contents만 판매
◦ 문화 시장에 확산
→ 기업 진출
◦ 중국과 상생하는 버금
  구조
1) - 한중 Content 공동제작
   투자 버금 기회 달라
   - 문화
2) 안정적 버금만

    중국        *On, Offline
    거점망 확보

* 투자 - 버금
ex) 영화, 애니메이션

    극장, 방송
    Content 투자
    우리 저작권 초상권 확보

    각종 영화버금시장
    ___ 재력
    Content 투자자의 _____

    알리바바
    텐센트
    요크
      ㄴ) ___

◦ 북경 더와크
  ㄴ) 한문문화 Content 투자
    사이트 구축
- 한중 하나의 mkt
  =) 파급효과
  문화 FTA
② =) 세계로 진출

Ⓐ 문화창조융합벨트
Partner ← 국내 거점 대표적 거점
- 중국도 제안

---

10-12-15 VIP

1. 리커창 총리 문화 펀드
   워딩

---

3-9-16 VIP

1. 일자리 → 연기, 구조조정
2. 서비스 후속조치 TF
3. 경제낙관론
4. 중국시장  1) 소비재
            2) 창조설치, KT, 문화센터
            =) 고급
            3) Road Show → CJ, SK
            화장품, 육아 : 완제품
            4) 중국 환경 문제
            ┌ 공기정화기
            │ 공단 공기정화 시설
            └ 가습기
5. 문화창조 벨트 : Google → 대기업
6. 무역의 날 대기업 선정 시도
◦ 창조센터 통해
◦ 중국 ___ 수출 지원, 특허 등 제공

# 1:1 상담

대통령의 순방에는 늘 경제 사절단으로 기업 대표들이 참여해 왔다. 특히 역대 대통령들이 해외 순방을 갈 때는 주로 대기업 회장을 중심으로 동참함으로써 우리의 경제력을 과시한다는 의미가 있었다. 그러나 사실 경제 사절단의 역할은 지극히 형식적인 것에 불과했다고 해도 과언이 아니다. 오찬이나 만찬장 등 행사에 배석하는 것 이외에 큰 일정이나 역할이 없었기 때문이다.

이러한 풍토를 완벽하게 바꿔놓은 것이 박근혜 대통령 순방에서의 1:1 상담이었다. 대통령 해외 순방 시 중소기업이 중심이 되는 기업 대표들의 참여 신청을 받았다. 그런 뒤 출발 전 코트라가 가진 정보와 네트워크를 활용해 이들 중소기업이 해당 국가 거래 대상 기업들과 사전 협의를 하도록 했다. 이를 기초로 순방국 현지에서 대통령 순방 사절단의 일원으로 참여한 기업 대표들과 해당국 기업 간의 1:1 상담회를 개최하는 것이었다. 순방국 기업들은 한국의 대통령 순방에 함께 온 기업들이라는 점에서 우리 기업들과 적극적으로 상담하고자 했다. 그 결과, 많은 우리 기업들이 사전 계약이나 최종 계약을 체결하는 성과를 거두었다. 그동안 우리 중소기업들은 해당 국가에서 바이어를 찾기 위해 긴 세월 엄청난 노력을 했어도, 한 건의 상담을 얻기도 힘들었다. 그런데 1:1 상담으로 단번에 여러 건의 상담을 하고 계약도 하게 되어 저마다 환호를 했다.*

이러한 1:1 상담회는 박 대통령이 대기업 위주의 형식적 경제 사절단 구성에서 벗어나 중소기업들에 실질적 기회를 줄 방법을 찾아보라는 지시 덕분에 생겼다. 여러 방법을 놓고 고민하던 끝에 당시 경제수석실 내 산업통상비서관이었던 정만기 비서관(훗날 산업부 차관)이 아이디어를 낸 것이 바로 1:1 상담이었다. 정 비서관은 저돌적으로 일하는 스타일로서 나와는 죽이 잘 맞았다. 대통령의 쏟아지는 지시와 나의 맹렬한 추진력을 몸소 모두 수용하면서 처리하는 그의 능력과 노력에 아직도 박수를 보내고 싶다.

1:1 상담회를 계기로, 경제 사절단에 참여하고자 하는 중소기업이 점점 늘어났다. 따라서 이를 담당하는 실무진 인력도 확충이 필요했다. 코트라에서는 윤원석이라는 간부가 전문성과 열정을 갖고 1:1 상담회를 확대하고 성공 사례를 많이 내고자 고군분투했었다. 나는 대통령께 건의해서 코트라 담당 인력을 두 배 이상 확대하도록 하였다. 훗날 윤원석

---

* 관련 기사 - 한국경제 2015.3.11. A06면, 파이낸셜뉴스 2015.3.16. 8면 참조

은 성균관대 경영학과에서 이 사례로 박사 논문을 쓰기도 했다. 나는 박사 논문을 전달해 받고서야 그가 나의 모교인 성균관대 경영학과 출신이라는 걸 알게 되었다.

1:1 상담회와 함께 경제외교의 성공 사례는 무수히 많아졌고, 이를 국민에게 알리고자 나는 열심히 기자설명회를 했다. 보통 기자단은 자비로, 즉 언론사 각자 부담으로 참여하는 관계로 순방단 호텔에서 멀리 떨어진 저렴한 호텔에 묵게 된다. 기자실도 당연히 그 호텔에 마련된다. 그래서 기자설명회를 하려면 차로 30분 이상 이동해야 하기도 했다.

나는 경제수석으로 부임한 후 매월 첫째 주 하루를 정하여 청와대 기자실에서 경제 브리핑을 했다. 그리고 순방을 앞두고는 순방 1주일 전 즈음, 순방 관련 사전 브리핑을 추가로 하고, 순방 가서는 거의 매일 순방 성과와 예고 등을 브리핑하곤 했다. 이를 위해 늘 보도자료를 상세히 만들어 배포하고, 기자 설명 후 문답 시간을 가졌다. 1:1 상담회의 경우, 성공 사례 중에서 주목할 만한 것들을 모아서 자료로 배포하고 설명하곤 했다. 대통령도 1:1 상담회장에 직접 방문하여 상담이 진행되는 양국 기업들 대표들을 격려했다. 그래서 현지 언론도 이에 대한 높은 관심을 갖게 되고, 그만큼 우리 상품이 인지도와 구매력을 높이는 성과를 가져오게 되었다.

이러한 1:1 상담회를 계기로 우리 상품의 경쟁력을 높이기 위한 새로운 계기를 만들었다. 그것이 바로 한류라고 하는 우리 문화를 접속시키는 것이었다. 한류 스타 공연 무대를 만들고 그 앞에 우리 상품의 전시장과 상담 부스를 만들어 놓음으로써 경제와 문화의 융합을 통한 우리 경쟁력의 제고에 기여했다. 특히 프랑스에서의 성과는 엄청난 것이었다. 파리 대형 공연장 옆에 상품 전시와 상담 부스를 설치해서 BTS, IOI 등 한류 스타를 보러 온 팬들에게 강한 인상을 심어 주었다.**

중동 순방 마지막 국가였던 카타르에서는 박근혜 대통령의 격려와 함께 중소기업 순방 사절단의 건의 사항을 듣는 대화의 장이 마련되었다. 이에 대한 생각은 카타르에서의 순방 공식 일정이 모두 끝난 뒤 3~4시간 여유가 생겼을 때 대통령이 나를 숙소로 불러 지시한 것이었다.

중동 순방 일정을 숨 가쁘게 모두 마친 뒤 갑자기 생긴 여유 시간에 나는 비서관과 보좌진들과 함께 처음으로 외출하려 했으나 막 나가려는 차에 대통령으로부터 잠깐 와보라는 연락이 왔다. 나는 보좌진들에게 잠시만 기다리라 하고는 대통령이 묵고 있던 호텔 방으로 갔다. 대통령은 그동안 순방 사절단이 거둔 성과가 크다며 이를 계기로 함께 대화를 나누는 시간을 갖는 게 어떻겠냐고 하셨다. 나는 좋은 생각이라고 말씀드리고 구체적인 행사 내용에 대해 의논했다. 이런 대화 20분 정도를 끝내고 나는 급히 나와서 기다리는 보좌진들에게 달려갔는데 대통령은 다시 전화해 좀 더 의논하자고 했다. 결국, 나는 보좌진들만 외출을 나갔다 오라고 하고는 대통령과 새로운 아이디어에 대해 논의를 했다.

** 관련 기사 – 한국경제 2016.6.3. A1면, 문화일보 2016.6.3. 004면, 중앙일보 2016.6.4. 004면 참조

사실 대통령도 오랜만에 갖는 여유 시간을 반가워하며 이것저것 생각하다 행사 계획을 의논하면서 시간을 보내고 싶었을 거로 여겨졌다. 대화를 마치고 방을 나서는데, 대통령 숙소에 마련되어 있던 피아노를 연주하는 소리가 들려왔다. 상당한 수준이라는 느낌과 함께 대통령의 휴식 일과를 알 수 있는 계기가 되기도 했다. 그날 오랜만에 외출 나가려던 보좌진들도 결국 이 행사 때문에 외출을 포기하고 밤새워 준비했다.

이처럼 대통령께서 갑자기 호출하는 상황이 순방 시마다 벌어지곤 했다. UN 회의 참석차 순방했을 당시, 나는 뉴욕 거주 교포 사업가들을 초청해 오찬을 주재하고 있었다. 그때 대통령의 호출로 오찬 중간에 급히 호텔로 돌아오기도 했다. UN 회의에는 많은 국가의 정상이 참석하므로 늘 차량 통제가 이루어지는 관계로 차가 막혔다. 그래서 나는 다섯 블록 떨어져 있던 오찬 식당에서부터 뛰어서 대통령 숙소 방까지 갔다. 오후 2시에 UN 회의에 참석하게 되어 급하게 의논하고자 불렀던 것이었다. 대통령과의 대화가 끝나고 나는 다른 수행원들이 선발로 이미 출발한 후 대통령과 경호원 등이 출발하는 차편으로 뒤따라 갔다.

1:1 상담회를 포함한 박근혜 정부의 경제외교는 성과가 어느 정부보다 컸다고 할 수 있다. 이러한 정상 외교를 통한 성과를 정리하면 다음과 같다.

정상 순방 및 외국 정상 방한 계기 58개국과 경제 분야 MOU 총

598건을 체결했다. 보건·의료, 문화, 식품 등 협력 분야 다변화 및 제3국 공동 진출, 전자상거래 등 협력 방법 확대에 기여했다. 특히 1:1 상담회 등 중소·중견기업 중심의 해외 진출 플랫폼이 강화되었다. 2015년 3월 중동 순방에서부터 중남미, 이란, 아프리카 등에서 총 23번의 상담회를 개최하여 우리 기업 1,147개사, 해외 파트너 3,189개사가 참가했다(사절단 참여 중소·중견기업 : 2013년 165개 → 2014년 201개 → 2015년 392개). 이러한 1:1 상담 실적은 총 23회 개최를 통해 계약, MOU 등 33억 불 규모의 계약 추진액 성과가 창출되었고, 그중 약 40% 규모가 최종 계약되었다.***

*** 관련 기사 - 한국경제 2015.4.22. A10면, 2015.4.27. A04면 참조

# FTA 타결

WTO 체제에서의 다자간 자유무역체계는 양국 간 자유무역협약인 FTA Free Trade Agreement로 전환되었다. 그래서 FTA 체결 국가가 많아진다는 것은 수출 중심 국가인 우리에겐 엄청난 이득이 되었다. 한·칠레 FTA 당시 많은 우려가 있었지만, 훗날 모두 불식되었고 우리의 이득이 상당히 컸다는 결과가 나타나기도 했다.

그래서 박근혜 대통령은 순방 외교와 함께 FTA 체결에 심혈을 기울였다. 대통령은 FTA 체결을 위해 정상 회담을 최대한 활용했다. 상대국이 우리 상품에 의한 시장 잠식을 우려하고 있는 점을 최대한 안심시키면서 양국 간 서로 도움이 되는 상황들을 펼쳐 보이는 회담을 이끌어갔다. 단순히 우리 상품을 수출하는 것이 아니라 우리 기업이 진출하여 투자함으로써 기술 이전 등 혜택이 크다는 점을 강조했던 것이었다.

FTA 타결 중에서 가장 의미가 컸던 국가는 중국이었다. 그 과정은 이미 설명을 했지만, 우리 측의 산업통상부 협상팀이 보여 준 능력과 노력이 큰 역할을 했다. 그 결과 농산물에 대한 우리 시장 개방을 최소화하면서 우리 공산품의 중국 시장 진출에 큰 계기를 마련하는 실리를 얻어 낼 수 있었다.

한·베트남 FTA도 큰 의미가 있었다. 베트남의 농산물 수입을 최대한 막으면서 이룬 타결이었다. 당시 나는 산업통상부 장관과 마지막 순간까지 품목 하나하나에 대한 협상 타결 조건에 대해 의논하면서 결국은 우리가 얻어 낼 수 있는 90%의 성과를 거두었다. 결과적으로 우리의 많은 공산품과 함께 농산물도 베트남에 수출할 수 있게 되었다. 우리의 신선한 농산물, 예를 들어 딸기도 특수한 기술력을 동원하여 수확 당시 신선도를 그대로 유지한 채 선박으로 수출하게 되었다.*

그 외에도 캐나다, EU 등 주요 선진국과의 FTA 타결에서 우리가 얻어 낸 것은 우리 경제에 상당한 도움이 되는 것이었다. 최근 전 세계가 보호무역으로 회귀하는 움직임이 있다는 점에 비추어 볼 때 박근혜 정부에서 이뤄낸 FTA 체결 실적이 우리의 수출을 유지하는 데 큰 도움이 되고 있다고 평가할 수 있다. FTA 체결을 통해 비관세 장벽 해소 등 기업의 수출 기반을 강화했다는 점도 주목할 필요가 있다. 또한, 최대 수출국인 중국과의 정상 회담에서 삼계탕, 쌀, 김치 등 위생, 검역 등 비관세 장벽을 해소하고 장관급 협력 채널을 신설했다.

* 관련 기사 – 서울신문 2015.3.30. 021면, 아주경제 2016.1.20. 016면 참조

박근혜 정부에서 타결·서명·발효된 국가는 터기, 호주, 캐나다, 중국, 뉴질랜드, 베트남, 콜롬비아 등으로서 수출 중심 국가인 한국의 위상을 한층 높여 주는 성과를 거두었다.

경제외교는 그 국가가 가진 자원과 상품, 그리고 기술력이 기초가 되어, 그 국가 지도자의 외교 역량과 의지가 발휘되면서 그 성과가 결정되는 것이라고 할 수 있다. 그런 면에서 박근혜 정부에서의 경제외교는 반드시 높이 평가받아야 할 것이고, 이에 대한 경험을 바탕으로 앞으로의 경제외교에도 꼭 활용되어야 할 것이다.

## <FTA 체결 국가 현황>

| 구분 | 상대국 | 개시 | 서명 | 발효 | 의의 |
|------|--------|------|------|------|------|
| 발효<br>(17건) | 칠레 | 1999.12. | 2003.2. | 2004.4. | 최초의 FTA<br>중남미 시장 교두보 |
| | 싱가포르 | 2004.1. | 2005.8. | 2006.3. | ASEAN 시장 교두보 |
| | EFTA[1] | 2005.1. | 2005.12. | 2006.9. | 유럽시장 교두보 |
| | ASEAN[2] | 2005.2. | 2006.8.<br>(상품무역협정) | 2007.6.<br>(상품무역협정) | 거대경제권과 체결한<br>최초의 FTA |
| | | | 2007.11.<br>(서비스협정) | 2009.5.<br>(서비스협정) | |
| | | | 2009.6.<br>(투자협정) | 2009.9.<br>(투자협정) | |
| | 인도 | 2006.3. | 2009.8. | 2010.1. | BRICs 국가, 거대시장 |
| | EU[3] | 2007.5. | 2010.10.6. | 2011.7.1.(잠정)<br>2015.12.13.(전체)<br>* 2011.7.1. 이래<br>만 4년 5개월간<br>잠정적용 | 거대 선진경제권 |
| | 페루 | 2009.3. | 2011.3.21. | 2011.8.1. | 자원 부국 중남미<br>진출 교두보 |
| | 미국 | 2006.6. | 2007.6. | 2012.3.15. | 세계 최대경제권<br>(GDP 기준) |
| | | 2018.1.<br>(개정협상) | 2018.9.24.<br>(개정협상) | 2019.1.1.<br>(개정의정서) | |
| | 터키 | 2010.4. | 2012.8.1.<br>(기본협정<br>·상품무역협정) | 2013.5.1.<br>(기본협정<br>·상품무역협정) | 유럽·중앙아<br>진출 교두보 |
| | | | 2015.2.26.<br>(서비스·투자협정) | 2018.8.1.<br>(서비스·투자협정) | |
| | 호주 | 2009.5. | 2014.4.8. | 2014.12.12. | 자원부국, 오세아니아<br>주요시장 |
| | 캐나다 | 2005.7. | 2014.9.22. | 2015.1.1. | 북미 선진시장 |
| | 중국 | 2012.5. | 2015.6.1. | 2015.12.20. | 우리의 제1위 교역대상국<br>('19년 기준) |
| | 뉴질랜드 | 2009.6. | 2015.3.23. | 2015.12.20. | 오세아니아 주요시장 |
| | 베트남 | 2012.8. | 2015.5.5. | 2015.12.20. | 우리의 제5위 투자대상국<br>('19년 기준) |
| | 콜롬비아 | 2009.12. | 2013.2.21. | 2016.7.15. | 자원부국, 중남미 신흥시장 |
| | 중미<br>5개국[4] | 2015.6. | 2018.2.21. | 2021.3.1.<br>전체 발효 | 중미 신시장 창출 |
| | 영국 | 2017.2. | 2019.8.22. | 2021.1.1. | 브렉시트 이후<br>한영 통상관계 지속 |

| 구분 | 상대국 | 추진현황 | 의의 |
|---|---|---|---|
| 서명 | RCEP[5] | 2012.11.20. 협상 개시 선언<br>2013.5.~2020.7. 31차례 공식협상 개최<br>2019.11.4. 15개국 협정문 타결<br>2020.11.15. RCEP 서명 | 동아시아<br>경제통합 기여 |
| | 인도네시아 | 2019.2.19. 협상 재개 선언<br>2012.7.~2019.10. 총 10차례 협상 개최<br>2019.11.25. 협상 타결 선언<br>2020.12.18. 정식서명 | 동남아 시장<br>진출확대 기여 |
| | 이스라엘 | 2016.5. 협상 개시<br>2016.6.~2018.3. 총 6차례 공식 협상 개최<br>2019.8.21. 한-이스라엘 FTA 타결 공동 선언<br>2021.5.12. 정식서명 | 창업국가<br>성장모델 |
| | 캄보디아 | 2020.7. 협상 개시 선언<br>2020.7.~2020.11. 4차례 공식 협상 개최<br>2021.2.3. 한-캄보디아 FTA 타결 공동 선언<br>2021.10.26. 서명 | 동남아 시장<br>진출확대 기여 |
| 타결 | 필리핀 | 2019.6. 협상 개시<br>2019.6.~2020.1. 5차례 협상 개최<br>2021.10.26. 타결 | 동남아 시장<br>진출확대 기여 |
| 협상<br>진행 | 한중일 | 2012.11.20. 협상 개시 선언<br>2013.3.~2019.11. 16차례 공식 협상 개최 | 동북아 경제통합<br>기반 마련 |
| | MERCOSUR[6] | 2018.5. 협상 개시 공식 선언<br>2018.9.~2021.8. 7차례 공식 협상 개최<br>*회원국 자격 정지 상태인 베네수엘라 제외, 4개국과 진행 | 남미 최대 시장 |
| | 러시아 | 2019.6. 한-러시아 서비스·투자 FTA 협상 개시 선언<br>2019.6.~2020.7. 5차례 협상 개최 | 신북방 정책추진,<br>거대신흥시장 |
| | 말레이시아 | 2019.6. 협상 개시 선언<br>2019.7.~2019.9. 3차례 협상 개최 | 동남아 시장<br>진출확대 기여 |
| | 에콰도르 | 2015.8. 협상 개시 선언<br>2016.1.~2016.11. 5차례 협상 개최 | 자원부국,<br>중남미 시장 진출 교두보 |
| | 우즈베키스탄 | 2021.1. 협상 개시 선언<br>2021.4.~11. 2차례 협상 개최 | 중앙아 최대시장 |
| | 한-아세안 추가<br>자유화 | 2010.10.~2021.7. 18차례 이행위원회 개최 | 교역 확대, 통상환경<br>변화 반영 |
| | 한-인도 CEPA<br>업그레이드 | 2016.10.~2019.6. 8차례 개선 협상 개최 | 주력 수출품목<br>양허·원산지기준 개선 |
| | 한-칠레 FTA<br>업그레이드 | 2018.11.~2021.10. 6차례 개선 협상개최 | 통상환경 변화 반영 |
| | 한-중 FTA<br>서비스·투자<br>후속협상 | 2018.3.~2020.10. 9차례 서비스·투자 후속 협상 개최 | 우리의 제1위<br>서비스 수출국 |

| 재개,<br>개시,<br>여건 조성 | PA | 2018.5. 국회보고<br>2019.9. PA ToR협의 개시 | 중남미 신흥시장 |
| | EAEU | 2016.10.~2017.4. 3차례 한·EAEU 정부 간 협의회 개최<br>2017.9. 한-러 정상 회담 계기, FTA 협의를 위한 공동<br>실무 작업반 설치 합의<br>(*EAEU : 러시아, 카자흐스탄, 벨라루스, 아르메니아,<br>키르기스스탄) | 신북방정책<br>교두보 확보 |

| | |
|---|---|
| EFTA(유럽자유무역연합, 4개국) | 스위스, 노르웨이, 아이슬란드, 리히텐슈타인 |
| ASEAN(10개국) | 브루나이, 캄보디아, 인도네시아, 라오스, 말레이시아, 미얀마, 필리핀,<br>싱가포르, 베트남, 태국 |
| EU(27개국) | 오스트리아, 벨기에, 체코, 키프로스, 덴마크, 에스토니아, 핀란드, 프랑스,<br>독일, 그리스, 헝가리, 아일랜드, 이탈리아, 라트비아, 리투아니아,<br>룩셈부르크, 몰타, 네덜란드, 폴란드, 포르투갈, 슬로바키아, 슬로베니아,<br>스페인, 스웨덴, 불가리아, 루마니아, 크로아티아 |
| 중미(5개국) | 파나마, 코스타리카, 온두라스, 엘살바도르, 니카라과 |
| RCEP(역내포괄적경제동반자협정, 한국<br>제외 14개국) | 한국, 아세안 10개국, 중국, 일본, 호주, 뉴질랜드 |
| MERCOSUR(남미공동시장, 4개국) | 아르헨티나, 브라질, 파라과이, 우루과이 |

출처 : https://www.fta.go.kr/main/situation/kfta/ov/

# 제7부

# 대한민국 미래를 위한
# 공약과 정책

# 포퓰리즘과의 전쟁 승리를 위해

전 세계는 포퓰리즘과 전쟁 중이다. 많은 국가들이 서로 다른 양상으로 나타나는 포퓰리즘이라는 적과 전쟁을 치르고 있다. 마치 21세기 들어 3차 세계대전이 시작된 듯하다. 1, 2차 세계대전과 달리 인명 손상은 없지만, 이 전쟁 때문에 각 나라의 국민이 경제적 피해를 보고 정서적, 문화적, 사회적으로 갈등과 불안을 느끼고 살게 되었다. 우파, 좌파 가릴 것 없이, 또 집권 세력과 반대 세력 할 것 없이, 심지어 민족을 내세우기까지 하는 포퓰리즘의 형태는 실로 다양하고 더욱 심화하고 있다.

앞서 살펴보았듯이 20세기 전반부에는 아르헨티나의 페론 대통령이 국가를 급전직하로 내몰아 '페로니즘Peronism'이라는 용어가 등장했고, 21세기 초반 차베스 대통령이 뿌려놓은 좌파 포퓰리즘으로 인해 베네수엘라 국민의 빈곤화가 심각하게 진행되고 있다.

포퓰리즘의 심각성은 국민이 당장은 그 심각성을 인식하지 못한 채 이용당한다는 데 있다. 시간이 지난 후 이 포퓰리즘의 피해를 몸소 겪게 될 때는 또 다른 세력이 나타나 국민의 불만 대상을 가리키면서 또 다른 포퓰리즘 메뉴로 선동하기 시작한다. 이러한 포퓰리즘 폐해의 원동력은 바로 '선거'라 할 수 있다. 선거 과정에서 정치인들이 국민들에게 보이는 비전과 공약이 늘 포퓰리즘에 기초하고 있다는 사실을 제대로 깨닫는 국민이 없다는 데에서 안타까움이 있다. 포퓰리즘을 제대로 가려내서 국민에게 보여야 하는 지식인과 시민 사회조차도 포퓰리즘에 빠져 있어서 악순환이 계속된다.

우리나라는 바로 이 선거를 통한 포퓰리즘의 전형을 보여 준다. 거의 2년마다 한 번씩 선거를 치르는 정치 일정이 우리 자신을 포퓰리즘에 취약하게 만들었다. 냄비 근성이라 불리는 우리 국민의 기질을 악용하는 정치 세력은 언제나 거짓과 위선적 공약으로 국민을 현혹한다. 그런 뒤 이러한 공약의 허구성이 드러날 때 재빨리 또 다른 것으로 이를 덮어 버리는 공작을 끊임없이 반복한다. 우리 국민은 잠시 가졌던 불만을 금방 식히면서 다른 달콤한 약속에 환호하는 순진한 속성을 여지없이 보여 줬다.

그래서 나는 이 책을 통해 박근혜라는 정치인과 함께 포퓰리즘과 맞서 싸워온 10여 년의 정책 행보를 회고하고자 했다. 비록 끝은 탄핵과 구속으로 비참함을 보여 주었지만, 2005년부터 2016년까지의 공약 제시, 공약 실천, 그리고 정책 실현에 이르는 과정에서 박근혜라는 정치인이 얼마나 포퓰리즘을 배격하면서 국민을 위한 정책 행보를 걸어왔는지를 곁에서 함께한 내가 정리하고자 했다.

"꼭 지킬 약속만 한다. 한 번 한 약속은 끝까지 지킨다"라는 원칙에 따라 공약을 만들고, 내놓고, 실천하는 과정에서 우리 정치, 경제, 사회, 문화의 모든 분야는 새로워졌다고 자부할 수 있다. '공약가계부'라는 약속을 지키는 장치를 만들어 제시하고 실천해 온 것뿐만 아니라, 모든 부처의 이기주의와 칸막이를 허무는 정부3.0 등 모든 분야에 걸쳐 철저한 '탈포퓰리즘' 의제와 실행 계획을 갖고 밀고 나갔다.

그렇기에 포퓰리즘과의 전쟁은 박근혜 대통령의 탄핵으로 중단되거나 잊혀서는 안 된다. 적어도 포퓰리즘을 차단할 수 있는 몇 가지 장치들은 계속 이어져야 할 것이다. 그중에서 대표적인 장치이자 제도가 바로 '공약가계부'다.

선거를 앞두면 정부와 여당, 그리고 야당까지도 앞다투어 선심성 공약을 내세우면서 재정 소요를 무작정 늘린다. 공약가계부는 이러한 행태를 막기 위한 가장 효과적인 장치다. 박근혜 대통령은 19대 총선과 18대 대선에서 전격적으로 내건 포퓰리즘 차단책으로 공약가계부를 대통령 당선 이후에도 정부의 재정 운용 기초로 삼았을 정도로, 재정 건전성에 대한 책임감이 강했다. 그런데 탄핵과 함께 탄생한 문재인 정부는 대통령 선거 과정이나 그 후 총선이나 재보궐선거, 급기야 대선에서 무한정 재정 풀기로 일관했다. 정부 부채뿐만 아니라 공기업 부채에 이르기까지 집권 기간 동안 과거 20여 년 증가 폭보다 더 크게 증가했다. 박근혜 정부 때부터 국가 부채의 세 가지 기준치인 D1, D2, D3를 발표하도록 했는데, 이 세 가지 모두 상상을 초월할 정도로 증대했고 고용보험과 건강보험 등의 기금들도 고갈될 정도가 되었다.

그렇기에 공약가계부라는 장치를 다음 선거부터라도 반드시 재가동시켜서 모든 국민이 지켜보도록 해야 할 것이다.

포퓰리즘 차단을 위한 장치로서 정책 실명제의 도입도 필요하다. 어떤 정부 공무원이나 정치인들이 어떤 정책, 특히 재정 소요를 수반하는 정책을 만들었는지를 명시하는 제도를 도입하자는 것이다. 이를 통해 포퓰리즘을 이용하려거나 아니면 포퓰리즘에 굴복해서거나 특정 포퓰리즘 정책의 도입에 개입한 책임을 물을 수 있게 된다. 이 정책 실명제는 특히 외부 혹은 상부의 강압에 의한 포퓰리즘 정책 도입을 거부할 수 있는 계기를 마련해 줄 수도 있을 것이다.

포퓰리즘 차단을 위해서는 정부의 조직 개편도 필요하다. 특히 국책연구기관의 개혁이 필요하다. 현재 모든 정부 부처는 하나 이상의 국책연구기관을 산하에 두고 있다. 이로부터 자신 부처의 정책들의 정당성 확보에 산하 연구기관을 이용하고 있다. 따라서 미국 등의 선진국과 같이 각 부처의 연구 기능, 즉 정책의 사전 및 사후 평가 기능을 별도의 연구기관 대신 부처 내부에 한 과나 실 정도로 전문 인력을 두고 담당하도록 해야 한다. 정책 도입 과정에서부터 전문성을 더욱 확보하여 정치 논리나 포퓰리즘에 휘둘리지 않아야 한다. 이는 정권이 바뀌더라도 정책 기조가 바뀌지 않고 포퓰리즘을 차단할 수 있게 해 준다.

시민단체도 거듭나야 한다. 특정 시민단체들이 포퓰리즘에 동원되는 사례를 철저히 막아야 한다. 경제정의시민연합(경실련)도 한때 간부급이 대거 정치권으로 들어가면서 시민단체로서의 독립성이 약해졌듯이 참여연대 또한 문재인 정부에서 이러한 독립성과 중립성이 크게 훼손되었다. 물론 시민단체에는 순수한 시민 사회 정신을 이어 가고자 노력하는 많은 사람들이 있다. 그러나 이제 그동안 경실련과 참여연대 사례를 거울삼아 시민단체가 철저히 탈정치화되어야 한다. 시민단체에 몸담은 상근자나 비상근자 모두 특정 정당이나 정부 부처에 들어가는 것을 금지한다면 시민단체가 정부와 정치권과 결탁하여 포퓰리즘에 공조하는 사례를 막을 수 있다.

지식인 사회도 보다 정책 과정에 책임감과 사명감으로 참여하도록 해야 한다. 지식인이 갖는 전문성을 기초로 정책들이 포퓰리즘에 오염되었는지 평가한 뒤, 이를 바로잡는 데 앞장서야 할 것이다. 학자들이 발표하는 논문들이 이러한 정책 평가, 나아가 포퓰리즘 감별 역할을 하는 것이 보편화되는 날이 오기를 기대한다. 이러한 연구 결과들을 언론이 주목하여 국민에게 쉽게 알려줌으로써 포퓰리즘의 사전 차단과 사후 단절이 가능할 것이다. 이러한 지식인 사회의 새로운 역할이 언론의 책임성과 연결될 때 포퓰리즘 차단의 실질적 장치가 마련되는 것이다.

지금까지 포퓰리즘과의 전쟁에서 승리하기 위한 여러 과제를 살펴보았다. 정책이 포퓰리즘에 오염되지 않도록 정치인, 공무원, 시민단체, 지식인, 그리고 언론의 역할을 강조했다. 정책을 사전·사후적으로 철저히, 그리고 과학적으로 평가하는 것이 중요하다는 점도 강조했다.

이러한 포퓰리즘과의 전쟁에서 승리하기 위한 새로운 정책 대안을 한 가지 제시하고자 한다. 내가 미국 브루킹스연구소Brookings Institution 베리 보스워스Barry Bosworth 박사와 함께 하버드대 출판사에서 발간한 책에서 제시한 조세와 복지 정책의 혼합Mix을 여기서 다시 제안한다. 나는 이 책의 한글 번역본을 한국개발원KDI에서 발간하고자 했다. 그런데 국회의원직을 그만두고 청와대 경제수석으로 옮기면서 다 완성되었던 출간을 중단했다. 바로 이 정책 조합 제안 때문이었다. 이 때문에 발생할 수 있는 오해와 혼란을 막기 위해서였다.*

부가가치세율을 인상함과 동시에 저소득층 특히 국민기초생활 대상자에게 부가가치세 면세 혜택을 주는 것이었다. 1977년 부가가치세가 도입될 당시, 10% 세율로 정한 뒤 상하 3%포인트 탄력세율을 적용하도록 했지만, 30여 년 동안 10%에서 고정되어 있었다. 선진국 소비세율보다 낮은 우리의 부가가치세율은 어느 정도 인상하더라도, 소득 분배에 나쁜 영향을 미치지 않는다는 분석도 있다. 대신 빈곤층 대상으로 소비세를 면제하는 방안을 도입하면, 저소득층 부담을 없애줄 수 있다. 저소득층은 소득세는 내지 않지만 소비세인 부가가치세를 부담하고 있다는

---

* An and Bosworth, *Income Inequality in Korea: An Analysis of Trends Causes and Answers*, Harvard University Asia Center, 2013.

점에서 이들의 소비세 부담도 줄여 주거나 없애주자는 것이다. 이를 위한 행정적 부담도 작다고 할 수 있다. 실제 IT가 발달한 우리 행정력을 바탕으로, 국민기초생활 대상자가 카드로 물건을 살 때 자동 부가가치세 면세 적용을 받도록 하면 되는 것이다.

# 통일과 한글

이번 책에서는 다루지 않았지만, 박근혜 정부는 '통일대박'과 '한글창조경제' 등 근본적으로 우기 국가와 국민이 한 단계 더 도약해서 세계에 우뚝 설 수 있는 다양한 비전과 정책 개혁 과제를 추진하기도 했다.

통일의 경우, 박근혜 대통령 집권 초기 '통일대박'으로 국민의 관심을 모았다. 국민들이 그동안 갖고 있던 통일에 대한 생각은 나이가 어릴수록 '비용이 많이 든다' 혹은 '그냥 이대로 각자 살아가자'는 의견이 주가 되었다. 통일될 경우 북한이 남한과 같은 소득 수준이 되기까지 몇조 원의 비용이 든다는 식의 연구 결과 발표가 언론에 보도된 것은 문제가 있다. 나는 그동안 학계에서 이러한 연구 방법의 문제를 지적하고 대안을 제시했다.

우선 통일 비용의 경우, 거시적으로 남북한 경제 소득 차이를 줄이기 위한 비용을 단순하게 계산해서는 안 된다는 것이 나의 주장이었다.

통일 비용은 미시적으로, 북한의 SOC 건설, 복지 제도 등에 드는 비용을 추계해서 합한 것이 되어야 한다. 이러한 비용을 사전에 줄이기 위해서는 남한의 각종 제도를 사전 정비해야 한다는 것이 나의 대안이었다. 갑자기 통일이 되었을 때 남한 주민과 같은 복지 혜택을 북한 주민에게 부여하기 위해 드는 비용은 엄청나다. 북한 주민의 80% 이상이 남한의 국민기초생활보장 대상자가 될 것이기 때문이다. 따라서 우리의 빈곤대책을 근로 능력이 없는 대상을 위주로 하고, 근로장려세제 적용 및 직업 훈련을 강화하는 것이 중요하다. 그러면 통일 후 복지 비용이 획기적으로 줄어들 것이고 북한 인력의 생산성도 높아질 것이다.

북한은 세계에서 개발에 따른 부가가치 내지 수익률이 가장 높은 지역이라고 할 수 있다. 따라서 남북한 간의 화해가 진행된다면 제도적 사전 정비뿐만 아니라 북한 지역 개발을 위한 자금을 모으는 것, 북한 시설과 지역을 대상으로 한 사전 투자 유치를 통해 수익률을 높일 방안을 구체화하는 고민이 필요하다. 남북한 공동 투자은행을 설립하는 것도 방법이 될 수 있다. 이 모든 과정이 모여 통일대박으로 이어질 수 있는 것이다.

불확실성 하에서 일반 국민은 더 나은 미래를 위하여 다양한 상황을 감안한 저축과 투자를 계획한다. 민간 기업은 더 나은 수익이 날 수 있는 사업 아이템을 꾸준히 찾으며 미래를 준비한다. 우리나라는 통일이라는 엄청난 편익이 발생할 수 있는 확실한 아이템이 있지만, 이는 적절히 준비하지 못할 경우에는 오히려 큰 비용이 발생할 가능성도 있다.

대박이 될 기회를 놓치고 나서 후회하는 일이 발생하지 않도록 하루빨리 통일을 위한 실질적인 준비를 시작해야 한다.

통일은 단순히 국가적인 차원의 편익이 아니라 국민 개개인과 국내 기업, 심지어는 주변국을 비롯한 외국에도 대박이 될 수 있는 세계적인 투자 유인이다. 세밀한 준비를 바탕으로 여러 재원을 적절히 활용함으로써 국민의 편익을 극대화하는 방안을 적극적으로 준비해 나가야 할 것이다.

한글창조경제의 경우, 한류를 계기로 한글 배우기 열풍이 불고 있는 상황을 활용하여 한글의 세계화를 이루어 내자는 것이다. 한글은 전 세계 언어학자가 언제나 감탄하고 연구하는 대상일 정도로, 쉽게 배우고 표현할 수 있는 것이 무한한 문자다. 더 나아가 IT 시대에 한글만큼 정확하고 빠르게 소통할 수 있는 문자가 없다. 따라서 누구나 쉽고 빠르게 소통할 수 있는 '한글'과 누구나 정보를 생산, 전달하는 ICT와 결합해 새로운 산업 육성이 가능해질 것이다.

한자 문화권이 전 세계에서 상당한 비중을 차지하고 있는 상황에서, 한글을 기초로 하는 한자 워드프로세서를 개발할 경우 새로운 전기가 마련될 것이다. 현재는 중국이나 일본의 경우, 자신의 문자를 소리 나는 대로 표기하기 위한 기본 문자로 영어를 사용하고 있다. 그러나 영어는 표현할 수 있는 발음에 한계가 있어 입력할 때마다 동일 발음으로 표시되는 많은 한자가 제시되므로 그 효율성이 낮은 편이다. 한글은 여러 가지 발음을 상당히 정확하게 표현할 수 있으므로 기존의 영어 매개를 대체할 경우 상당한 효율성의 제고가 가능하다. 즉, 한글을 사용하면 더 빠르고 정확하다는 것이다. 그래서 최근 이를 해결하고자, 한글 기반 중국어 워드프로세서를 개발했다.

바로 이러한 한글을 기초로, 세계 수많은 언어를 표현하는 작업이 가능하다. 한글은 세계에서 문자가 없는 민족에게 자국어 발음을 표현하기에 가장 우수하며 쉽게 배울 수 있는 문자이다. 문자가 없는 언어는 쉽게 소멸하는 경향이 있으며, 현재에도 무수한 문자가 소멸하고 있다. 그러므로 세계에서 가장 과학적인 문자인 한글을 만들고 사용하는 한국에서 세계문자박물관을 설립하는 것은 충분히 명분이 있다. 이를 통해 한글은 소멸하는 언어를 유지하고, 후세에 남기기에 가장 쉽고 적절한 문자로 새로운 가치를 인정받을 수 있다.

그래서 박근혜 정부에서 세계문자박물관을 만들도록 했다. 한글은 여전히 남북을 연결해 주는 문화적 고리이므로, 이로 인해 남북한 간 문화 협력이 이뤄진다면 통일에도 긍정적 영향을 미칠 것이란 생각에서였다. 더 나아가 대한민국이 한글의 세계화로 IT 최강국, 한류 중심 국가에서 세계 소통의 중심으로까지 도약한다면 세계 경제·문화 중심 국가로 거듭날 수 있다고 본 것이다.

# 신뢰와 화합

우리 사회의 신뢰 수준은 너무 낮다. 2008년 영국 BBC 방송이 34개국을 대상으로 '세계 가치관 조사'를 진행한 결과, 1998~2008년 기간 중 노르딕국가의 신뢰 수준은 10명 중 6명 정도가 신뢰하지만, 우리나라는 OECD 평균 3.6명보다 다소 낮은 3명 정도로 나타났다. 입법, 사법, 행정 등 정부부문에 대한 신뢰 수준은 더욱 심각하다. 조사 대상 국가 전체 평균 45%에도 못 미친 39.4%에 불과하다. 특히 국회에 대한 신뢰 수준은 25.8%로 국회는 대표적 저신뢰 대상이다.

이처럼 정책에 대한 신뢰가 무너지면 포퓰리즘이 극성을 부리고 이런 포퓰리즘은 재정을 거덜 낸다. 두 번의 경제위기 이후 재정 건전성이 급속히 악화되고 있는 상황에서 포퓰리즘을 막아내기 위한 정책이 절실히 필요하다. 그런데 신뢰를 잃어버린 정책으로는 안 된다. 신뢰가 왜 떨어졌는지 원인을 분석하여 이를 해결하기 위한 노력이 시급한 것도 이 때문이다.

그러면 신뢰를 회복하기 위해서는 무엇을 해야 할까? 우선 원칙을 갖고 일관성 있는 정책을 만들고 지켜내야 한다. 그동안 역대 정부가 설정한 국정 운영 원칙에 따라 쏟아낸 정책은 무수히 많다. 그런데 이 정책들이 원칙에 얼마나 충실했던가? 원칙 따로, 정책 따로인 경우가 대부분이었고 그나마 원칙 없이 중간중간에 내놓은 정책들도 많았다. 정권 출범 후 준엄한 의지를 갖고 시작했던 개혁 과제를 여러 가지 이유로 후퇴한 사례는 왜 반복되는가? 이 모든 의문에 대해 냉철한 대답을 할 수 있을 때 비로소 우리는 원칙을 제대로 세우고, 신중한 정책을 만들어 내며, 이를 지켜나갈 수 있다.

신뢰 수준을 높이기 위해서는 철저한 사후 검증으로 책임지는 사회를 만드는 것도 필요하다. 특히 전문가와 정치인들이 내놓은 주장과 발언에 대한 철저한 사후 점검과 사실 확인 과정이 꼭 필요하다. 이러한 과정에서 드러난 과오는 반드시 그 사회적 책임을 물어야 한다. '이미 지나간 일인데 들추어내서 무엇하나'라는 생각은 늘 새로운 거짓과 선동을 불러일으킬 수 있기 때문이다. 물론 전문가나 정치인들은 나중에 잘못된 결과를 낳는 주장을 할 수도 있다. 책임을 묻자는 것은 전문성과 사실에 근거한 주장으로부터 발생하는 결과를 심판하자는 것이 아니라, 양심과 국익에 반하는 사실 왜곡이라는 과정을 심판하자는 것이다. 그래야 진짜 전문가를 가려낼 수가 있다. 이렇게 가려낸 진짜 전문가들이 전문성을 바탕으로 더욱 나은 미래를 가져올 제안을 하도록 유도해야 한다.

이 시점에서 언론은 조금 더 냉철하게 이런 전문가와 정치인들의 주장을 국민에게 전달하고 사후 검증하는 역할을 했으면 하는 바람이다. 신뢰야말로 현재 우리가 찾아야 하는 최고의 성장 동력이다.

현재 처해 있는 여러 가지 장애 요인을 잘만 극복하면, 우리는 G2로까지 갈 수 있다. 5천 년 역사에 지금 이 순간에 대한민국이 가진 세계적 위상은 최고라고 할 수 있지만, 여기서 한 걸음만 더 내디디면 G2로 우뚝 설 수 있다. 우리가 갖고 있는 경제력, 문화 역량, 그리고 외교적 잠재력을 융합하면 어느 국가도 따라오지 못하는 국가경쟁력을 확보할 수 있다.

이처럼 G2로 가는 여정에서의 장애 요인 중에 대표적인 것은 포퓰리즘과 함께 심각한 갈등 구조를 꼽을 수 있다. 이념, 지역, 계층, 세대 등으로 갈려있는 우리 국민을 다시 모아야 한다. 선거 때 내세우는 국민 통합이나 화합이 아니라 진정한 갈등 요소를 하나씩 제거하는 것이며, 이를 위해서는 갈등을 야기하고 활용하는 세력들이 실패하도록 해야 한다. 모든 공약과 정책, 그리고 발언들을 철저히 사전부터 사후까지 꼼꼼하게 검증하고 평가해야 한다. 전문가가 신뢰를 회복해서 이러한 평가·검증 작업에 앞장서야 할 것이다. 이제 우리 국민은 양심 세력으로 뭉쳐야 한다. 위선, 가식, 거짓으로 점철된 세력들을 가려내는 눈을 갖고, 이들을 철저히 몰아내는 양심 세력이 이 땅에 나타나고 많아져야 한다.

거듭되고 있는 대통령의 실패도 중단되어야 한다. 정권이 바뀔 때마다 전 정권의 허물을 들춰내고 국민의 분노 대상이 되게 하는 보복의 악순환을 이제는 끊어 내야 한다. 로마의 카이사르가 정복 후 보여 준 포용과 인재 등용, 그리고 몽골의 칭기즈칸이 보여 준 피지배인들과의 화합 등을 눈여겨보아야 한다. 현시점에서 우리에게 가장 필요한 의미 있는 한 문장을 소개한다.

> 국가는 이념이 아니라 실제이고, 문제는 국가가 제대로 기능을 발휘하느냐 아니냐에 있다.
>
> — 시오노 나나미, 『로마인 이야기 5권 율리우스 카이사르 (하)』

끝으로 다산 정약용의 『목민심서』 '부임'에서 새로 부임하는 목민관이 간직해야 할 말을 소개하며 이 책을 마무리한다.

> 너그럽고 엄정하며, 산뜻하고 치밀하게 미리 간직했던 규범대로 실행할 것이며, 시대의 흐름과 때에 알맞도록 하되 신념을 가지고 굳게 추진해야 한다.
>
> — 박석무, 『목민심서, 다산에게 시대를 묻다』

# 참고문헌

- 박석무(2021), 『목민심서, 다산에게 시대를 묻다』, 현암사, 2021.5.20.
- 박효종, 김태기, 안종범(2009), 『자본주의 대토론』, 기파랑, 2009.7.1.
- 시오노 나나미(2012), 『로마인 이야기 5권 율리우스 카이사르 (하)』, 김석희 옮김, 한길사, 2012.5.10.
- 안종범(2001), "재정정책에 미치는 정치적 영향과 정책과제", 『한국정책학회보』, 제10권 제1호, 209-235, 2001.5.
- 안종범(2005), 『근로자와 서민을 위한 조세개혁』, 해남출판사, 2005.2.22.
- 안종범(2005), "국민연금개혁의 정치경제학", 『응용경제』, 제7권 제2호, 한국응용경제학회, 2005.9.
- 안종범(2007), "경제와 복지 포퓰리즘 감별법", 『철학과 현실』, 2007년 가을호, pp. 68~79.
- 안종범 외(2008), 『재정포퓰리즘과 재정개혁』, 새사회정책연구원, 2008.11.
- 안종범(2022), 『안종범 수첩 : 박근혜 정부의 비망록』, 조선뉴스프레스, 2022.2.17.
- 얀 베르너 뮐러(2017), 『누가 포퓰리스트인가』, 노시내 역, 마티, 2017.5.10.
- An, C. and B. Bosworth(2013), *Income Inequality in Korea: An Analysis of Trends, Causes, and Answers*, Harvard University Asia Center, 2013.11.

# 부록

- 박근혜 스탠퍼드대 연설 전문
- 국민과의 약속 전문

# 【 박근혜 스탠퍼드대 연설 】

〈전 문〉

존경하는 쇼랜스타인 회장님, 아머코스트 전 차관님,
신기욱 소장님 그리고 신사숙녀 여러분,

미국을 대표하고, 세계 최고 지성의 산실인 스탠퍼드 대학교에서 여러분을
만나 뵙는 이런 소중한 기회를 갖게 되어서 영광입니다. 이곳 스탠퍼드 대
학교는 저의 조국인 대한민국과 저 개인적으로도 아주 특별한 인연을 갖고
있어 오늘 특별히 마음이 흥분되고 설렙니다.

저는 오늘 스탠퍼드 대학교 캠퍼스에 오자마자, 제일 먼저 공과대학 건물인
터먼 공학센터에 가보았습니다. 그 이유는 프레드 터먼(Fred Terman) 교
수님이 생각났기 때문입니다. 터먼 교수님은 미국에서는 실리콘밸리의 아
버지라고 할 수 있는 분이지만, 한국에게는 오늘날 한국의 과학기술과 산업
을 이끄는 데 큰 역할을 한, 한국과학기술원(KAIST)을 탄생시키는 데 큰
도움을 주신 은인입니다.

당시 한국의 대통령이었던 저의 아버지께서는 나라의 미래에 대해 큰 고민
을 하고 있었습니다. 한국은 36년간의 가혹한 식민지 시대를 거쳐, 나라가
남과 북으로 분단되었고, 거기에 한국전쟁으로 완전히 폐허가 되어 있는 상
태였습니다. 자원도, 돈도, 기술도 없고, 대다수 국민들이 가난에 허덕이는
상황에서 나라를 어떻게 일으켜 세울 것인가는 한국 지도자의 큰 고민이었
습니다. 결국 유일한 길은 수출과 공업화를 국가적 목표로 세우고, 이를 위
해 과학기술을 육성하는 것밖에 없다는 결론을 내리고 그 길로 매진했습니
다. 딸인 저도 그 길에 조금이나마 도움이 되고자, 대학에서 전자공학을 전
공하게 되었습니다.

당시 국민 1인당 GNP가 300달러이던 시절에 과감히 고급 과학기술 인재
를 양성할 수 있는 이공계 전문대학원을 세우겠다는 결심은 했지만, 문제는

어떻게 하면 최고 수준의 대학원을 만들 수 있는지를 몰랐습니다. 그래서 자문을 구한 분이 바로 스탠퍼드 대학교의 터먼 교수님입니다.

터먼 교수님은 1970년부터 5년 동안 다섯 차례나 한국을 방문해서 아낌없는 조언과 도움을 주셨습니다. 당시 저는 대학에서 전자공학을 전공했었기 때문에, 터먼 교수님의 명성을 익히 들어 알고 있었고, 이 문제에 대해 관심이 많았습니다. 그렇게 해서 만든 학교가 바로 "한국과학기술원(Korea Advanced Institute of Science and Technology, KAIST)"인데, 이 학교가 그 후 한국의 과학기술 인재를 양성하는 요람이 되었습니다.

한국 정부는 1975년에 터먼 교수님에게 한국의 과학기술 발전에 기여해 주신 것에 감사드리며 훈장을 드렸는데, 이 자리를 빌려서 지금은 고인이 되신 터먼 교수님께 다시 한번 깊은 감사를 드립니다. 그리고 터먼 교수님과 같은 훌륭한 분이 한국을 도와주실 수 있도록 성원을 아끼지 않은 스탠퍼드 대학교에도 깊은 감사를 드립니다.

그렇게 뿌린 씨앗이 자라, 오늘날 한국의 휴대폰이나 LCD, 반도체 등은 세계 시장에서 큰 호평을 받고 있습니다. 한국의 조선업은 세계시장의 약 50%를 점유하고 있고, 자동차는 세계 5위의 자동차 생산국이 되었습니다. 불과 몇십 년 사이에 이루어진 이런 성과는 어찌 보면 기적과도 같은 일입니다. 하지만 저는 이 모든 것이 한국인만의 노력으로 이루어진 것이 아니란 것을 잘 알고 있습니다. 미국의 도움이 있었기에 가능했고, 스탠퍼드 대학교의 도움이 있었기에 가능했습니다.

저는 앞으로 스탠퍼드 대학교와 한국의 대학, 연구소 간에 더욱 폭넓고 깊이 있는 학문적 협력이 이뤄지기를 진심으로 희망합니다. 그래서 우리 함께, 한국과 미국의 발전을 넘어서, 인류의 발전과 행복을 만들어 갈 수 있다면 좋겠습니다.

## ▶ 더 가까워진 세계, 함께 풀어야 할 문제들

여러분께서 잘 아시듯이, 과학기술의 발전으로 인해, 세계는 점차 하나가 되어 가고 있습니다. 실리콘밸리의 IT 혁명 덕분에 이미 휴대폰 하나로 전 세계와 접속할 수 있고, 전 세계의 주가는 매일 매일 서로 연동되면서 움직이고 있습니다.

각 분야에서 세계는 더욱 유기적으로 연결되고, 상호의존성이 커지고 있습니다. 이러한 세계에서, 이제 세계 각지에서 일어나는 문제들은 그 나라만의 문제, 그 지역만의 문제가 아닙니다. 미국에서 일어나는 일들이 미국만의 문제가 아니고, 중동에서 일어나는 일들이 이란이나 이스라엘만의 문제가 아니고, 한반도에서 일어나는 일들이 한국과 북한만의 일이 아닙니다. 우리 모두의 문제이고, 우리가 함께 해결해야 할 문제인 것입니다.

지금 일어나고 있는 세계적인 경제위기나 북한 핵문제 역시 마찬가지입니다. 먼저 북한 핵문제를 보겠습니다.

### ▶ 북핵문제와 동북아 평화

북한이 2006년에 핵실험을 한 지, 벌써 30개월이 지났습니다. 지난 4월에는 국제사회의 만류에도 불구하고 장거리 로켓을 발사했고, 유엔 안보리 의장성명이 발표되자 북핵 폐기를 위한 6자회담 탈퇴를 선언했습니다. 그리고 얼마 전에는 핵시설 불능화 작업을 감시해 온 IAEA의 검증팀을 추방했고, 폐연료봉의 재처리를 시작했습니다.

북한의 이러한 행동은 한반도만의 문제가 아닙니다. 동북아의 안정과 세계평화에 대한 명백한 위협입니다. 저는 한반도에 핵무기는 절대로 없어야 한다고 생각합니다. 북한의 핵은 완전히 폐기되어야 하고, 북한을 핵보유국으로 인정하는 일도 결코 있어서는 안 됩니다. 완전한 북핵 폐기야말로 한반도 평화체제 구축의 전제조건이고, 세계평화의 시금석이 될 것입니다.

지금까지 북핵문제 해결을 위해 수많은 정책과 노력이 있었습니다. 그러나 결과는 성공적이지 못했습니다. 지난 15년 넘게 북한의 위기조성 → 협상과 보상 → 또다시 위기재발 → 협상과 보상이란 똑같은 패턴이 반복되어왔습니다. 심지어 협상이 깨질 때는 미국은 북한이 약속을 안 지켰다고 하고, 북한은 미국이 약속을 안 지켰다고 비난하는 것까지도 똑같았습니다. 이제, 이런 악순환의 고리를 끊어야 합니다. 그러기 위해선, 지금까지 무엇이 문제였고, 앞으로 어떻게 해야 할지에 대해 총체적으로 점검해봐야 할 때라고 생각합니다.

저는 미국의 새 정부가 대북정책을 수립하기에 앞서, 이런 중간평가가 반드시 필요하다고 생각합니다. 과거 해법에 대한 공과를 정확하게 알아야만 보다 현실적인 새로운 해법을 만들어 낼 수 있기 때문입니다.

지난 1994년 영변 핵개발로 인한 1차 북핵 위기를 해결하기 위해 제네바 합의가 있었습니다. 2003년에는 북한의 고농축우라늄(HEU) 프로그램으로 인한 2차 북핵 위기를 해결하기 위해 6자회담이 시작되었습니다. 이런 합의들은 북핵문제 해결을 위한 새로운 틀로서 몇 가지 긍정적인 효과를 거두었습니다. 그러나 그런 성과에도 불구하고, 그 이전과 비교해서, 상황은 더 악화되어 북한의 핵 실험까지 있었습니다. 북한의 대남협박도 '서울을 불바다로 만들겠다'는 에서 '남한을 잿더미로 만들겠다'는 수준으로 높아졌습니다.

6자회담이 시작된 이후에만도 지금까지 9·19 공동성명, 2·13합의 그리고 10·4합의 등 세 차례의 합의가 있었습니다. 그때마다 북핵문제가 곧 끝날 것이라는 희망과 기대를 자아냈지만, 그런 장밋빛 희망이 오래가진 못했습니다. 북한이 벼랑 끝 전술을 쓰면서 상황은 다시 악화되었고, 그 와중에 북한은 시간을 벌면서 핵보유라는 목표를 향해 한 걸음 한 걸음 다가갔습니다.

이제 어떻게 해야 할 것인가? 솔직히 지금 상황은 막막합니다. 이 악순환의 고리를 평화적으로 끊으려면, 과연 어떻게 해야 할 것인가? 우리 한국의 숙제이고, 미국의 숙제이고, 전 세계의 숙제입니다. 여러분의 숙제이고, 저의 숙제이기도 합니다. 다만 한 가지 확실한 것은, 또다시 과거의 패턴이 반복되어선 안 된다는 것, 그리고 한반도에 핵이 있어선 안 된다는 것입니다.

지금 이에 대해 여러 방안들이 논의되고 있습니다. 북한이 6자회담에 나오기만을 기다리지 말고, 나머지 5자가 회담을 열어서, 5개국 간의 이견을 해소하고, 북핵 폐기를 유도할 수 있는 조치들을 강구하자는 의견도 있고, 북한이 북·미간 직접 대화를 원한다면, 북핵 폐기를 전제로 북미 간의 직접 대화로 돌파구를 열어야 한다는 의견도 있습니다. 아예 철저히 무시하자는 의견도 있습니다. 이런저런 방법들이 각각 일리는 있지만, 현재로써 해결방법은 북한의 선택에 달려 있습니다. 저는 궁극적으로는 기존의 틀을 뛰어넘는, 보다 포괄적인 구상이 필요하지 않은가 생각합니다.

과거 미국에서 여야 간에 합의를 이룬 페리 프로세스를 마련했듯이, 이제 미국의 여야 간의 합의 차원을 넘어, 더 큰 차원의 합의가 필요합니다. 미국도 참여하고, 중국도 참여하고, 남북한과 러시아, 일본 등 관련 국가들이 다 참여해서, 참여국 모두가 합의하는 동북아 평화정책을 만드는 것입니다. 단순히 북핵문제의 해결에만 국한할 것이 아니라, '북한문제'의 해결, 나아가 동북아 평화 차원에서 접근해야 합니다. 동북아 평화체제구축을 위한 다자 안보 프로세스를 추진하면서, 그 속에서 '북한문제'의 해결을 도모하는 것입니다. 북미 불가침 합의와 같은 협정문보다도 이렇게 실질적인 평화의 환경을 만드는 것이 더 중요할 것입니다.

저는 오래전부터 일시적인 회담의 틀을 뛰어넘는 보다 효과적인 틀로서, 상설적인 동북아 평화협력체를 만들어야 한다고 생각해 왔습니다. 그 틀 안에서 서로 교류협력을 강화하고, 경제공동체를 만들고, 안보 공동체를 만들어 간다면, 북핵문제와 같은 현안의 해결에 한정된 '소극적 평화'를 넘어, 동북아의 평화와 번영이라는 '적극적 평화'를 만들 수 있다고 믿습니다. 이런 '동북아 평화 프로세스'는 어느 한 나라에게 유리하거나 불리한 것이 아니라, 모두에게 이득이 되는 '새로운 가치창출'이 될 수 있다고 생각합니다.

저는 이곳 스탠퍼드 대학교에 계시는 조지 슐츠 전 국무장관과 윌리엄 페리 전국방장관이 '핵무기 없는 세계'를 실현하기 위한 국제적인 운동을 주도하고 계신 것을 알고 있습니다. 그리고 오바마 대통령도 '핵무기 없는 세계'를 미국의 비전으로 설정했다고 들었습니다. 한국은 아마 그 비전을 세계에서 가장 강력하게 공유하는 나라일 것입니다.

우리는 1991년부터 원자력의 평화적 이용을 추진하되, 핵무기의 개발과 보유에 반대하는 '비핵정책'을 확고하게 견지해 왔습니다. 저는 '핵무기 없는 세계'의 비전은 '한반도 비핵화의 완성'에서부터 시작되어야 한다고 생각합니다. 오바마 대통령의 비전이 북한에서부터 이루어지기를 기대합니다. 저는 우리가 함께 힘을 모은다면, 반드시 해낼 수 있다고 믿습니다.

## ▶ 한미동맹의 비전

여러분, 지난 반세기 동안 한국과 미국은 공통의 꿈을 위해 함께 노력해 왔습니다. 보다 자유롭고, 보다 안전하고, 보다 풍요로운 세계, 열심히 노력하면 누구나 꿈을 이룰 수 있는 세계를 만드는 것이 우리의 공통의 꿈이었습니다. 그 꿈을 이루기 위해 우리는 한국전쟁에서, 베트남에서 같이 피를 흘렸고, 이라크에서도 한국군은 미군과 나란히 참전했었습니다. 그러나 지난 몇 년 동안, 한미관계에 대해 많은 문제들이 있었던 것이 사실입니다. 걱정도 많았고, 탈도 많았습니다. 그러나 저는 한미 관계, 이렇게 생각합니다.

"더 이상 할 말이 없다. 자유를 위해 함께 피 흘린 혈맹 아니냐?"

중요한 것은 이 소중한 혈맹관계를 어떻게 더욱 발전시켜, 인류를 위한 동맹으로 진화시킬 것이냐입니다. 저는 이제 한미동맹이 '고정된 가치를 지키는 동맹'에서 '새로운 가치를 창출하는 동맹'이 되어야 한다고 생각합니다. '새로운 가치'란 한국과 미국뿐만 아니라 세계가 직면한 변화와 도전에 '해결방안(SOLUTION)을 공동으로 모색하는 동맹'을 의미합니다.

지금 우리는 새로운 도전에 직면하고 있습니다. 이제 안보의 개념도 군사적인 안보만이 아니라, 경제위기, 환경오염, 정치·사회적 혼란 등 다양한 위협을 포괄하고 있습니다. 이런 글로벌 시대의 안보는 한 국가의 차원이 아닌 세계적 차원의 협력을 통해 지켜질 수 있습니다.

따라서 한미양국은 글로벌 금융위기를 극복하고, 북핵문제와 한반도에 평화체제를 구축하는 문제, 국제 테러리즘과 기후 변화 문제, 빈부 격차의 문제와 같은 전 지구적 이슈에 대한 해결책을 찾는 과정에서 새로운 동맹 가치를 만들 수 있습니다.

저는 한미 동맹이 이렇게 '인류를 위한 동맹'이라는 비전을 갖고, 한반도의 정치·군사적 안정을 넘어서 동북아 및 세계평화와 번영이라는 새로운 가치를 만들 때, 이웃 국가들뿐 아니라 전 세계가 지지를 보내는 '매력적 동맹'이 될 것이라고 생각합니다. 그런 '매력적인 동맹'을, 우리 함께 만들었으면 합니다.

## ▶ 원칙이 바로 선 자본주의를 향하여
### (Pathway to the Disciplined capitalism)

경제문제 역시 우리가 함께 풀어야 할 과제입니다.
지금 세계경제는 2차 대전 이후 최악의 위기를 겪고 있습니다. 위기가 어느
한 나라에만 머무르는 것도 아니고, 어느 한 나라만 위기에서 벗어날 수도
없기 때문에 아마도 요즘처럼 전 세계가 '우리는 공동운명체'라는 것을 느
끼는 적도 드물 것 같습니다. 저는 지금 이런 때야말로, 한국과 미국을 비롯
한 세계 각국이 위기 극복을 위해 무엇을 준비하고 협력해야 하는지, 새로
운 번영을 이루기 위해 자본주의의 미래 모습을 어떻게 만들어 가야 할지,
함께 지혜와 역량을 모아야 할 때라고 생각합니다.

저는 지금 세계경제는 크게 세 가지 도전에 직면하고 있다고 봅니다. 민간
부문은, 탐욕이라는 도전에 직면해 있습니다. 이익의 극대화에만 치우쳐 그
에 따른 책임과 사회의 공동선을 경시했습니다. 정부는, 그 역할과 기능을
제대로 못 했다는 도전을 받고 있습니다. 시장의 변화를 따라가지 못했고,
소외계층에 대한 배려도 미흡했습니다. 세계적으로는, 보호무역주의가 대
두하고 있습니다. 각국이 모두 빗장을 경쟁적으로 걸어 잠근다면 공멸의 길
로 가게 될 텐데, 위기의 책임을 다른 나라에 전가하거나 위기를 빌미로 보
호무역주의를 가동하려는 기미가 보입니다.

저는 이 세 가지 도전의 심화를 '원칙이 무너진 자본주의(The Undis-
ciplined Capitalism)'라고 생각합니다. 세계가 지금의 위기를 극복하고
발전을 지속하기 위해서는, 바로 이런 근본적인 문제에 대해, 원칙(규율)을
새롭게 확립해 가야 합니다. 자본주의의 핵심가치인 '자기책임의 원칙'이
지켜질 때, 자본주의도 지켜질 수 있습니다. 그 가치가 위협받을 때 자본주
의 자체가 위협받게 됩니다. 그것을 우리가 잠시 잊고 있었던 것입니다. 이
렇게 원칙이 바로 선 자본주의를 만들기 위해선, 민간부문과 정부의 역할과
책임이 새롭게 확립되고, 국가 간 협력이 더 강화되어야 합니다.

먼저 민간부문은, 개별 경제주체들의 생각과 지향점이 바뀌어야 합니다.
개인의 이익과 사회 공동선이 합치될 때, 그것이 진정한 성장이고, 지속가
능한 이윤을 낼 수 있다는 것에 대한 경제주체들의 합의가 중요합니다. 오
직 수익률만을 높이려는 과다한 레버리지 관행이나 무분별한 파생상품 거

래 같은 도덕적 해이가 계속되는 한, 이번 위기 같은 시장실패는 반복될 것입니다. 앞으로는 주주 이익과 공동체 이익(Stake-holders' interests)을 조화시킴으로써 기업윤리를 더 높이 창달해야 할 것입니다.

둘째, 정부의 역할과 기능이 새롭게 구축되어야 합니다.

이번 위기가 시장과 감독의 불일치(Mismatch)에서 비롯됐듯이 감독의 사각지대가 있어서는 안 될 것입니다. 관치주의는 안 되지만, 시장경제가 작동하는 과정에서 문제가 될 소지를 미연에 방지하는 역할은 정부가 더욱 강화해야 합니다. 금융부문에 대한 감시 및 감독의 관점과 시각도 보다 다양해져야 합니다. 그리고 정부는 공동체에서 소외된 경제적 약자를 확실히 보듬어야 합니다. 단순히 약자를 도와주자는 것이 아닙니다. 각자가 저마다의 소질을 바탕으로 GDP 창출에 참여할 수 있도록 지원해야 합니다. 경제발전의 최종목표는 소외계층을 포함한 모든 국민이 함께 참여하는 공동체의 행복공유에 맞춰져야 하기 때문입니다.

셋째, 국가 간 새로운 협조체제를 구축해야 합니다.

글로벌 시대에 어느 한 나라도 고립되어 존립할 수 없습니다. 공동생존과 공동번영이 키워드가 되었습니다. 인류의 빈곤퇴치와 양극화 해소를 위해 세계가 함께 나서야 합니다. 이를 위해, 무역과 금융의 국가 간 흐름이 더욱 자유롭게 되어야 하고, 나아가 인적자원 및 기술과 정보의 교류가 확대되어야 합니다. 이런 차원에서 한미 간의 경제협조체제도 더욱 심화되고 강화되어야 합니다. FTA와 같은 정부 간의 협조는 물론이고 지방정부 차원, 자치단체 간 등 여러 분야에서 세분화되고 실질적인 협조체제를 구축하는 것이 양국은 물론이고 세계적으로도 도움이 될 것입니다.

비록 지금은 세계가 경제위기로 고통을 받고 있지만, 인류의 역사는 고통을 겪으면서 한 단계씩 발전해 왔습니다. 저는 금번 위기가 경고하는 문제점들을 잘 보완해서 세계 각국에 '원칙이 바로 선 자본주의(The Disciplined Capitalism)'가 뿌리내린다면, 세계경제는 한 단계 더 발전하고, 인류의 행복도 더 커질 수 있을 것이라고 믿습니다.

## ▶ 마무리

신사, 숙녀 여러분.

18세기 유럽문명을 기준으로 했을 때, 미국은 '최초의 신생국'이란 말이 있습니다. 20세기 서구문명을 기준으로 했을 때, 한국도 전후 신생국 중 하나입니다. 미국이 신생국으로서 가장 성공한 케이스라면, 한국도 전후 신생국 가운데 성공한 대표적 케이스입니다. 저는 미국의 위대함은 경제력과 군사력 때문이 아니라, 자유라는 가치, 누구든지 노력하면 성공할 수 있다는 아메리칸 드림으로 세계인들에게 꿈을 준 것에 있다고 생각합니다.

그동안 많은 굴곡이 있었지만, 이번에 오바마 대통령의 당선을 보면서 세계인들은 아메리칸 드림이 지금도 이뤄지고 있다는 것을 확인했습니다. 저는 우리 한국이 가야 할 길 역시, 꿈의 공유라고 생각합니다.

50년 전 한국의 모습은, 오늘날 세계의 제3세계 국가들이 공통으로 겪고 있는 모든 어려움의 집합체였습니다. 그런 악조건 속에서, 한국은 자유와 민주주의라는 미국의 가치 위에 좌절하지 않는 용기와 할 수 있다는 자신감, 공동체를 위한 헌신으로 산업화와 민주화, 정보화를 동시에 이뤄서, 제3세계 국가들에게 우리도 할 수 있다는 꿈을 주었습니다.

저는 이런 한국발전모델(Korean Developmental Model)이야말로, 제3세계 근대화의 모범사례로서, 한국과 미국이 세계에 제시할 수 있는 비전 중 하나가 될 수 있다고 생각합니다. 한국과 미국이, 그렇게 세계인들에게 꿈과 희망을 주었으면 합니다.

저에겐 꿈이 있습니다. 국민이 행복한 대한민국, 인류가 행복한 지구촌을 만드는 데 기여하는 대한민국이라는 꿈이 있습니다. 앞으로 한국과 미국이 인류를 보다 행복하게 하는 데 기여할 수 있기를 바랍니다.

지난 세기, 한반도는 대륙세력과 해양세력의 각축장이었습니다.
일본, 중국, 러시아 등은 한반도에서 서로 세력을 넓히기 위해 경쟁했습니다. 그 과정에서 큰 전쟁도 몇 차례 있었고, 관련국들은 한반도를 각각 상대방에 대한 공격의 발판으로 사용했습니다. 이제 21세기 아시아·태평양 시대에, 한반도는 공격의 발판이 아니라, 아·태지역의 여러 나라가 협력하고 상생하는 '평화의 허브'가 되어야 합니다. 그리고 그 허브의 핵심에 한미동 맹이 자리 잡아야 합니다.

이와 같은 일을 하기 위해, 우리가 함께 해야 할 일이 참 많습니다. 그리고 해낼 수 있습니다. 앞으로 한국과 미국이 평화와 번영의 새로운 지평선을 열어 간 멋진 동반자로 세계역사에 기록되길 진심으로 바라면서 다시 한번, 이런 좋은 기회를 주신 스탠퍼드 대학교에 감사드립니다.

감사합니다.

# 【 국민과의 약속 】

## 〈전 문〉

새누리당은 국민의 행복을 최우선 과제로 삼을 것이며 모든 정책의 입안과 실천에 있어 오로지 국민의 뜻에 따를 것임을 약속한다. 우리 국민은 일제의 질곡에서 벗어나 수많은 대내외적 위협에도 불구하고 이를 이겨내고 자랑스러운 대한민국을 건국했음은 물론, 세계역사상 가장 짧은 기간 내에 산업화와 민주화를 성공적으로 완성시킨 자랑스러운 역사를 이룩해 냈다. 이 과정에서 새누리당은 자유민주주의와 시장경제 그리고 법치주의라는 대한민국의 정체성과 보수적 가치를 바탕으로, 끊임없는 자기혁신과 희생 그리고 책임정신을 통해 대한민국의 역동적인 발전을 주도해왔다.

지금 우리는 새로운 도전에 직면하고 있다. 대외적으로는 반복되는 경제위기와 정치군사적 분쟁으로 전 세계적 차원의 불확실성이 급속히 증대되고 있다. 대내적으로는 국가발전과 국민행복 사이의 간극 확대, 성장 잠재력의 정체와 일자리 없는 성장, 양극화와 불평등의 심화, 저출산·고령화의 가속화 등이 대한민국의 발전을 위협하고 있다.

새누리당은 이와 같은 위기와 시련을 현명하게 극복함은 물론 위기를 기회로 삼아 세계 속에 당당한 나라, 모든 국민이 함께 인간다운 삶을 누리는 '국민행복 국가'를 만들 것을 국민 앞에 약속한다. 이를 위해 기존 정강정책을 전면 개정하여 새로운 『국민과의 약속』을 제시하고, 이 약속을 실천하기 위해 최선의 노력을 다할 것을 엄숙히 다짐한다.

우리는 성장과 복지가 함께 가는 것이 시대적 요구임을 깊이 인식하고, 촘촘한 사회안전망과 실효성 있는 복지제도를 확립한다. 평생맞춤형 복지체제를 구축하여 사회적 약자와 소수자를 비롯한 모든 국민의 자아실현 노력을 적극적으로 지원하고, 무너진 '기회의 사다리'를 복원하여 대한민국의 사회적 역동성을 다시 회복한다.

우리는 공정한 시장경제를 추구한다. 자율과 책임, 분권과 창의, 개방과 경쟁을 통해 경제활성화를 도모하되, 공정하고 투명한 시장질서를 확립하여 사회적 불균형과 격차를 줄이는 한편, 성장과 개방의 혜택이 온 국민에게 골고루 돌아가도록 한다.

우리는 호혜적 상호공존 원칙에 입각한 유연하고 적극적인 대북정책을 추진한다. 이를 통해 남북한의 평화 유지와 공동발전을 도모하며, 장차 전개될 통일한반도 시대를 주도적으로 열어 간다. 한반도 비핵화는 반드시 실현시킬 것이며, 한반도 평화와 국익최우선을 목표로 원칙과 유연함이 조화를 이루는 균형외교를 추진한다.

우리는 법치주의와 권력분립 그리고 지방자치의 원칙을 더욱 공고히 하고, 문화강국을 지향하며, 언론의 자유를 적극 보장하고, 재외국민의 권익신장을 위해 노력한다. 소통과 공론의 활성화를 통해 국민의 뜻을 정책에 적극 반영하는 한편, 뼈를 깎는 노력으로 낡은 정치를 청산하고 정책정당, 국민정당, 전국정당으로 거듭 태어난다.

우리는 '국민행복 국가'를 실현하기 위한 정책추진의 실천규범으로 조화와 통합을 지향한다. 성장과 복지, 시장과 정부, 자유와 평등, 효율과 형평, 환경과 개발의 조화를 추구하고, 이념 · 지역 · 세대 · 계층 간 갈등을 해소하는 국민통합적 접근 방법을 모색한다.

## 기본 정책
### - 10대 약속 -

1. 모든 국민이 더불어 행복한 복지국가 건설
2. 일자리 걱정 없는 나라 만들기
3. 공정한 시장경제 확립과 성장잠재력 제고
4. 과학기술을 통한 창의국가 구현
5. 기회균등의 창조형 미래교육 실현
6. 다양함을 존중하는 소통과 배려의 사회문화 실현
7. 지속가능한 친환경사회 실현
8. 한반도 평화에 기초한 국익중심 외교와 통일한반도시대의 주도
9. 국민과 소통하는 신뢰 정치 구현
10. 국민에게 봉사하는 신뢰받는 정부 만들기

# 1. 모든 국민이 더불어 행복한 복지국가 건설

**1-1 (국민행복을 위한 평생맞춤형복지)** 헌법적 가치인 행복추구권에 기초하여 모든 대한민국 국민이 행복한 국가를 만들기 위해 보편주의와 선별주의를 아우르는 평생맞춤형복지를 한국형 복지모형으로 설정한다. 국민 누구나 생애주기별 기본적 욕구와 개인별 특수한 욕구에 부합하는 사회보장의 혜택을 받을 권리를 가지며, 국가는 이러한 권리를 보장하기 위해 사회보험 보장성 확대, 공적부조 강화, 사회서비스 확충 등 맞춤형 지원체계를 확립해야 할 책임을 진다. 수요자 중심의 복지체계로 거듭나기 위해 정부부처 간 복지정책 칸막이를 없애고, 복지가 필요한 국민에게 필요한 만큼 반드시 전달될 수 있도록 책임 있는 전달체계를 구축한다.

**1-2 (사회적 약자와 소수자 존중)** 아동, 노인, 장애인, 다문화가족, 탈북자 등 사회적 약자와 소수자가 인간다운 삶을 영위하고 문화적 향유와 소통과 자아실현의 기회를 가질 수 있도록 맞춤형 복지서비스 및 고용서비스체제를 구축한다. 사회보험이 1차적 사회안전망으로서 역할과 기능을 다할 수 있도록 각종 사회보험의 사각지대를 해소한다. 복지와 일자리, 교육정책의 연계를 강화하여 기회의 사다리를 대폭 확충한다.

# 2. 일자리 걱정 없는 나라 만들기

**2-1 (일자리중심 국정운영)** 일자리창출과 고용안정을 국정운영의 최우선 목표로 한다. 고용률을 경제정책의 핵심지표로 설정하고 모든 경제정책을 고용률 제고의 관점에서 재정립한다. 노동시장에서의 수급불균형 해소를 위해 각종 노동시장 제도를 정비한다. 노사가 법과 원칙에 따라 자율적으로 분쟁을 해결하는 시스템을 정착시키고, 비정규직 근로자에 대한 불합리한 차별과 불평등을 해소하고 정규직전환을 위해 지속적 노력을 하며, 근로시간의 적정화 등을 통해 새로운 일자리를 창출한다. 소상공인, 자영업자와 전문직업인의 애로를 해소하여 고용률을 제고하고, 이들의 잠재력을 북돋아 중산층을 두텁게 만든다.

**2-2 (청년일자리 대책 중점 추진)** 청년고용은 일자리 정책의 핵심과제이다. 청년 일자리 창출을 위해 산 · 학 · 연 연계를 강화하고, 벤처기업, 창조기업 등의 창업생태계를 활성화하며, 청년고용기업에 대한 지원을 확대한다. 학

력에 따른 각종 차별을 해소하고, 청년고용증대를 위해 성과에 근거하는 임금직무체계의 구축을 지원하며, 청년층의 구직활동에 대한 지원을 강화한다.

**2-3 (노인·장애인·사회적 약자 맞춤형 일자리 대책 추진)** 노인과 장애인 그리고 사회적 약자에 적합한 일자리를 창출하고 유지하기 위해 맞춤형 일자리 정책을 추진한다. 노인 일자리를 적극적으로 창조하고 발굴하여 노인들의 경제활동을 지원한다. 장애인에게 적합한 일자리를 지속적으로 발굴하고, 직업능력개발기회를 확대하며 취업지원을 강화한다. 장애인고용에 대한 모든 유무형의 차별을 시정하고, 장애인의무고용비율을 지속적으로 높임과 동시에 사회적 기업을 포함한 장애인고용기업에 대한 지원을 확대한다. 사회적 약자에 대한 일자리 창출을 위해 재정지원을 늘리고, 일을 통해 자아실현의 기회를 가질 수 있도록 직업교육기회의 확충과 내실화를 위해 노력한다.

### 3. 공정한 시장경제 확립과 성장잠재력 제고

**3-1 (공정한 시장경제질서 확립을 통한 경제민주화 실현)** 시장경제의 효율을 극대화하고 공정하고 투명한 시장경제질서를 확립하기 위한 정부의 역할과 기능을 강화하여 경제민주화를 구현한다. 시장경제의 장점을 살리기 위해 경제세력의 불공정거래를 엄단하여 공정한 경쟁풍토를 조성한다. 이와 함께 대기업과 중소기업 간에 공정경쟁과 동반성장을 촉진할 수 있는 제도적 기반을 확대한다. 개인과 기업의 자유와 창의를 최대한 존중하여 근로의욕과 기업가정신을 고취하고 모든 사람이 타고난 재능을 한껏 발현할 수 있도록 한다. 각 주체들은 사회구성원의 일원으로서 사회통합과 사회발전을 위해 책임과 의무를 성실히 수행하도록 한다. 국제표준에 입각하여 불필요한 규제를 철폐함으로써 국내·외 기업들이 자기책임원칙 아래 세계를 무대로 마음껏 활동할 수 있는 기반을 마련한다. 세계화 추세에 발맞추어 시장을 개방하고 자유무역협정 체결을 단계적으로 확대한다.

**3-2 (벤처·중소기업 투자확대와 농어업 경쟁력강화를 통한 성장잠재력 제고)** 한국경제 경쟁력 강화의 관건은 경쟁력 있는 벤처·중소기업의 육성에 달려있음을 인식하고 금융, 인력, 기술, 조세 등의 다양한 분야에서 지원을 확대한다. 특히 건전한 실패자의 재도전이 가능하도록 관련 제도를 정비하여

재기의 기회를 가질 수 있도록 적극 후원한다. 개방으로 인한 농어민의 피해가 없도록 최대한 지원하고, 농어업과 식품산업은 국민건강과 식량안보를 책임지는 미래 주요 성장산업으로 육성한다. 미래 농어업 경영주체를 양성하고 후계인력을 확보하며 유통구조개선 등을 통한 농어업의 경쟁력을 강화하여 풍요롭고 친환경적인 농어촌을 건설한다.

## 4. 과학기술을 통한 창의적인 국가 구현

**4-1 (과학기술기반의 국정운영)** 세계 최고수준의 기초 · 원천 과학기술을 확보할 수 있도록 과학기술분야 투자를 확대하고 기술혁신기업을 양성하여 미래성장동력을 확충한다. 국민의 과학기술마인드를 고취하고 과학기술계의 자율성을 보장하며 과학기술인의 사기진작을 위한 제반 시책을 강구한다. 과학기술을 국정의 중심에 두고 국정운영 각 부문 및 국가정책결정과정에 과학기술인의 참여를 보장한다.

**4-2 (창의인재 육성과 지식융합창조사회 발전)** 창의력과 융합적 사고능력을 함양하는 수학 · 과학기술융합교육을 활성화하고 이공계대학교육을 강화한다. 우수한 젊은 과학자에 대한 지원을 강화하여 세계적 석학으로 도약할 수 있도록 하고 여성과학기술인의 육성 및 활용을 위해 노력한다. 기초과학의 발전을 바탕으로 지식융합창조시대를 여는 동시에 질 좋은 일자리를 만들어 내는 창업경제시대를 열어 간다.

## 5. 기회균등의 창조형 미래교육 실현

**5-1 (교육기회균등의 실현과 공교육 강화)** 누구에게나 균등한 교육기회가 보장되는 사회를 실현하여 공정한 출발과 공정한 경쟁을 할 수 있도록 한다. 또한 학교의 자율성과 책무성 강화를 통해 공교육의 질을 높여 학생 누구나 자신이 원하는 수준의 교육을 받을 수 있도록 한다. 영유아 보육 및 교육에 대한 국가적 책임을 확대하고, 고등학교 교육의 의무화를 추진한다.

**5-2 (창의와 인성을 갖춘 인재 양성)** 창의 · 인성 중심의 교육과정을 운영하고 잠재력과 자기주도적 학습능력이 인정받는 교육제도를 정착시킴으로써 더불어 사는 창조적 인재를 양성한다. 또한 성장단계별로 맞춤형 진로교육을 내실화하여 학생 스스로 생애진로를 개발해 나갈 수 있도록 지원한다.

또한 학생들의 인성교육을 강화하여 자유와 권리에 따른 책임과 의무를 다하는 건전한 시민으로 양성한다.

**5-3 (평생학습사회 구축)** 국민들이 언제 어디서나 원하는 교육과 훈련을 받을 수 있는 평생학습사회를 구축함으로써 지식기반사회에 부응한다. 이를 위해 성인교육의 기회를 확대하고 직업과 교육이 병행하는 평생교육 여건을 조성하며 교육계와 지역사회가 함께 인재를 육성하는 교육네트워크를 구축한다.

## 6. 다양함을 존중하는 소통과 배려의 사회문화 실현

**6-1 (가족가치의 극대화)** 가족은 사회의 핵심단위이므로 아동을 포함한 모든 구성원이 공동체 내에서 그 역할과 책임을 성공적으로 완수할 수 있도록 지원을 증대한다. 고령화 사회에 대비하여 전통적 가치를 중시하는 사회 분위기를 조성함과 동시에 노인부양 비용의 일부를 국가가 분담하도록 한다. 가족구조의 변화와 다원화 사회에 대비하고 가족 해체를 예방하기 위해 대등하고 민주적인 가족관계를 정착시키며 가족복지의 역할을 강화한다. 보육과 사교육비 부담을 완화하고 영·유아에 대한 사회적 지원을 확대하여 출산 기피 추세에 적극 대응한다.

**6-2 (안전한 나라)** 각종 재해, 재난, 사고, 테러와 위해식품의 위험으로부터 국민의 안전을 지키고, 질병, 폭력, 범죄, 공해와 인권 침해의 두려움이 없는 편안하고 안전한 일상생활을 보장한다. 이를 위해 국민안전과 관련된 공공부문의 인력과 예산을 대폭 확대하고, 이들의 처우를 획기적으로 개선함으로써 국민들이 안심하고 살 수 있음을 체감하게 한다.

**6-3 (성평등사회의 구현)** 여성과 남성의 인권을 동등하게 보장하고, 여성의 정치·경제·사회 참여를 확대하는 성평등정책을 적극 추진함으로써 여성과 남성이 공존 공영하는 양성평등사회를 구현한다. 자녀양육에 있어서 남성과 여성이 동등하게 그 책임을 다할 수 있도록 제도적·실질적 지원을 증대한다. 모든 형태의 폭력으로부터 여성들이 안전하게 생활할 수 있도록 하며, 여성들의 자아실현을 위해 국가가 적극적으로 지원한다. 직장에서 출산과 육아로 인한 불이익을 받는 일이 없도록 정부가 적극적으로 노력한다.

**6-4 (열린 문화사회와 나눔 공동체)** 전통과 현대가 조화롭게 공존하고, 다양한 세계문화가 흔쾌히 수용되는 열린 문화사회를 구축하며, 한국문화의 해외진출과 한류의 세계화를 적극 지원한다. 국민 모두가 언제 어디서나 다양한 문화를 즐길 수 있는 생활밀착형 문화 인프라를 대폭 확충한다. 사회적 약자를 배려하는 기부문화와 자원봉사를 활성화하며 사회구성원의 도덕적 책무를 진작한다.

**6-5 (700만 재외동포 지원과 한민족 네트워크 강화)** 재외동포의 권익신장과 참정권 확대를 위해 노력한다. 재외동포들이 대한민국 발전에 기여한 공로를 인정하고, 재외동포들이 국민이 누리고 있는 기본생활권과 교육ㆍ복지 혜택을 동등하게 누릴 수 있도록 지원해 나간다. 재외동포들이 한국인으로서 자긍심을 가지고 살 수 있도록 외교적 노력과 함께 재외동포 간의 연대를 강화하기 위한 제반지원을 다함으로써 지구촌 한민족 네트워크를 강화한다.

## 7. 지속가능한 친환경사회 실현

**7-1 (친환경사회와 녹색성장)** 개발과 보전의 조화를 통해 인간과 자연이 공존하는 지속가능한 친환경사회를 건설한다. 환경영향평가를 내실화하고 환경보전을 위한 투자를 대폭 늘림으로써 생태계를 보호하고 생물다양성을 복원하여 현존 세대의 삶의 질을 제고함과 동시에 지구촌과 미래세대의 부담을 최소화한다. 친환경 녹색기술을 적극적으로 개발하여 저탄소 녹색사회를 만들어 나가고, 녹색산업의 경쟁력을 강화하여 미래 한국경제의 성장동력으로 육성한다.

## 8. 한반도 평화를 기초로 한 국익중심의 외교와 통일한반도시대 주도

**8-1 (굳건한 안보체제의 확립과 군복무시스템 개선)** 군의 정예화와 국방력 강화를 통해 자주국방을 지향하며, 미래지향적 국방체제와 공고한 한미동맹을 바탕으로 한반도의 평화를 확고히 유지한다. 주변국과의 안보협력과 평화정착에도 주도적으로 참여한다. 병역의무를 수행하는 청년들에게 군복무기간이 자아실현과 능력개발의 소중한 기회가 될 수 있도록 복무시스템과 병영문화를 획기적으로 개선하고 군 복지를 확대한다. 국가와 국민을 위해 헌신하고 희생한 사람들과 그 가족에게는 이에 상응하는 보상과 혜택이

돌아갈 수 있도록 국가의 책임을 강화한다.

**8-2 (국익과 신뢰에 기반한 평화지향적인 균형외교)** 한반도의 안정과 국익실현을 위한 평화지향적인 균형외교를 추구한다. 동맹 및 우방을 비롯한 이웃나라와의 협력적 신뢰관계를 공고히 하고, 국제사회의 일원으로서 환경외교, 공적개발원조 등의 책임을 적극적으로 수용한다. 세계경제의 변화에 적극적으로 대응하여 경제영토를 확장해 나가되, 국익우선을 통상정책의 최우선 목표로 설정한다.

**8-3 (한반도 평화와 통일을 위한 노력강화)** 자유민주주의와 시장경제질서를 기초로 한 평화통일을 위해 국민합의를 바탕으로 원칙에 입각한 유연한 대북정책을 추진한다. 남북 간의 다양한 대화와 교류협력을 통해 민족의 동질성을 회복하고 공동의 이익을 증진시켜 나간다. 북한 핵문제 등 한반도 평화 위협에 대해서는 단호히 대처하고, 북한 동포가 인간다운 삶을 누릴 수 있도록 북한의 인권 개선과 동포애적 차원의 인도적 지원을 지속해 나간다. 우리는 북한이 국제 사회의 책임 있는 일원으로 참여할 수 있도록 적극 지원함으로써 한반도 평화와 북한의 개방을 촉진하고 통일한국이 세계평화와 인류번영을 주도하는 중심국가가 되도록 노력한다.

## 9. 국민과 소통하는 신뢰 정치 구현

**9-1 (미래지향적 정치)** 정치에 대한 국민의 불신을 해소하기 위해 국민의 뜻을 정확하게 읽는 정치 그리고 깨끗하고 믿을 수 있는 정치로 거듭나기 위해 각종 제도를 개혁한다. 모든 국민이 각자의 능력과 소질을 최대한 발휘할 수 있는 환경을 조성해 주는 사회네트워크형 정당을 건설하여 국민의 참여를 적극적으로 보장하고 삶의 질을 책임진다. 청년들이 적극적으로 정치에 참여할 수 있도록 청년 정치네트워크를 강화한다. 사회적 갈등과 격차를 해소하고, 모든 국민과 적극적으로 소통하며 또한 모든 시민들에게 희망과 미래를 보장하는 정치를 구현한다.

**9-2 (실질적 지방화와 분권화)** 지역민의 의견을 반영하는 지방자치가 활성화될 수 있도록 자치권을 강화한다. 중앙정부의 기능, 권한과 재정을 과감하게 지방자치단체로 이관하여 지역주민의 자율과 창의를 극대화한다. 지역경제 및 지역문화의 활성화와 낙후지역에 대한 적극적인 지원을 통해 국

토의 균형 있는 발전을 도모한다. 세계적 경쟁력과 매력을 갖춘 거점도시들을 각 지역별로 구축하고, 이들을 중심으로 전국을 광역권 네트워크 체제로 재편한다.

## 10. 국민에 봉사하는 신뢰받는 정부 만들기

**10-1 (국민의 삶을 책임지는 정부)** 언제 어디서 어떤 상황에서도 국민의 삶을 책임지는 강한 정부를 만들어나간다. 정부의 정책수립과 결정과정에서 국민의 의사와 아이디어가 적극적으로 반영되도록 한다. 정책결정과정의 투명성과 공개성을 강화하고, 정부가 소유한 각종 정보를 개방하고 민간과의 공유를 대폭 확대하여 국민과 함께하는 정치를 도모해 간다. 모든 행정체계를 국민중심의 원스톱 행정서비스체계로 전환한다. 부정부패를 원천적으로 예방하는 시스템을 구축하고, 특히 사회지도층의 부정부패에는 엄정하게 대처한다. 법질서를 확립하고 국가권력기관의 신뢰를 회복하여 법을 지키는 사람이 존중받는 신뢰사회를 만든다.

**10-2 (나라살림 잘 꾸려가는 유능한 정부)** 균형재정을 지향하면서 국가채무를 적정수준으로 관리하여 재정건전성을 확고히 유지한다. 모든 종류의 소득에 대하여 엄정하고 공정하게 과세함으로써 조세정의를 실현한다. 특히 고소득층의 편법적인 조세회피 행위를 차단하는 장치를 강화함으로써 조세에 대한 국민적 신뢰를 제고한다. 국민 세금이 한 푼이라도 낭비되지 않도록 재정규율을 지속적으로 강화하고, 모든 재정지출이 최대의 효과를 거둘 수 있도록 재정의 계획수립, 집행과정에 대하여 엄정한 평가를 실시하고 평가결과를 적극적으로 반영한다. 재정지출의 효율화와 조세정의에 기초한 세원확충을 통해 국민행복을 위한 복지의 재원을 확보한다.

# 수첩 속의 정책
## : 포퓰리즘과의 전쟁

**초판 1쇄 인쇄** 2022년 04월 18일
**초판 1쇄 발행** 2022년 04월 25일

**지은이** 안종범
**펴낸이** 류태연

**편집** 이재영 | **디자인** 조연수

**펴낸곳** 렛츠북
**주소** 서울시 마포구 양화로11길 42, 3층(서교동)
**등록** 2015년 05월 15일 제2018-000065호
**전화** 070-4786-4823 | **팩스** 070-7610-2823
**이메일** letsbook2@naver.com | **홈페이지** http://www.letsbook21.co.kr
**블로그** https://blog.naver.com/letsbook2 | **인스타그램** @letsbook2

**ISBN** 979-11-6054-546-3 03300